JN115838

文眞堂現代経営学選集Ⅲ❶

新・日本的経営論

——社会の変化と企業の文化——

佐藤 和 著

文眞堂

はじめに

日本「的」経営の三種の神器を世の中に大きく広めたのは，アベグレン(Abegglen)[1)]が1958年に書いた『日本の経営』であるといわれている。彼が終身雇用制，年功序列制，企業内労働組合の3つを取り上げたのは，その裏返しとしての米国経営の特徴を述べたかったのではと考えられるが，いずれにしてもこの日本「的」経営は，昭和の時代の高度成長を支えてきた経営システムであった。その後，「新しい」日本的経営という言葉が用いられた初期のものとして，例えば1995年に日経連（日本経営者団体連盟）による報告書である「新時代の『日本的経営』」を挙げることができるであろう。'90年代に入り，バブル崩壊とともに高度成長期を支えてきた従来の日本「的」経営は，確かに変化を迎えていたのである。

今日，日本「的」経営は崩壊し終焉を迎え，これからはグローバルな欧米の経営スタイルを目指すべきだともいわれている。それでは日本の経営を支える日本社会の文化は，本当に欧米と同じになったのであろうか。結論から述べると，終身雇用制を支えた強い集団主義は，弱まりながらも集団志向として残り，企業内教育の重視や新規学卒一括採用といった雇用慣行は，依然として強く残っている。一方，年功序列制を支えた高い権力格差は，これを良しとしない水平的な要素が強くなり，能力主義的な評価システムの導入につながると同時に，垂直的な要素がコンプライアンス上の問題につながっている。そして企業内労働組合それ自体の存在意義は薄まってきているが，従業員が企業を信頼するというメカニズムは，引き続き日本「型」経営の特徴として残っているのである。

こうした日本社会の文化の変化は，単にグローバル化や情報化の進展によってもたらされたのではなく，終戦に伴う教育の変化が，世代交代とともに，戦

1）Abegglen, C.(1958)（山岡洋一訳 2004)。

前世代が社会の一線から引退する2000年前後を境に，一気に社会の文化として現れてきた結果だと考えられる。すなわち日本「的」経営を支えた垂直的な集団主義から，今日の水平的な集団志向への変化は，戦争による大きな社会変化によってもたらされたのであり，戦後の教育を受けた世代が社会の中心となった今日，これから先も大きな変化はないと考えられる。

私は，歴史的な事象である高度成長を支えた昭和の時代の経営を日本「的」経営と呼び，その後の時代を含め，一般に日本社会の特徴から影響を受けた欧米と異なる経営を日本「型」経営という風に用語を使い分けている。これから先，日本社会の文化が大きく変動しないのであれば，現代の日本社会の文化に基づく企業経営のあり方を，新しい日本「型」経営，すなわち「新・日本的経営」と呼ぶことができるのではないだろうか。日本企業の組織の特徴を，例えばグローバル・スタンダードではない，といったように「何ではない」とネガティブに定義するのではなく，「何であるのか」を明確にすることによって，その良さをポジティブに捉え，これからもその強みを生かしていくことができるようになるのではないだろうか。

そこで本書では，こうした「新・日本的経営」の姿を明らかにすべく，まず企業経営における文化の影響を組織文化論の枠組みで捉え，革新的文化の必要性を説いてみたい。次に文化を層として考えるハイブリッド・モデルによりその変化を表し，変わりにくい基層文化である集団志向，比較的変わりやすい表層文化である権力格差とその変化や，信頼という次元におけるアジアの国々との違いを考える。そのうえで個人データや企業データ等による実証分析を通じて，組織文化の次元と企業経営との関連について論じてみたい。

本書の一部は，すでに『三田商学研究』等に論文の形で掲載されたものがベースになっているが，一冊の本として論旨を一貫させるために全体として大幅に追加，修正を行っている。第1章と第2章は佐藤（2021）「『組織文化』再論」，第3章は佐藤（1998）「文化移転における『ハイブリッド・モデル』」，第4章，第5章は佐藤（2002）「ハイブリッドとしての日本文化」，第7章は佐藤（2023）「これからの日本人」，第8章は佐藤（2023）「文化の次元と組織運営」，第10章は佐藤（2007）「信頼と共同体の復権」，第11章は佐藤（2015）「アジアにおける企業文化の比較研究に向けて」，第 12 章は佐藤他（2015）「家父長型リーダーシップと成果に関する実証分析」，第 13 章は佐藤（2014）「日本のファミリービジネス」と佐藤（2022）「日本型中小企業文化論」，第 14 章は佐藤（2018）「ダイバーシティとコンプライアンス」と佐藤（2019）「日本型経営とその変化」がベースになっている。さらに第 12 章と第 14 章では追加的な実証分析を行っており，第 6 章と第 9 章の分析は本書が初出である。中にはかなり古い論文も混ざっているが，本書への収録にあたりできる限りの加筆訂正を行った。

第 I 部　組織文化：「革新性」は，第 1 章　組織文化の定義と機能，第 2 章　革新的組織文化，第 3 章　ハイブリッド・モデルの 3 つの章から構成される。まず第 1 章では，組織文化の定義と機能についてレビューを行った。初めに組織文化を「あるグループのメンバーに共有された」基本的価値観と，そこから生じる行動パターンのことである」と定義した。そして組織文化を分析するアプローチについて紹介し，まずはミクロな視点からの内部統合機能について述べ，組織文化がメンバーの帰属意識を高め，またコミュニケーションを助けることにより，その組織行動を特徴付けていることを明らかにした。そしてマクロな視点から外部適応機能について述べ，経営戦略や企業経営における様々な要因との関係を考えた。組織文化は環境を見る認知枠組みとして戦略を方向付けるとともに，戦略の遂行においても大きな役割を果たしているのである。

第 2 章では，組織文化の形成過程と成長段階についてレビューを行い，革新的文化の必要性について論じた。1980 年代に企業文化論がもてはやされたときには，「強い」企業文化を持つことが重要だとされた。しかし「強い」だけでは環境変化についてゆけず，組織文化の逆機能が働いてしまうことになる。そこで戦略と企業文化のフィットということが問題となった。しかし今日のようにさらに環境変化が激しくなってくると，事前に立てた戦略に従うだけではなく，ミドルアップダウン的な現場主導による創発的な戦略が重要になってくる。これに伴って組織文化も単に強い，あるいは環境にフィットしているといった静態的な側面だけではなく，それ自身が革新を促すような革新的な組織文化という動態的な側面が重要となってきているのである。

第3章では，組織文化の変化のプロセスを説明するために，「ハイブリッド・モデル」を考えた。ハイブリッド・モデルでは組織文化を，変化しにくい基層文化，移転可能性の高い形式文明，そしてそれらを結びつける表層文化の3つの層として記述し，その変化を追うことにより現象の推移をより明確にし，条件を特定化することによって因果関係の推定をより容易なものにする可能性を持っている。ハイブリッド・モデルを経営学に当てはめてみた場合，非常にたくさんの現代的な問題領域が対象になると考えられるのである。

そして第Ⅰ部の結論として，組織文化はそもそも変化しにくい側面を持ち，環境変化に対する外部適応機能を評価する視点として，革新的であるか，それとも保守的であるか，という革新性の次元が重要となると考えられるのである。

第Ⅱ部 基層文化：「集団志向」は第4章 日本人論，第5章 集団志向へ，第6章 実証1：革新性×集団志向の3つの章から構成される。まず第4章では，日本型経営の変化の方向性を考えるために，日本（人）論についてレビューを行った。日本人の基層文化を支えるのは，多神教的な見えない宗教意識であり，そこから歴史的に集団主義が生まれてきた。集団主義と個人主義はそのどちらかしか取れない表裏の概念ではなく，集団の目標と個人の目標のどちらを重視するかという程度の問題である。そしてこれまで欧米において個人的と見なされてきた感情ですら，その集団的な性質を考えなければならないとして反省がされているのであり，こうした面からも従来いわれていた対立概念としての「集団主義」対「個人主義」ではなく，尺度としての「集団志向」と「個人志向」への発想の転換が求められているのである。

第5章では，集団主義から集団志向への変化についてのレビューを行った。世代交代によって，人付き合いが形式的になり，余暇志向も増加している。価値観は世代によって固定化されており，戦前世代の引退によって，全体としての日本人の基層文化は少しずつ変化してきている。さらに再び伝統志向が強まり，Z世代は同調圧力が強いという。すなわち個人主義になったというより，極端な集団主義から集団志向への変化として見ることができる。日本「的」経営は，主に戦前の日本人の儒教的な「集団主義」に適応した企業経営であったが，依然として日本人の基層文化は集団志向なのである。そこでは企業組織に所属することによって個人のアイデンティティが保たれているのであり，終身雇用制の考え方は今後も一定程度残っていくであろう。こうした変化の中で，組織文化の内部統合機能を評価する次元として，集団的であるか，それとも個人的であるか，という集団志向の次元が重要になると考えられるのである。

第6章では，第Ⅰ部で見た組織文化の外部適応機能である革新性を表す革新的－保守的の次元と，この第Ⅱ部で見てきた内部統合機能である集団志向を表す集団的－個人的の次元とを掛け合わせて，組織文化の分類と組織の有効性や業績，企業経営の特性と関係について実証分析を行った。まず個人を対象としたミクロなデータにより実証を行うと，組織文化が組織の有効性に影響を与えており，2つの次元を組み合わせて分析することに一定の効果があることが確認できた。さらに企業を対象としたマクロなデータにより実証を行うと，組織文化は従業員モラールを通じて企業の長期の維持発展に寄与しているが，各次元と経営要因との関係は単なる線形関係ではなく，2つの次元を組み合わせて分析することに一定の効果があることが確認できたのである。

そして第Ⅱ部の結論として，日本人の基層文化が極端な集団主義から集団志向へと変化していく中で，組織文化の内部統合機能を表す次元として集団志向が重要となり，これと外部適応機能を表す革新性の次元を組み合わせることによって，組織文化を分類し，組織の有効性やモラール，様々な経営要因との関係をより具体的に考えることができるようになると考えられるのである。

第Ⅲ部 表層文化：「権力格差」は第7章 これからの日本人，第8章 文化の次元と組織運営，第9章 実証2：革新性×集団志向×権力格差の3つの章から構成される。第7章では，日本の表層的文化であるタテ社会の変化についてレビューを行った。まず従来の日本「的」経営を支えたのは高い権力格差を伴う垂直的集団主義であったと考えられる。しかしこれを支えた家の論理は，戦後の家庭の変化や近代家父長制家族の解体，結婚に関する意識の変化などから影響を受け，柔らかい個人主義の議論でもいわれるように，組織内での上下の意識が希薄化し，仲間と楽しく働きたいという人が増えてきている。こうした変化を受けて現れてきたのが水平的集団志向であり，年功序列制から能力主義への変化，すなわち垂直的な価値観から水平的な価値観への変化が見られる。これまで垂直的な管理を行ってきた日本企業には，これに対応した新しい日本「型」経営，すなわち「新・日本的経営」が求められているのである。

第8章では，組織の統制メカニズムについてレビューを行った。ウェーバーの権力と権威の議論においては，伝統的，カリスマ的，合理的－合法的の3つの支配形態があり，そこから官僚制組織の議論が出ている。ウィリアムソンは市場と官僚制について議論し，マクレガーのX理論，Y理論と合わせて，オオウチのZ型企業の議論における市場，官僚制，クランという3つの統制メカニズムとなった。これを組織文化の次元と組み合わせると，権力格差についての水平的－垂直的の次元において垂直的なほど官僚制が有効であり，個人志向が強いと市場メカニズムが，集団志向が強いと組織文化による統制がより有効である。垂直的集団主義であった日本「的」経営では官僚制と，クランすなわち強い組織文化の組み合わせが有効であったが，水平的集団志向の新しい日本「型」経営，すなわち「新・日本的経営」では，組織文化による統制のみが有効となる。欧米での議論は水平的個人主義を前提としていかに組織文化を醸成するのかが問題であり，水平的集団志向の日本においては，強い組織文化を前提に，いかにこれを維持，変革していくかが課題となるのである。

第9章では，第Ⅱ部で見た革新性を表す革新的－保守的の次元と，集団志向を表す集団的－個人的の次元に，さらにこの第Ⅲ部で見てきた内部統合機能である権力格差を表す水平的－垂直的の次元を掛け合わせて，組織文化の分類と組織の有効性や業績，企業経営の特性と関係について実証分析を行った。まず個人を対象としたミクロなデータによる実証では，組織文化による分類に権力格差の次元を追加すると，組織の有効性やそれに対する規定要因，そして組織文化と有効性，規定要因との関係性には部分的にではあるが違いがあることが分かった。さらに企業を対象としたマクロなデータにより実証を行うと，組織文化は従業員モラールを通じて収益性に貢献しており，トップ，信頼，社会性，経営課題に関する要因と関連があることが分かった。組織文化を分類する次元として，この3つが有効であることは，ある程度証明されたといえるのではないだろうか。

そして第Ⅲ部の結論として，やや変わりやすい日本の表層文化である権力格差の次元で見ると，垂直的な価値観から水平的な価値観への変化が見られ，水平的集団志向の新しい日本「型」経営，すなわち「新・日本的経営」では，年功主義や官僚制による統制が後退し，価値観の共有を通じての組織文化による統制のみが有効となるのである。この内部統合機能を表す権力格差の次元を追加することによって，組織文化をさらに分類し，組織の有効性やモラール，様々な経営要因との関係から，これからの経営の方向性をより具体的に考えることができるようになるのである。

第Ⅳ部 アジアの文化：「信頼」は第 10 章 信頼メカニズム，第 11 章 アジアの企業文化，第 12 章 家父長型リーダーシップの 3 つの章から構成される。第 10 章では，信頼に関するレビューを行った。日本の集団志向の基層文化の上に，表層的な文化として信頼の文化がつくられてきた。歴史的にはイエや家元を背景として考えることができ，信頼取引が行われ，日本人の勤勉さも「まわり」からの評価を得たいという欲求から説明できる。そこではタコツボ型の問題があり，システムそのものの欠陥のような大きなチェックが抜けてしまう。アメリカにおいてもプロテスタントの伝統から信頼の文化がつくられてきたが，近年，権利の文化に変わりつつあり，反省がなされている。資本主義や近代化，マスメディアは伝統的な価値観を打ち破る方向性を持っているが，本来情報化は信頼の文化の存続を必要としているのである。日本「的」経営の 3 つ目の神器である企業内労働組合は，その存在意義が低下してきているが，新規学卒一括採用といった雇用慣行が維持され，依然として会社は従業員のものであると多くの人が考えている。日米は同じ信頼の文化に向かっているが，それぞれの基層文化は異なっており，水平的個人主義の米国では信頼の醸成が求められている一方，水平的集団志向の日本では，行き過ぎた集団主義の弊害を防ぐことや，垂直的なインセンティブが有効でない中で価値観を共有するような，新しい日本「型」経営すなわち「新・日本的経営」が求められているのである。

第 11 章では，日本だけでなく，アジアの国々の企業文化の違いについて考えた。日本「型」企業文化，すなわち「新・日本的経営」は水平的集団志向の基層文化に基づくと考えられるが，こうした次元を含むホフステードの研究による5つの次元は，必ずしもアジアの国々の違いを考えるのに十分とはいえない。表層的な文化としての信頼を考えると，米国や日本は社会関係資本があるために中間組織が発達しやすい信頼社会であり，さらに日本においては企業自体が社会生活の場としてゲマインシャフト（共同体組織）となっているところに特徴がある。また中国系の社会では，血縁を中心としたグワンシ（関係）による信頼関係が重要となる。こうした点を含めると，アジアにおける企業文化を比較していくためには，文化の多様性，社会関係資本の存在，誰を信頼するのか，といった次元が重要となろう。

第12章では，アジアでの研究が見られる家父長型リーダーシップについて，変革型リーダーシップ等の欧米的リーダーシップ・スタイルとの関係，リーダーシップ・スタイルに影響を与える要因とその成果などの実態を明らかにするため，郵送調査を実施した。最初に文献レビューから本論における調査枠組みを述べ，調査結果に基づいて，家父長型リーダーシップの構成要素とその関係，家父長型リーダーシップと欧米的リーダーシップ（変革型リーダーシップ，倫理的リーダーシップ）との異同，成果（情緒的組織コミットメントや組織市民行動，ワーク・ファミリー・コンフリクト，業績）および組織文化との関係を明らかにした。その結果，集団志向が組織的成果を導く一方，従来的な垂直的集団志向で高い水準となる成果もあり，また個人志向の文化では垂直的な方が，創造的業績が高いことも分かった。

そして第Ⅳ部の結論として，日本「的」経営の三種の神器の1つである企業内労働組合はその存在意義が低下してきているが，従業員は依然として企業を信頼している。同様に集団志向が高いといわれるアジアの文化においては，だれを信頼するのかが大切である。またアジアで研究が進んでいる家父長型リーダーシップは，水平的傾向の強い日本においては権威主義の次元の有効性が低くなっている。そして全般に水平的で集団的なほど成果が高いと考えられるが，求める成果によっては必ずしもそうなってはおらず，組織文化の類型ごとに，最適な方向性を考えていかなければならないのである。

第Ⅴ部　企業文化：「水平的集団志向」は第13章　ファミリービジネス，第14章　ダイバーシティとコンプライアンスの2つの章から構成されている。第

13章では，日本におけるファミリービジネス研究についてレビューを行った。持ち株比率は低いものの大企業においてもファミリービジネスが多く存在し，中小の長寿企業もおそらくファミリービジネスであろう。こうしたファミリービジネスが経営者の世代を超えて長期に維持発展していくには，事業継承が大きな課題となる。日本の企業組織の特徴は強い企業文化であり，これを支えているのが集団志向である。今日垂直的ではなく，水平的な集団志向に社会が変化するとともに，ヒエラルキーやピラミッド型の組織ではなく，経営者の価値観を皆が共有する水平的な経営スタイルが求められてきている。さらに日本は信頼社会であり，血縁としての家族より，組織や事業が存続していくことが求められ，早くから所有と経営の分離が進み，ファミリービジネスもまた，持ち株比率が低くとも実質的に家族が経営に影響を及ぼすという形になっている。こうした中で家族が示すべきなのは，企業文化として組織によって受け継がれていくべき価値観である。そして創業者は企業の価値観を作る原動力であるが，後に続く世代がこれを上手に引き継いでいかなくてはならないのである。

第14章では，組織文化とダイバーシティ経営およびコンプライアンスとの関係を考えるために，レビュー並びに探索的な実証分析を行った。第一回の調査においては，組織文化と多様性インクルージョン，イノベーションとの関係を明らかにした。そこでは職場のインクルージョンとイノベーションの相関が高いこと，またイノベーションと理念浸透，信頼の相関が高いことが分かった。そして第二回調査では組織文化との関係を通して，さらに多様性，イノベーション，コンプライアンスのための具体的な施策についての分析を行った。そして組織文化の内部統合機能で分類すると，集団志向はインクルージョンを高め，権力格差はコンプライアンス違反を導いていることが分かった。ダイバーシティ経営やコンプライアンスを進めていくには，まず自らの組織文化がどういった特性を持っているのかを，理解することから始めなければならないのである。

そして第V部の結論として，日本企業の組織文化は，従来の日本「的」な垂直的集団主義から，新しい日本「型」経営，すなわち「新・日本的経営」における水平的集団志向に変化しつつある。例えばファミリービジネスにおいては経営者によって引き継がれる価値観が重要となり，また集団志向がインクルージョンを高め，権力格差がコンプライアンス上の問題を引き起こす可能性が示された。集団主義から集団志向へと弱まったとはいえ，依然として日本企業には強い組織文化が存在しているが，垂直的から水平的に変化するにつれ，従来の権力格差の高い文化で有効であった官僚的な組織運営から，価値観を共有する経営へと変化していく必要性に迫られているのである。

2023年5月吉日

佐藤　和

目　次

第Ⅲ部　表層文化：「権力格差」

第Ⅳ部　アジアの文化:「信頼」

図表目次

第6章

第7章

第8章

第 9 章

第 10 章

第 11 章

第 12 章

第 13 章

第 14 章

第 I 部

組織文化：「革新性」

第1章

組織文化の定義と機能

「組織文化」という言葉は，非常に多くの論者によって様々な視点から様々な意味や目的で用いられている。そこで本論では「組織文化」とは何であるかについてまず整理してみたい。そしてその組織文化が企業経営において果たす機能について明らかにする。

第1節 「組織文化」とは

1．組織文化の構成要素

「組織文化」には，だれにでも共通する明確な定義はない，というのが通説になっている。それではまず「組織文化」は何によって観測でき，何がその種類を決定するのであろうか。「組織文化」の定義を考えるにあたり，その構成要素について見てみたい。

(1) 人類学

人類学の立場から「文化」の構成要素を考えた場合，通常次の5つが挙げられる[1)]。

① シンボル

② 言語

1）Popenoe, D. (1986) p. 52.

③ 価値と規範
④ 物質的文化
⑤ 神話，儀礼，宗教

これらの要素は，企業における組織文化というよりはその背景となる社会文化の特徴付けを行う際に有効であると思われる。一般に現代の経営組織においては，その中で使われるシンボルや言語，物質的な文化の程度はほぼ同一であり，宗教の影響も少なくとも一企業のレベルを考えれば大きな問題とはならないと考えられる。

⑵ 文化人類学

「組織文化」の要素としてしばしば引き合いに出されるディールとケネディ（Deal & Kennedy）の研究[2)]では，次の4つの項目が挙げられている。

① 理念　　　：組織の基本的な考えや信念
② 英雄　　　：文化の理念の化身として従業員たちの手本となる
③ 儀式と儀礼：組織内の日常生活の中で体系的に，あるいは行事として行われる慣例
④ 文化のネットワーク：組織内でのインフォーマルな通信手段

こうした考えは文化人類学の伝統からきているものであるが，この研究は経営活動そのものから離れて文化の伝承プロセスにその関心を置く傾向にある。そのためこの考えでは，現代社会における企業経営を考える上での「組織文化」の構成要素としては不十分である。

2．何が共有されているのか

⑴ 目に見えないもの，見えるもの

様々な論者によって「組織文化」が研究されてきているが[3)]，それぞれの研究における「組織文化」の定義について見てみると，すべての論者に共通して

2）Deal, T. E. & Kennedy, A. A. (1982)（城山三郎訳 1983, 27頁）。
3）加護野忠男（1988）112頁。

いる部分と，そうでない部分があるように思われる。

定義において共通している部分とは，「あるグループに共有されている」という点であり，共通していない部分とは，価値観や信念といった目に見えないものだけ[4)]なのか，行動パターンといった目に見えるものを含んでいる[5)]のかという点である。すなわち「組織文化」には，大きく分けて2種類の考え方が存在するのである。

前述のような，現代企業における組織文化の次元を人類学や文化人類学から見た文化の構成要素から直接的に導き出すことは困難であるように思われる。そこで組織心理学的な視点から組織文化のレベルについて見てみたい。

⑵　3層モデル

シャイン（Schein）他[6)]によると，組織文化は次のような異なった3つのレベルで分析することができるという。

① 人工物（Artifacts）
② 標榜されている価値観（Exposed Belief and Values）
③ 背後に潜む基本的仮定（Basic Underlying Assumptions）

①のレベルは，可視的で触ることができる構造，プロセスや観察された行動であるが，これを文化として分析，解釈することは難しい。②のレベルは，そうした行動を支配する価値観，すなわち理想像やゴール，価値観，願望，イデオロギーなどであり，このレベルまでが，調査等によりある程度認識可能な水準である[7)]。③のレベルは，組織のメンバーが当然のものとして無意識のうちに受容している秩序と整合性への文化的パラダイムであり，これは次のような要素からなっているとしている[8)]

4）Schein, E. H.（2010）（梅津祐良・横山哲夫訳 2012, 21頁），Davis, S. M.（1984）（河野豊弘・浜田幸雄訳 1985, 2頁），伊丹敬之・加護野忠男（1993）335頁，Gerloff, E. A.（1985）p.191（車戸寛監訳 1989, 255頁）。
5）河野豊弘（1985）25頁，対木隆英（1990）71頁，宇野善康（1990）213頁，梅澤正（1990）32頁。
6）Schein, E. H. & Schein, P.（2017）p. 18.
7）Schein, E. H. & Schein, P.（2017）pp. 274-278.
8）Schein, E. H.（2010）（梅津祐良・横山哲夫訳 2012, 133-173頁）。

① 現実と真実の本質：現実，真実，情報とは
② 時間と空間の本質
③ 人間性の本質　　　：X 理論・Y 理論など
④ 人間活動の本質　　：行動指向・存在指向・開発指向など
⑤ 人間関係の本質　　：個人主義・集団主義，権力格差など

そしてこうした基本的前提認識こそが組織文化の本質であり，価値観や人工物は，これらから導かれたものであると考えている。

こうした考えは，さきに述べた目に見えないものだけを文化と見なす定義であり，本論では「組織文化」の中に，人工物としての行動パターンのレベル，価値観のレベル，基本的仮定のレベルという3つの階層があるものとして捉えたい。

3．本論における「組織文化」の定義

(1)「組織文化」の定義

以上の各論者の定義を参考に，ここで本論における「組織文化」を次のように定義したい。

あるグループの組織文化とは，そのグループのメンバーに共有された基本的価値観と，そこから生じる行動パターンのことである

すなわちここでは，次の2つを組織文化の構成要素として考えている。

① 基本的価値観
② 行動パターン

そして①の基本的価値観が②の行動パターンの基礎となっていると考える。なぜなら行動は思考の過程を経て学習されるからである。この基本的価値観とは，シャインの言う基本的仮定と価値観を合わせたものであり，行動パターンは，シャインの言う価値観から導かれるものであると考えられよう。

ここで大切なのが「そこから生じる」という部分である。行動パターンを観察して共通したものがあったとしても，それが同じ基本的価値観から導かれた

ものでなければ，組織文化が存在しているとはいえない。基本的価値観は目には見えないものであるが，行動パターンを観察するときには，常にその背景にある基本的価値観が共有された結果なのかを考察していくことが必要なのである。

⑵ 文化集合

組織文化を考える場合，どこまでの範囲の人々を1つのグループと見なし分析の対象にするのかを，明確にする必要がある。そこで同じ文化を共有するグループのことを，社会心理学の用語から「文化集合」と呼ぶことにしたい[9)]。

こうして考えると，経営学における文化集合の選び方として，およそ次のような場合があると考えられる。

① ある国や地域の企業全体
② ある国や地域における特定の職業の人全体
③ 個別企業
④ 個別企業内でのトップ，ミドル，ボトム等の階層
⑤ 個別企業内での事業別部門
⑥ 個別企業内での機能別部門

例えば①では，文化集合として日本全体を考えた日本型経営論，あるいは地域を考えて関東の企業と関西の企業における組織文化の違いなどを論じることができる。②では，熟練工の持つ文化，飛び込み営業をする人たちの文化，経理を担当する人たちの文化，コンサルタントの文化などを考えることができよう。

⑶ 下位文化

そして③が企業レベルの文化のことであり，例えばソニーとパナソニックでどのように文化が異なるか，といった分析レベルになる。さらに⑤を考えると同じソニーの中にもAV機器，映画，金融など，パナソニックの中にもパソコン，生活家電，住宅をはじめとするたくさんの事業部があり，それぞれ

9）宇野善康（1990）219頁。

の置かれた環境に応じて異なった文化を持っているに違いない。そして⑥を考えると例えば研究開発，製造，販売，管理といった経営の諸機能に応じた組織を持ち，それぞれ縦割りの文化がある企業も多く存在する。

こうしたレベルの違いから，1つの文化集合の中に複数の別の文化集合が存在する可能性がある。そこでこうした文化のことを「下位文化」と呼ぶことにしたい。逆に下位文化間の違いの大きさ等も組織文化の特徴の1つとして考えることができよう。

(4)　企業文化

「組織文化」の研究において，「企業文化」や「組織文化」という言葉は論者によって使い方が様々である。例えばシャインは，前述の文化集合の分類に対して①，②をマクロカルチャー，③を組織文化，④，⑤，⑥を下位文化，そして組織内のより小規模なユニットを文化集合と考えてマイクロカルチャーという呼称を使っている[10)]。私は「企業文化」とは③の企業全体を1つの文化集合として考えた場合の組織文化であり，「組織文化」とは文化集合を特定しないで考えた場合の組織の持つ文化であると考えたい。すなわちこれらの違いは，文化集合のレベルの違いであり，以下では基本的に「組織文化」という言葉を用い，企業全体のことを述べる際に「企業文化」という言葉を用いることにしたい。

第2節　組織文化の分析レベル

1．経営学全体における位置づけ

(1)　社会，戦略，組織，資源

企業活動の目標には，大きく分けると4つのレイヤー（層）が存在している[11)]。一番マクロ（巨視的）なレベルが，社会性のレイヤーであり，ここでは

10) Schein, E. H. (2010)（梅津祐良・横山哲夫訳 2012, 2-3頁）。

企業を取り巻く環境と相互作用を行いながら，企業が長期的に維持されていくことが目的となる。二番目が戦略のレイヤーであり，ここでは市場やライバルとの戦略的な相互作用を通じて，短中期的に収益性や成長性といった目標を実現していくことになる。そして三番目が組織のレイヤーであり，ここではそうした戦略を実現するために，組織全体としての柔軟性や革新性といった目標を考えていくことになる。一番ミクロ（微視的）なレベルが，資源のレイヤーであり，このレベルではヒト，モノ，カネ，情報といったそれぞれの経営資源の効率的な活用が主な課題となる。

各レイヤーはそれぞれ別々の経営学の研究領域となっていると同時に，1つ上のレイヤーを実現するための手段となっている。例えばあるレイヤーの目標がうまく実現しないとすれば，その問題や課題の本質が，より下のレイヤーに存在している可能性を考えなければならないのである。

(2)　組織論と組織行動論

本論における組織文化は，この組織のレイヤーにおける経営組織が持つ特性として理解することができる。そこで組織文化の基となっているものは個人レベルでの基本的価値観や行動パターンであるが，これが組織レベルで統合されパターン化されたものを組織文化であると考えることにしたい。すなわち，組織文化の本質や形成過程は個人レベルをスタートに分析をはじめなければならないが，組織文化の機能や特色，これを基にした分類といったことを考えた場合，マクロな組織レベルでの基本的価値観と行動パターンについての議論となるのである。すなわちマクロな組織理論か，ミクロな組織行動論かと言えば，基本的にはマクロな組織理論の立場を取りたいと思う。

そしてこの4つのレイヤーの議論に従えば，組織のレイヤーである組織文化は，よりミクロな資源のレイヤーに対しては，その前提として内部統合機能を発揮して，例えば人々の行動を方向付け，よりマクロな戦略のレイヤーに対しては，その手段として外部適応機能を発揮して一種の制約条件となるのである。

11）岡本大輔・古川靖洋・佐藤和・馬場杉夫（2012）189-190頁。

2．「風土」，「社風」，「DNA」という用語について

(1) 組織風土

1960年代から盛んであった組織風土（Organizational Climate）に関する議論に代わって，1980年代はじめから企業文化（Corporate Culture）や組織文化（Organizational Culture）について様々な研究が発表されるようになってきた。風土と文化について統合的アプローチをとる論者[12)]もいるが，人的資源管理論における研究などにおいて，次のようにその違いを述べている論者もある。

・組織風土や職務，タスクが結合されてできる，組織やその社会的プロセスに独特なパターンが組織文化である[13)]

・自覚された組織文化が組織風土である[14)]各論者の研究の視点から考えると，「組織風土」はよりミクロな，資源のレイヤーの分析における，従業員から見た職場環境の認知としての「組織文化」のことであると考えられる。

(2) 社風

例えば「組織の三菱，人の三井」といった言い方は，それぞれの企業グループの持つ「社風」を示すといわれる。この「社風」とは外部の者から見た企業の「組織文化」のことであり[15)]，組織外にいる第三者が組織に対して持つ「組織イメージ」のことであるといえる。この組織イメージは組織文化を表現した組織アイデンティティが第三者によって認識されたものであり，逆に組織イメージが鏡写しとなって組織アイデンティティに影響を与え，中長期的に組織のメンバーにおける文化に影響を与えるという逆の流れも考えられる[16)]。また「レピュテーション」も，企業価値を高める無形資産としてのステークホルダーから見た企業の評判という意味で，社風と類似する概念と考えることがで

12）北居明（2014）22-31頁。
13）Gerloff, E. A.（1985）p. 195（車戸寛監訳 1989，260頁）。
14）藤田誠（1991）80頁。
15）梅澤正（1990）196頁。
16）Hatch, M. J.（2018）pp. 332-338.

き，ここでは企業価値を経済価値，社会価値，組織価値の3つに分け，この組織価値の中に組織文化を含め議論されている[17]。さらに制度派組織論の立場では，経済性以外を含め組織外部の社会的，文化的な様々な規範・価値観・信念などから組織が評価されることが「正当性」を獲得する[18]と考えている。

(3) DNA

そして近年，経営学や異文化マネジメント論などにおいて組織あるいは企業のDNA[19]という言葉が使われるようになってきている。例えば，「創業者のDNA」といった言い方である。クリステンセン（Christensen）他[20]は，破壊的イノベーターには共通する5つのスキルがあり，これが破壊的組織のDNAとして受け継がれるという。本来DNAはデオキシリボ核酸の意味で生物学的には遺伝情報をつかさどる二重螺旋構造を持つ化学物質のことであるが，組織や企業に対して使われる場合，このDNAは基本的に企業の持つ組織文化と同じことを意味しており，強みや継承といった点に注目された場合に使われることが多いと考えられる。

こうした風土，社風，DNAといった言葉は，特にマスコミレベルではあまり区別せずに使われており，むしろ組織文化という用語は専門家しか用いないという傾向がある。企業のケーススタディをする際など，組織文化という用語でデータベースを検索してもほとんどヒットしないが，内容としては組織文化に関するものであっても，風土や社風，DNAで検索するとヒットする可能性も高いので，注意が必要である。

3．組織文化への2つのアプローチ

(1) 経営組織論的研究と経営管理論的研究

組織文化が果たす役割について各論者は様々な視点からこれを考えている

17）櫻井通晴（2011）70頁。
18）Suchman, M. C.（1995）.
19）海野素央（2006）。
20）Dyer, J., Gregersen, H. & Christensen, C. M.（2011）（櫻井祐子訳 2012）。

が，多くの組織文化研究を分類した研究[21]を見てみると，そこに共通して見られる点は，組織文化研究における基本的な考え方が，大きく2つに分かれているという認識である。

こうした研究においては文化人類学的諸前提をどう考えるかによって，既存研究を細かく分類しているが，大きく分けると組織文化を組織の概念規定そのものとする考え（経営組織論的研究）と，組織文化を経営管理についての関数における独立変数とする考え（経営管理論的研究）の2つが存在しているのである（表1-1）。

これらは坂下[22]の言う，主観主義社会学と客観主義社会学という方法論上の違いによる解釈主義パラダイムによる解釈主義的組織シンボリズム論と，機能主義パラダイムによる機能主義的組織シンボリズム論に対応する。これらは組織論におけるシンボリック・パースペクティブとモダン・パースペクティブに対応しており，ハッチ Hatch[23]の整理によれば，両者はさらにその後，社会学における脱構築の流れから，説明や理解を追求するというよりも，批判や別形

表1-1　組織文化研究の分類

	Smircich	Allaire & Firsirotu
経営組織論的	組織のシンボリズム	象徴主義
	無意識課程と組織	構造主義
	組織の認知	認知主義
		相互同価値構造
経営管理論的	比較経営	機能主義
	コーポレート・カルチャー	構造－機能主義
		生態学的－適応主義
		歴史的－拡散主義

出所：Smircich, L.（1983）pp. 339-358（戦略経営協会編 1986, 40頁），Allaire, Y. & Firsirotu, M. E.（1984）pp. 193-226.

21）Smircich, L.（1983）pp. 339-358（戦略経営協会編 1986, 40頁），Allaire, Y. & Firsirotu, M. E.（1984）pp. 193-226.
22）坂下昭宣（2002）。
23）Hatch, M. J.（2018）pp. 10-18.

式の認識を提示するポストモダン・パースペクティブによって批判されることになる。本論では因果関係を重視する実証主義の観点から，モダン・パースペクティブ，機能主義の立場をとりたいと思う。そして組織文化のミクロな役割を考える際には解釈主義的研究の成果も取り入れていきたい。

⑵　内部統合機能と外部適応機能

そしてこうした2つの大きな流れは，組織文化の持つ2つの大きな機能，「内部統合機能」と「外部適応機能」[24]に対応していると考えられる。例えばシャイン[25]は，組織文化の役割は次の2つの領域における基本的問題を解決することだとしている。そしてこれらの問題は現実には高度に相互依存的であるが，各項目は組織がいかに機能するかを分析するための有効な分類方法であるというのである。

表1-2　組織文化の役割

① 内部統合の課題：
- 共通言語と概念分類
- グループの境界線およびメンバーの入会，退会の基準
- 権力，権限と地位
- 信頼と親密性
- 報酬と制裁
- 説明困難なことの説明

② 外部適応と生存の問題：
- ミッション・戦略
- ゴール
- 手段・方法
- 測定・評価
- 修正・訂正

出所：Schein, E. H. (2010)（梅津祐良・横山哲夫訳 2012, 88, 110頁）。

24）河野豊弘（1985）44頁，梅澤正（1990）48頁，加護野忠男（1982）60-80頁。
25）Schein, E. H. (2010)（梅津祐良・横山哲夫訳 2012, 88, 110頁）。

第3節　組織文化の内部統合機能

ここで組織文化の機能を大きく「内部統合機能」と「外部適応機能」の2つに分け，まずは前者を「組織維持」「コミットメント」そして「コミュニケーション」という視点から，詳しく見ていくことにしたい。

1．組織維持

(1)　社会ルールとしての組織文化

認知心理学の分野における「感情」についての研究[26]によると，原始時代の人間は生活の場の範囲が狭く，また環境の多様性も低かった。そして小さな集団で生活する社会であったので，そこでは人類が進化論的に身に付けた無意識のルールとして「感情」だけがあれば十分であったのだという。その後，特に農業革命以降生活集団が大きくなるにつれ，大規模な集団協力のためには感情だけによる集団の維持では不十分となって社会ルールが生まれ，これが集団のメンバーによって共有されるようになってきたという。そしてこうした社会ルールは，集団の規模の拡大とともに急激にその数を増し，現代社会ではルール全体としての整合性や効率性は不完全なものとなってしまっているという。

すなわち組織のメンバーに共有された基本的価値観の一部が社会ルールであり，これは組織文化の一側面であると考えられる。そして企業という集団が生き残っていくために，ある整合性と効率性を目指してその集団のメンバーが共有している社会ルールが，組織文化の組織維持機能を果たしているといえよう。なぜなら企業という集団は，ある特定の目的を効率的に追求するために構成されるからである。

(2)　組織維持に関する問題

シャイン[27]が述べているように，組織維持に関する問題における様々な基準

26）戸田正直（1992）141頁。

(社会ルール) が，その組織における組織文化として明確化されることによって，組織の構成員は，何が重要で何が重要でないかをより分けることが可能となる。そして，それらにどのように対処するべきかのビジョンを持つことができ，これを通じて彼らの持つ心理的不安から解放されるのである。

こうした組織文化による不安の解消が，彼らに積極的な組織への帰属意識をもたらして組織が安定化するとともに，メンバーのモチベーションが高まる基礎となるのである。野中[28)]も述べているように組織文化という共通の思考や行動様式によって，組織内のコンフリクトは解消の方向に向かい，凝集性や一体感の醸成を通じて従業員の内面的統合が促進されるのである。

(3) 組織文化とモチベーション

こうして組織文化はモチベーションの「基礎」となるが，これが直接モチベーションを高める要因であるかどうかについては議論されていない。社員の期待を充足させたり[29)]，仕事への理解により自己実現の欲求を満たしたりする[30)]という視点は，組織文化をコーポレート・アイデンティティの対内的機能として考えた場合，これが直接にモチベーションの向上をもたらすという考え方である。しかし他の論者を含めた共通の意見としては，強い組織文化は組織維持のために少なくともメンバーの帰属意識を高めるという点までは合意されているが，モチベーションの向上はそこから副次的に発生してくると考えられているだけである。一般に高い帰属意識は高いモチベーションにつながると思われるが，そこには必ずしも実証された関係があるわけではない[31)]。

この帰属意識は，よりミクロな組織行動論においてはコミットメント概念として，例えば情緒的と功利的の2つ[32)]，あるいは情緒的，規範的，積極的，存続的，価値的の5つ[33)]等，さらに分解した議論が行われているが，マクロ的な

27）Schein, E. H.（1985）（清水紀彦・浜田幸雄訳 1989, 89 頁）。
28）野中郁次郎（1983）。
29）河野豊弘（1985）44 頁。
30）梅澤正（1990）48 頁。
31）野中郁次郎他（1978）398 頁。
32）鈴木竜太（2002）。
33）王英燕（2017）。

組織理論の立場をとる本論においては，これ以上立ち入らないこととしたい。

2．コミュニケーション

(1) 共通言語と概念分類

シャイン[34)]によると，グループがグループとして機能するためにはメンバー相互間のコミュニケーション・システムの確立と，情報の解釈を可能とする言語の確立が必要である。そして知覚や思考を組織化するために，意味を分類し重要な事項だけに焦点を当てることにより，コミュニケーションの効率化や不安の削減が行われ協調的な行動が可能となるのである。さらにグループは独自の共通言語を創り上げることにより，他のグループとの差別化を行いメンバーの一体感をも強めるのである。

組織文化としての基本的価値観についてのコンセンサスは，コミュニケーションが成立するための前提条件であると考えられ，こうした共通言語と概念の分類は，組織文化の構成要素の１つとして重要な役割を担うのである。

組織内の人々にこうした分類や認識方法，情報処理のパターンが共有されていないと，コミュニケーションの効率が非常に悪くなり，ある出来事が起こったときにその解釈や意味付けが個人によって大きく異なってしまい，コミュニケーションが困難となるのである。すなわち組織文化が存在することにより同一の情報から類似の意味が引き出されるとともに，言語の解釈が同じものとなり正確な情報伝達が可能となるのである。

(2) 組織文化とコミュニケーション

狩俣[35)]は組織文化とコミュニケーションの相乗効果について述べている。一般にコミュニケーションにおいて，伝達されるメッセージそれ自体は意味を持たない。メッセージを受容した個人がそれをどのように解釈するかによってその意味は形成されるのである（図 1-1)。

34）Schein, E. H. (2010)（梅津祐良・横山哲夫訳 2012, 109-110 頁)。
35）狩俣正雄（1989）83-99 頁。

図 1-1　社会的コミュニケーションのプロセスモデル

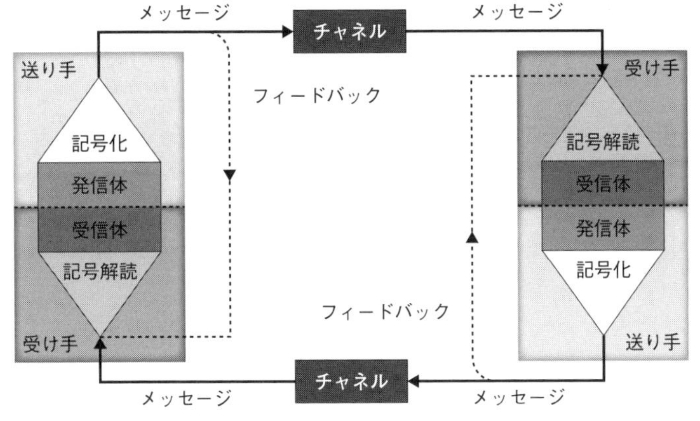

出所：竹内郁郎（1973）。

意味，価値，欲求，選好などの異なるメンバーがコミュニケーションを繰り返すことによって，組織において共通の意味が形成され，価値を共有し共通の目的を達成することを通じて独自の組織文化が形成されることになる。すなわちミクロな視点から見た場合，コミュニケーションを行うことによって組織文化自身が支持され，伝承され，強化されていき，またこうして組織文化が形成されることにより，組織におけるコミュニケーションが促進されるという相乗効果が生まれるのである。

⑶　高コンテクスト，低コンテクスト

またホール（Hall）[36]は主に異文化コミュニケーションの議論の中で，文化を高コンテクストと低コンテクストの2つに分けている。高コンテクスト文化とは，人々がお互いに深い人間関係で結ばれ，情報が広くメンバー間で共有され，単純なメッセージでも深い意味を持ち得るような文化である。一方低コンテクスト文化とは，各個人が明確なメッセージを構築し言語を駆使しなければコミュニケーションが成立しない文化であるとしている。こうした考えは，組織文化のコミュニケーションに関する機能を表しているといえよう。高コンテ

36）Hall, E. T.（1976）（岩田慶治・谷泰訳 1979，102頁）。

クスト文化の下では，組織文化として基本的価値観が広く共有されることにより，効率的なコミュニケーションを行うことができるようになるのである。

ここで日本は高コンテクストな文化であり，「あれやっといて」，「よろしく」といった「阿吽の呼吸」型のコミュニケーション・スタイルが好まれる傾向にあるとされている。ところがこうしたコミュニケーション・スタイルに慣れてしまうと，経営のグローバル化が進み低コンテクスト文化の下に送り込まれたときに，日本人は議論が下手，自己主張ができない，といった批判を浴びてしまうことになるのである。

第4節　組織文化の外部適応機能

次に組織文化の外部適応機能について，環境に対する認知的仮定としての問題をまず論じ，その後にそこから生じる戦略と企業文化の問題を説明することにしたい。

1．多義性の削減

(1)　イナクトメント

ワイク（Weick）[37]によれば，組織は環境の多義性を削減するように設計され，その多義性の削減はイナクトメント（enactment），淘汰，保持の3つの段階を持つコミュニケーション過程を通じてなされるという。不確実性とは必要な情報の欠如であり，情報収集活動を行うことにより補うことができる概念である。また多義性とは，情報の発信者と受信者の持つイメージや背景が異なる場合，同じ情報であってもその意味の捉え方が多様となることである。

イナクトメントの過程とは，現実に存在する曖昧で客観的で多義的な環境を個人が認知することにより，知覚的に形成されたより明確で多義性の削減された主観的な環境認知に置き換えることである。この過程では組織文化としての

37）Weick, K. E.（1979）（遠田雄志訳 1997，132-133頁）。

基本的価値観が暗黙のうちに作用し，特定のバイアスを持って環境が認知されることになる。さらに淘汰の過程では，過去の経験を通じて形成されてきた基準を適用しながら，情報の意味を特定化し多義性をさらに削減していくことになる。この適用される基準もまた組織文化の要素であり，この過程で最も大きく多義性が削減されると考えられる。

このように組織はその認知と淘汰の過程において，組織文化の機能により環境から来る情報の多義性を削減し，これによってより的確な組織行動をとることができるようになるのである[38)]。

⑵　フィルター，色眼鏡

組織の活動を情報処理として捉えると，その本質はコミュニケーションであり，イナクトメントのプロセスにおいて個人の認知的枠組み[39)]（スキーマ）によって主観的に認知された情報は，組織文化というフィルターを通してその中を流れながら多義性を削減されていく。さらに組織文化としての基本的価値観や行動パターンを通じて経営戦略の策定，実行，評価，修正といった活動が方向付けられ，特有の情報処理特性が形成されていくのである。

ワイク[40)]は多義性の説明の１つとして，錯視を例に挙げている。これは騙し絵の中でも多義図形，反転図形と呼ばれる，見る人によって１つの図形が２つの見え方をすることに関するものである。例えばジャストローによるアヒルとウサギの騙し絵もその１つである。外部適応機能との関連でいうと，２つの見え方は見る側が持つ認知的枠組みに依存し，決して同時に２つの見え方をすることはない，という点が重要である。人は，その人の持つ枠組みに沿って，環境を「～として見る」ことしかできないのである。

そしてこうした騙し絵は個人レベルでの認知メカニズムの問題であるが，組織の成員によって認知的枠組みが共有されている場合，ある組織からはアヒルに見えるものが，別の組織からはウサギにしか見えない，といった事態が想定できるのである。シャイン[41)]の言うように，組織文化は環境の中において関係

38）岸眞理子（2014）34-37頁。
39）小林啓孝（1987）91-115頁。
40）Weick, K. E.（1979）（遠田雄志訳 1997, 181頁）。

のある部分にだけ焦点を当て，我々の知覚を助けるフィルターもしくは色眼鏡であると考えられる。これによって我々は新しい状況や不安定な状況における心理的な不安を軽減することが可能となる。すなわちこうした組織文化に基づいた活動の中で，情報の意味が一定の方向に向けられると同時に，これに対する経営行動がパターン化されていくのである。

2．経営戦略との関係

(1)　企業活性化

トップが環境に適応した経営戦略を策定することに成功し，それに応じて適切な組織が構築され，市場ニーズに合った製品・サービスが生み出され，高い成果が生まれるといった，全体のサイクルが自然に循環するようになると，それが組織内部の人々にとっても自然である，という共通の価値観となる。すなわち好循環を益々安定させる企業の組織文化ができ，それが長期的好循環を生み出していく。長期的好循環が始まると短期的なサイクルの一部が失敗してもその好循環の流れはなかなか変わらない。短期的な，あるいは部分的な失敗があってもそれを恐れず，リスクを負担して挑戦意欲を燃やし，それがさらなる成長を促す原動力になるのである[42]。

図1-2　企業活性化モデル

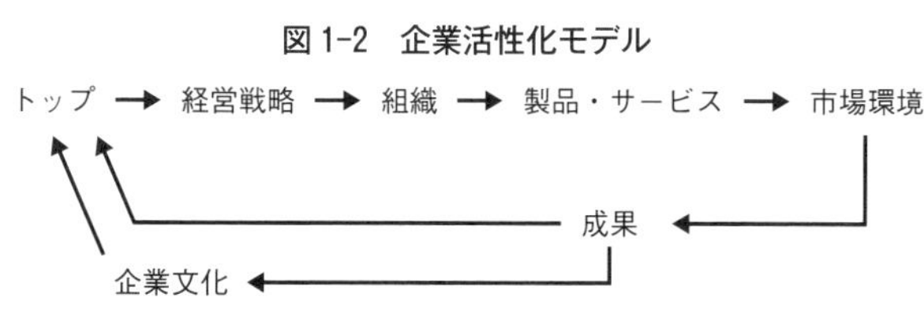

出所：岡本大輔・古川靖洋・佐藤和・馬場杉夫（2012）43頁。

41）Schein, E. H. (1985)（清水紀彦・浜田幸雄訳 1989, 105頁）。
42）清水龍瑩（1990）15-19頁。

(2) 「強み」

バーニー（Barney）[43]によれば企業の長期的な競争優位の維持のためには，価値があり，かつまれで，他の企業にまねのできない組織文化を持つことが必要であるという。これは清水[44]の言う企業の「強み」としての組織文化である。「強み」とは，競合他社にまねられない特性であり，企業は複数の「強み」や「準強み」のネットワークを保有している。これは過去の経営過程の繰り返しによって構築されたものであり，その中には必ず人間が介在している。そして人と人とのフォーマル，インフォーマルな情報交換により絶えずそのネットワークが拡大していくことになる。

こうして創られた「強み」のネットワークの1つとして，他の企業にまねのできない組織文化を考えることができる。そして，こうした「強み」をさらに拡大し動態化していくことにより，長期的な競争優位の維持を行うことが可能となるのである。

(3) 組織能力

すなわち，組織文化そのものが企業行動を方向付けるとともに，これが他社にまねられない強みとなり企業の競争優位を築き上げるのである。これは言葉を換えればコア・コンピタンス[45]としての組織文化であるといえよう。資源ベース理論[46]によれば，企業は固有の資源の束を所有しており，その資源は，有形資産，無形資産，組織のケイパビリティ（組織能力）の3つに分けられるという。こうした強みとしての組織文化は，組織のケイパビリティ，すなわち組織能力の1つであると考えることができる。ここでコア・コンピタンスは組織の技術的な側面を強調した能力の概念であるが，組織能力は社会的な側面を強調したものであると考えられる[47]。そして組織文化における共有された行動パターンとしてのルーティンやルールは，オーディナリー・ケイパビリティ

---

43) Barney, J. B. (1986) pp. 656-665.
44) 清水龍瑩（1990）46-53頁。
45) Hamel, G. & Prahalad, C. K. (1994).
46) Collis, D. J. & Montgomery, C. A. (1998)（根来龍之・蛭田啓・久保亮一訳 2004）。
47) 菊澤研宗編（2018）50頁。

（通常能力）によって形成されるが，これらを再構成，再構築させていく能力が，ダイナミック・ケイパビリティ[48]であると考えられる。

(4) 組織能力の基本要素

慶應戦略経営研究グループ[49]は，「組織能力」を人間の創造性の発揮を促しさらには横断的な組織の協力などを絶えず行いうるような組織の状態と捉え，その基本要素としてトップマネジメント，ミドルマネジメント，人材，組織構造と並んで企業文化を挙げている（図 1-3）。

そして「革新志向の企業文化[50]」とは，組織構成員の創造性の発揮が重視され，彼らの相互作用を通じて組織学習が活発に行われることによって，絶えず自己変革を繰り返しながら企業に継続的な革新をもたらすような企業文化のことであるという。すなわち環境変化が激しい今日，単に企業文化が強い，あるいはそれが静態的に戦略や環境にフィットしているだけでは企業の持続的な成

図 1-3　組織能力の基本要素

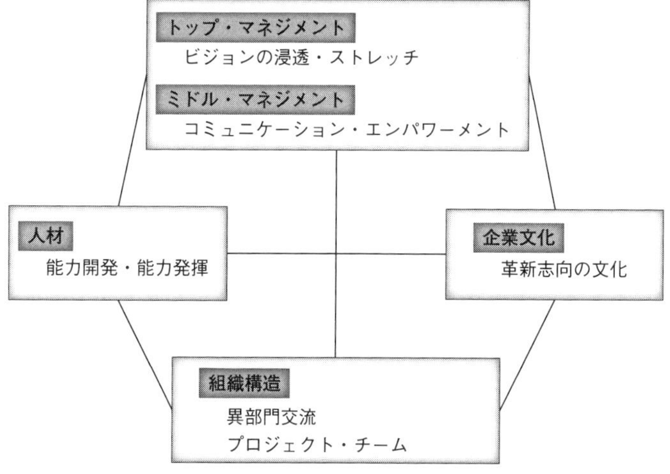

出所：慶應戦略経営研究グループ（2002）9 頁。

48）ティース，D. J. 著，菊澤研宗他訳（2019），124-125 頁。
49）慶應戦略経営研究グループ（2002）8 頁。
50）横尾陽道（2004）35 頁。

長は望めず，自ら継続的に革新を志向する企業文化が求められているのである。

3．経営の諸要素との関連

(1)　指導理念と日常理念

競争優位を確立・維持するために経営戦略の遂行を成功させるには，経営戦略と文化の適合性を考慮する必要がある。デービス（Davis）[51]は，企業における組織文化の構成要素を大きく「指導理念」と「日常理念」の2つに分けている（図1-4）。指導理念は経営戦略を育てる基盤として，会社がなぜその経営戦略を成就させたいかということの表明であり，これを基に企業の経営戦略が決定され推進されるべきものである。また日常理念は経営戦略が遂行される過程に影響を及ぼし，物事が日常どう行われているかに関わっているものである。これはトップのレベルで持たれる組織文化と，一般従業員のレベルで持たれる組織文化として考えることができよう。

さらに彼は企業の組織文化が健全な場合，日常理念は指導理念から生み出されてくるはずであり，この2つの理念が適合している場合に経営戦略の遂行が成功するという。すなわち企業のトップが持つ経営戦略と企業組織の持つ組織

図1-4　指導理念と日常理念

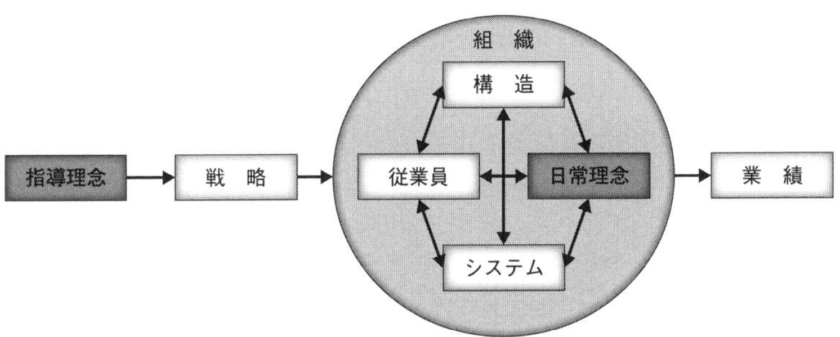

出所：Davis, S. M.（1984）（河野豊弘・浜田幸雄訳 1985, 10頁）。

51）Davis, S. M.（1984）（河野豊弘・浜田幸雄訳 1985, 6-12頁）。

文化が適合している場合にのみ，経営戦略の遂行を成功させることができるのである。

(2) 経営理念

この指導理念と日常理念は，清水[52)]の言う経営理念と組織文化の関係を表している。ここで経営理念とは企業経営における価値観であり，指導原理としての機能を持つもの（指導理念）である。そしてこの経営理念は，企業の歴史を反映する組織文化（日常理念）と，トップのものの考え方である経営者の哲学の交わる部分で形成され，さらに企業倫理がその中央に位置づけられるのである[53)]。

図 1-5　経営理念の形成

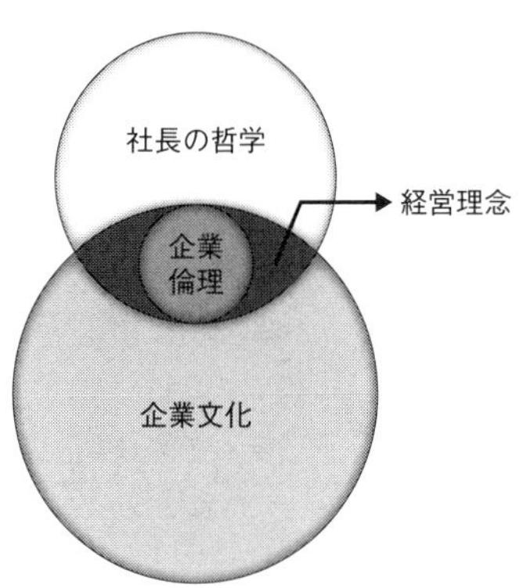

出所：清水龍瑩（1998）9 頁。

(3) 7つのS

さらにアメリカのコンサルティング会社であるマッキンゼーでは，組織づくりにおいて考慮しなくてはいけない要素として，次の７つを挙げている[54)]。

① Structure　：機構
② Strategy　：戦略

52）清水龍瑩（1984）76 頁。
53）清水龍瑩（1998）9 頁。
54）Peters, T. J. & Waterman, R. H.（1982）（大前研一訳 1983, 38-42 頁）。

図1-6　マッキンゼーの7つのS

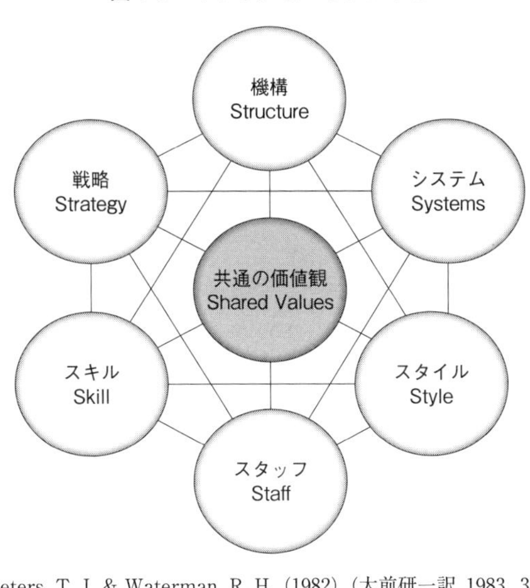

出所：Peters, T. J. & Waterman, R. H. (1982)（大前研一訳 1983, 38-42頁）。

③ Staff　　　　　：人
④ Style　　　　　：経営の型
⑤ System　　　　：体系と手順
⑥ Shared Values：組織文化
⑦ Skill　　　　　：強みと技術

そしてこうした7つの要素は互いに切り放すことはできずに複雑に絡み合い，しかも同時に機能しなければならないとしている（図1-6)。すなわち⑥組織文化をとりまく6つの要素は組織文化から影響を受けると同時に，組織文化に対して強い影響を及ぼしているのである。

おわりに

本章では組織文化を「あるグループのメンバーに共有された基本的価値観と，そこから生じる行動パターンのことである」と定義した。そして組織文化を分析するアプローチについて紹介し，まずはミクロな視点からの内部統合機能について述べ，組織文化がメンバーの帰属意識を高め，またコミュニケーションを助けることにより，その組織行動を特徴付けていることを明らかにした。そしてマクロな視点から外部適応機能について述べ，経営戦略や企業経営における様々な要因との関係を考えた。組織文化は環境を見る認知枠組みとして戦略を方向付けるとともに，戦略の遂行においても大きな役割を果たしているのである。

第2章

革新的組織文化

第1節　組織文化の形成過程

1．個人レベルでの形成過程

(1)　価値の学習

あるグループの組織文化は，そのグループのメンバーに共有された基本的価値観と，そこから生じる行動のパターンのことであると前に定義したが，こうした基本的価値観や行動パターンはどのようにして作られるのだろうか。メンバー個人のレベルで見た場合，こうした組織文化は社会心理学の分野で社会的学習と呼ばれる過程によって形成されると考えられる。

社会心理学では，「価値」は主に観察学習によって形成されるとされている[1)]。これは学習者が他者を自らの行動モデルとしてその反応を観察することにより，自己の中に自らの行動型としての価値を創り上げるという形態の学習である。ここで「価値」とは「特定の場面を越えて行為の様式や存在の最終状態と結び付いた，態度，行為，比較，評価，自他の正当化を導く基準または尺度の事」[2)]であり，組織文化の定義からいうと，グループのメンバーに共有された基本的価値観の主要な部分はこの「価値」であるといってよいだろう。

そしてこれは組織行動論における「組織社会化」の一側面である。組織社会

1）濱口惠俊（1989）86-88頁。
2）田嶋善郎（1985）159頁。

化とは，① 組織内での役割を遂行することと，② 組織のメンバーとして参加することにとって不可欠となる，価値観，能力，期待される行動，社会的な知識などを正しく理解していくプロセス[3)]のことである。この後者における価値観や期待される行動などが，組織文化の構成要素であると考えることができる。そしてこの社会化の過程で最も重視されるのが，組織文化の継承[4)]なのである。

ところでヒトはなぜ怒るのであろうか。組織文化という側面から見ると，自分が育ってきた社会や組織を通じて身に付けた価値観と異なる価値観から生じる現象に遭遇すると，怒りという感情が発生する[5)]。すなわち，ある現象を見て怒りが生じたのであれば，自分の持っている価値観と相手の持っている価値観に相違があるということを示しているのである。怒りの原因は，相手の行動そのものにあるのではなく，それを見ている自分の中にあるのである。

こうした価値の学習過程を通じて，そのグループにおける組織文化を身に付けた他者の示す適切な行動が，学習者の行動の仕方に対応付けられ，両者の間に類似の行動パターンが生み出されるのである。

(2)　共通の経験

あらかじめ組織文化が存在しているグループに新しいメンバーが参加するような場合には，こうして見たように学習によりメンバーがその組織文化を共有すればよい。しかしあらかじめグループに強い組織文化が存在していない場合，これを創り出していくのはメンバーによる共通の経験である[6)]。

メンバーは共通の不安を抱いたり，共通の情緒的反応を示したり，状況に対処するために共通の活動を行ったり，共通の情緒表現を行ったりすることにより，経験が共有されたものと見なす。そしてこうした組織における日常的な経験のプロセスが，メンバーの相互作用としての学習プロセスを構成している。外部の生存の課題に対応する前向きな問題解決や，内部の統合の課題に対応す

3）鈴木竜太・服部康宏（2019）94 頁。
4）二村敏子（2004）29 頁。
5）戸田正直（1992）。
6）Schein, E. H.（1985）（清水紀彦・浜田幸雄訳 1989, 214-216 頁）。

る不安回避のメカニズムによる，成功や失敗の体験が，共有された経験として基本的価値観としての組織文化を生み，さらに経験を重ねることによりこれが定着，強化されることになるのである[7)]。

(3) 組織文化と社会文化

そしてこうして学習される組織文化の背後には，その組織が存在する一般社会の文化的環境としての社会文化がある。その社会文化と組織文化との間の関係には，次の３つのレベルが考えられる。

① 創業者や新メンバーの属する家庭の文化
② 従業員の生活の場としての地域の文化
③ 企業活動の場としての経済の文化

一般に新しいグループの状況に接したとき，個人は若年期の大半を過ごしてきたグループである自らの家庭におけるモデルをこれに当てはめるようとする傾向がある[8)]。また創業者が新たな組織文化を創り上げげていくときにも，基本的には自らの体験としての家庭の文化をその前提の一部としていると思われる。こうした家庭の文化は教育や生活水準，共同体としての家族の役割，宗教に対する考え等，一般社会の文化そのものといってもよいだろう。

また企業は生産の場であると同時に生活の場であり，メンバーがどういった所に住み，どんな生活をおくり，余暇をはじめとして何に生活時間を使っているかといった地域の文化は，企業における組織文化と相互に深い関係にあるといえよう[9)]。さらに企業活動を行う場としての経済環境の持つ特徴は，その市場の特徴や技術水準，生産様式，原材料，金融，労働市場等として，企業の組織文化を大きく方向付けているのである。

7）Schein, E. H.（2009）（金井壽宏訳 2016, 246-247 頁）。
8）Schein, E. H.（1985）（清水紀彦，浜田幸雄訳 1989, 96 頁）。
9）梅澤正（1990）pp.92-93。

2．「強い」組織文化

⑴ 「強い」組織文化，「弱い」組織文化

組織文化について「強い」組織文化，「弱い」組織文化といった議論がなされる場合がある。ピータースとウォーターマン（Peters & Waterman）[10)]は，優良企業は８つの基本的な特性を持っているとしており，ディールとケネディ[11)]は，持続的な成功を収める企業はみな強い文化を持っているとしている。

このような「強い」組織文化という概念は，文化集合全体として多くの基本的価値観と行動パターンが共有されているということを意味している。一方「弱い」組織文化といった場合，次の２つの側面を考えなければならない。

① 複数の異なった下位文化を持つ

② 基本的価値観や行動パターンの共有の度合いが低い

どちらの場合にも，文化集合全体としては基本的価値観と行動パターンの共有度が低くなるわけであるが，組織文化の果たす機能の強さや組織文化の変革の方法等を考えた場合，異なった性格を持つと思われるので注意が必要である。

例えば組織文化が弱い場合には，いずれにしても組織文化の持つ機能は十分には発揮されないと考えられるが，変革という視点から見ると共有の度合いが低い場合には組織文化の持つ慣性はあまり働かないため新たな組織文化の創造の大きな障害にはならない。しかし異なった下位文化を複数持つような場合には，それぞれの下位文化の持つ慣性が組織文化変革の大きな障害となるのである[12)]。

⑵ 組織文化の逆機能

一方，加護野[13)]は組織文化の逆機能として次の２つを挙げている。

① 思考様式の均質化

10）Peters, T. J. & Waterman, R. H.（1982）（大前研一訳 1983, 46 頁）。
11）Deal, T. E. & Kennedy, A. A.（1982）（城山三郎訳 1983, 20 頁）。
12）河野豊弘・クレグ，S. R.（1999）57-83 頁。
13）加護野忠男（1988）131-153 頁。

② 自己保存本能

思考様式の均質化は，いうなれば組織文化の機能そのものであるが，企業の置かれた環境が変化していくのに対して，均質化された古い組織文化のフィルターでは環境の新しい意味が理解できなくなる恐れが出てくる。特に環境が急激にかつ非連続的に変化した場合，そうした変化が全く認知されず，環境に対して不適切な行動パターンを繰り返してしまう可能性があり，さらに強い組織文化が個人の多様性を抹殺し，彼らのやる気を損なう可能性も出てくるのである。これは組織行動論の言葉で言えば，「社会化過剰[14)]」の問題であるということができる。組織に過度の忠誠を誓う「会社人間」が生まれ，組織に反抗し，変革を生み出すエネルギーが失われる可能性があるのである[15)]。

また既存の組織文化が，環境や経営戦略に対して全く適切であると思いこんだり，各人がアイデンティティのためにそれにしがみついたりすることにより，組織文化に強い自己保存本能が働くことがある。そして組織文化の存続そのものが組織活動の目的となり，肝心の組織そのものの存続を危うくしてしまうのである。

すなわち組織文化は一度形成されるとなかなか変化しにくく，一定の方向に活動を誘導する慣性により，組織の環境変化への対応を誤らせてしまうのである。

(3) 組織学習

こうした組織文化の逆機能の背後には，ヒトと組織の学習メカニズムがある。アージリスとショーン（Argyris & Schön）[16)]は，学習のプロセスを個人と企業の両側から考え，シングル・ループ学習とダブル・ループ学習という，2つのモデルを考案した。

そしてほとんどの組織では，シングル・ループ学習はうまく行えても，ダブル・ループ学習において非常に苦労するという。なぜなら，同じことを繰り返していると楽になり，その枠組みや目標自体を疑わなくなってしまうからであ

14) 鈴木竜太・服部康宏（2019）103-104頁。
15) 二村敏子（2004）30-31頁。
16) Argyris, C. & Schön, D. A. (1978).

図 2-1　組織学習

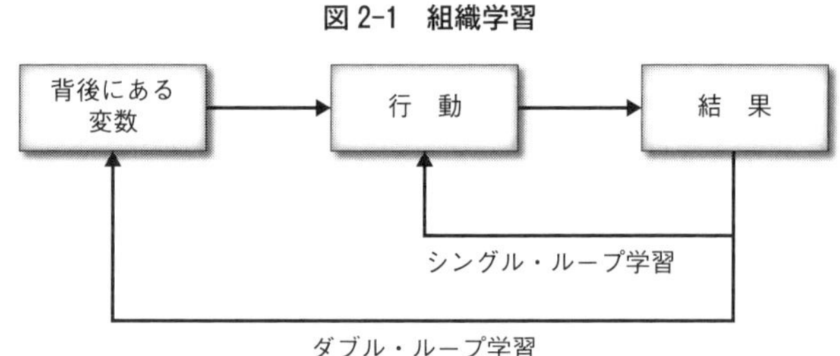

出所：Argyris (1992) p.8.

る。さらに経営環境を見るフィルターや色眼鏡である組織文化に自己保存の慣性が働き，経営者がほうっておけばシングル・ループの学習しか行われないのである。

そこで必要となるのが，経営者が意図してダブル・ループの学習を起こし，また組織自らがダブル・ループの学習を習慣として持つような，従来の枠組みを常に疑い，壊していける，不確実な行動に対してリスクをとることができるような企業文化を創り上げることである。すなわち前述のような革新志向の企業文化を創り上げていくことが求められているのである。

第 2 節　組織文化の成長段階

企業の成長と共に発展していく企業文化の成長段階として，① 創出期，② 成長期，③ 成熟期の 3 つの段階を考えることができる[17]。

1．創出期

(1)　創出期とは

創出期は，創業者によって経営がなされている時期であり，企業文化の主な

17) Schein, E. H. (2010)（梅津祐良・横山哲夫訳 2012, 317-345 頁），Hickman, C. R. & Silva, M. A. (1984)（上野明監修 1985, 387-438 頁），佐藤和 (1993)。

原動力は創業者および創業者が抱く基本的価値観である。そしてこれを植えつけられた企業文化が成功を収めた場合には，この文化はその組織に特有の能力やアイデンティティの基礎となり，グループを結束させる糊となる。この時期において企業文化はいまだ不明確であり，その確立が最も大きな問題となる。

またこの時期におけるトップの問題は，創業者が経営戦略に熱中するあまり，企業文化を育て上げていくことをおろそかにして，場当たり的な経営戦略の変更を行うと，持続力のある企業文化が育っていかず，次の企業成長を支えるための企業文化を確立することができなくなってしまう点である。

⑵　文化の植えつけ

創業者社長のように，組織文化の創出期におけるリーダーは，組織に自らの価値観を植えつけようと試みる[18)]。そこでは第一義的植えつけメカニズムとして，①リーダーが関心を示し，測定し，コントロールしていること，②重大な出来事や組織の危機に対するリーダーの反応，③リーダーがどのようにリソースを配分するか，④意識的な役割モデリング，教育，指導，⑤褒賞や地位を与える基準，⑥選抜，昇進，退社の基準がある。

そして第二義的な明確化と補強のためのメカニズムとして，①組織のデザインと構造，②組織のシステムと手続き，③組織の伝統と慣習，④物理的空間や様式，建物のデザイン，⑤重要なイベントや人物に関する神話，⑥組織の哲学，信条，憲章などの公式的な記述が用いられるのである。

⑶　経営理念

企業文化の成長段階を，経営理念との関係で見てみよう。経営者が将来構想の構築の際に策定する経営理念を実効性のあるものとするためには，その経営理念が，経営者個人の哲学と企業文化との交わる部分（積集合）となるようにしなければならない[19)]。企業文化の創出期には，創業者社長の示す経営理念は，自らの哲学，考え方に賛同して集まってきた人々がそのまわりに企業文化

---

18) Schein, E. H. (2010)（梅津祐良・横山哲夫訳 2012, 272頁）。
19) 清水龍瑩（1995）124-126頁。

を創っていくので，経営理念はそのまま経営者の哲学と一致し，大変明確である。したがって，一般的に言って創業者経営者は強力なリーダーシップを発揮している場合が多い。一方，企業文化の成長期に向かう二代目経営者の哲学は，父親ないし先代の経営者の企業文化と異なる場合が多い。したがって，二代目経営者の経営理念は不明確になりがちである。この場合多くの二代目経営者は，自らの哲学の方向に歴史的な企業文化を少しずつ変えていこうとする。しかし，二代目経営者で自らの哲学を明確に打ち出せず，創業者時代の旧い企業文化を引きずって失敗している例も数多くある。一般に創業者時代の企業文化に順応，適応してあまり大きな波風を立てないよりも，自らの哲学を明示し，やや強引と思われる方法でも旧い企業文化を変えていく二代目経営者の企業の方が，業績がよいようである。

2．成長期

(1)　成長期とは

成長期には，創業者はもはや中核的な地位を占めなくなり，企業の組織自体が確立されて，成長を通じて長期の維持発展を図らなければならなくなっている。そして企業文化の重要な要素はすでに様々な制度として明文化され，意識して文化を構築，統合，保存しようという必要性も少なくなり，企業文化は当たり前のもの，無意識のものとしてメンバーに共有されている。

一方，組織の成長によって新たな下位文化が出現したり，創業者の持っていた中核的な価値観が失われて，企業文化が弱くなってきたりすることも考えられる。しかし全般的にこの時期においては企業文化が確立され，その機能がよい面を中心に発揮されている。この成長期には事業の拡大に伴って新しい経営戦略が必要となるが，これは必ずしも現有の企業文化と適合するとは限らない。こうした場合長期的な視野に立ち，経営戦略か企業文化のどちらかを修正することにより融合を図っていく必要がある。そして成長期に強い文化を持つ企業では，中間管理者が文化の担い手であると同時にその推進者となり，単なる「合理的」管理者ではなく，象徴的な管理者，すなわち「シンボリック・マネージャー」となることが求められるのである[20)]。

⑵　下位文化

一方，組織文化の成長期は，様々な下位文化が形成される段階である。企業文化と下位文化の関係を考えると，下位文化が企業文化を積極的に支持する強化型，独立を維持しつつも衝突していない交叉型，積極的かつ公然と挑戦する反体制型文化の3つが考えられる[21)]。

例えば職能別組織の下位文化について考えてみよう。職能別組織とは，安定して成長している企業で，複雑な職務を研究開発，製造，販売，財務管理などの職能ごとに専門化，標準化して，これを効率よく処理しようとする組織であり[22)]，効率性を高めるために最も有効な組織である。しかし専門化，標準化しすぎると，いわゆるセクショナリズムが起きて部門間の調整が難しくなったり[23)]，また人々の同じ仕事に固執するクセが強くなったりして，創造性が発揮されなくなり，組織の有効性が達成できなくなる。

これは組織文化の視点で言えば，1つの企業文化の下に，各職能別に異なった複数の下位文化ができてしまうことである。これは欧米では「サイロ」のメタファーで語られることが多い[24)]。例えば研究開発部門の人が，なんでこんなに技術的に優れた製品をつくっているのに，売ってくれないのだろうと思い，販売部門の人が，なんでもっと売れるような製品を開発してくれないのだろうと思っていては，結局どちらからも販売不振を乗り切る案は出ず，せっかく優れた技術力や販売力を持っていても，これが生かされないのである。また企業同士が合併や買収によって組織の統合を行った場合にも，こうした下位文化の問題が生じよう。

⑶　プロジェクト・チーム

こうした縦割りの組織をそのままにして，各部門のコミュニケーションを増大させるためには，各部門を横断する各種委員会やプロジェクト・チーム等の

20）Deal, T. E. & Kennedy, A. A.（1982）（城山三郎訳 1983）。
21）Hatch, M. J.（2018）p.195.
22）清水龍瑩（1975）109-112頁。
23）McLaren, R. I.（1982）pp.123-127.
24）Hatch, M. J.（2018）p.195.

一時的な組織や，あるいはまた企業内外から情報を収集し，分析し，その結果から各部門に助言するスタッフ組織の強化，定期的に行われるジョブ・ローテーション等の制度が必要である。プロジェクト・チームとは[25)]，企業が急激な環境変化に対処するため，従来の職能別，事業部制における縦割り部門組織の枠を越えて，必要な人材を集めて問題解決にあたる組織をいう。ここでは，一人のプロジェクト・マネージャーの下に，複数のスペシャリスト（専門家）が参加してチームがつくられる。これらのスペシャリストは，一般には，技術開発部，営業部，製造部などの職能別組織からプロジェクト・マネージャーがスカウトしてくる。そうしたスペシャリストが異なったタイプの組織から選ばれ，そこで情報の新結合が起こると，より革新的なイノベーションが期待できる。

そのためには，企業文化から独立を維持しつつも衝突していない交叉型の健全な下位文化を持つことが必要となる。せっかく集められたスペシャリストが皆同じ考え方しかできないのであれば，逆に情報の新結合が期待できないのである。機能別やあるいは事業別に下位文化が発達し，部門間の壁が高くなること自体はよいことではないかもしれないが，異なった下位文化を持つ機能部門や事業部門を複数持ち，これを超えたプロジェクト・チームを編成，運営することに成功すれば，より革新的な新製品が生まれる可能性が高まるのである[26)]。

3．成熟期

(1)　成熟期とは

成熟期には，環境変化に伴い企業文化の重要な部分が不適合を起こして革新への障害となり，またその企業が長期にわたる成功の歴史を持っている場合，これがメンバーの自尊心の源となり，企業文化を改めようという力に対して自己防衛的になってくる。すなわち同じことを繰り返していた方が楽なため，こ

25）清水龍瑩（1975）100-107頁。
26）河野豊弘・クレグ，S. R.（1999）78-79頁。

れを続けていくうちに従来のやり方だけが学習され，これと異なった考えを受け入れなくなってしまうのである。

本来経営者は努力してこの段階に陥らないようにしなければならないが，この段階に陥ってしまった場合には，企業文化はその逆機能を発揮してしまうので，適切な改革が必要とされる。この成熟期には経営戦略と企業文化の全面的な手直しが必要となるが，そうした状況では得てして問題から目をそむけて解決を先延ばしにしようとする傾向が見られる。その場合，経営者がその持てる能力を最大限に発揮して，経営戦略と企業文化を抜本的に見直し，これらを変革させていかなくてはならないのである。

(2) 組織活性化

組織の活性化とは，組織構成員間のコミュニケーションが良くなり，たえず情報が更新・拡大され，その一人ひとりが挑戦意欲を持ち，やる気をみなぎらせている状態をいう[27]。企業の①積極的な製品戦略と，②組織活性化の方策とは，企業活性化のための，経営者にとってコントローラブルな最も有効な2つの手段である。ただ企業経営の軸は製品戦略であり，組織はそれにそって構築されるものであるから，手段としては，製品戦略が主であり，組織活性化は副である。

主力製品が産業構造的な環境変化に適合しているが，その企業の対応のまずさから企業成長が停滞している場合は，企業文化が成長期から成熟期に入り，環境変化との間にギャップが生じ，逆機能を果たしている状態である。すなわち企業内にいわゆる官僚制が出来あがり新しい事態に対処しえない，あるいは従来の大量生産の成功や技術至上主義の成功から，市場軽視の傾向が生まれ，新しいニーズに対応できないような場合である。このようなときは，改良製品・安定製品のコスト削減と，販売強化の戦略がとられる。経営者自ら陣頭に立って顧客に接するなど，従業員全員が販売促進に力を入れる。そのときとられる組織活性化の方策には，このままではいけないのだという従業員全体の危機感の醸成，経営者による経営理念・経営目標の明確化，経営者の現場まわ

27）清水龍瑩（1990）83-84頁。

り，それら一連の方策による企業文化変革などがある。ここでは従業員全体の意識改革が活性化策の中心となる[28)]。

(3) 管理された文化変革

創出期，成長期，成熟期という成長段階は，組織文化の通常の進化プロセスと考えることができるが，それぞれの段階で経営者が意図して組織文化を変えていこうとする企業文化変革のプロセスを，管理された文化変革[29)]と呼び，そこでは①解凍，②学習，③内面化の3つの学習／変革の段階を考えることができる。

まず①解凍の段階では，変革へのモチベーションを生み出すために，組織のゴールが達成されていないことを示す不当性の証明，生き残りのための不安感や罪意識の創成，学習に対する不安感を克服するための心理的な安心感の創成が行われる。②学習では，新しい考え方，古い考え方における新しい意義，判断のための新しい基準を学習するために，ロールモデルの模倣と同一化，解決法の選択と試行錯誤を行う。そして③内面化では，新しい考え方，意義，基準の内面化のために，自己イメージ，自己同一性への統合，継続する諸関係への統合がはかられ，組織文化が再凍結されるのである。

こうしたプロセスは，レヴィン（Lewin）[30)]の計画的組織変革における，解凍，変動，再凍結のモデルと，これを基にした組織開発（Organizational Development）の分野を含むその後の組織変革の事例研究や理論的議論[31)]と類似するものであるといえよう。また解凍の段階における心理的な安心感の創成は，「心理的安全性[32)]」として議論され，これが学習やイノベーション，成長をもたらす前提となると考えられる。

28）清水龍瑩（1990）85-86頁。
29）Schein, E. H. (2010)（梅津祐良・横山哲夫訳 2012, 348-364頁）。
30）Lewin, K. (1951, 1958).
31）Hatch, M. J. & Cunliffe, A. L. (2014)（大月博司・日野健太・山口善昭訳 2017, 464-466頁）。
32）Edmondson, A. C. (2019)（野津智子訳 2021）。

第3節　革新的文化の必要性

1．経営者の役割

(1) 成長段階とトップマネジメント

こうして創出期において創業者によって創り出された組織文化は，成長期において企業の成長とともにそれ自身の影響力を持つようになり，成熟期にはある意味で負の経営資産となり変革が必要とされる。そうした中でトップマネジメントはどの段階においても組織文化に対して極めて大きな役割を果たしているのである。

ヒックマンとシルヴァ（Hickman & Silva）[33]はそのために必要なトップの経営スキルとして，次の6つを挙げている。

① 洞察力　：独創的なビジネスチャンスを捉える
② 感受性　：社員にやる気を起こさせ，顧客のニーズを捉える
③ ビジョン：自ら未来を創り出す
④ 適応力　：変化に臨機応変に対応してゆく
⑤ 集中力　：自ら変化を起こしてゆく
⑥ 忍耐力　：長期的視野を持つ

すなわち企業の成長の各段階においてトップはこうしたスキルを駆使し，組織文化を創り出し，維持・成長させ，必要に応じて変革してゆかなければならないのである。

(2) マネジメントとリーダーシップ

コッター（Kotter）によれば[34]，「マネジメント」とは，人材と技術を管理する複雑なシステムをつつがなく進行させるための様々なプロセスである。このマネジメント行動に含まれる主要な要素には，計画，予算策定，組織設計，

33）Hickman, C. R. & Silva, M. A. (1984)（上野明監修 1985, 141-383頁）。
34）Kotter, J. P. (1996)（梅津祐良訳 2002, 51-58頁）。

人材配置，統制，問題解決の活動が含まれる。これに対して「リーダーシップ」とは，まず組織を誕生させる，あるいはその組織を激しく変化している環境に適応させていく様々なプロセスである。すなわちリーダーシップの発揮によって，まず組織の将来はどうあるべきかを明らかにし，そのビジョンに向けて人材を整列させ，さらに待ち構える障害をものともせず，必要な改革を実現する方向に人材を鼓舞するというプロセス，と定義できる。そしてこのリーダーシップよりもマネジメントが強調される組織では，組織変革が難しいというのである。

これは清水[35]の言う「管理者精神」と「企業家精神」に対応すると考えられる。これらは将来構想の構築と経営理念の明確化，戦略的意思決定，執行管理という，経営者の３つの機能を遂行するために必要な経営者能力である。「管理者精神」とは，連続的緊張に耐えうる能力であり，意思決定された目標を絶えず明確にし，その目標達成のために組織全体を効率よくコントロールしていく能力である。また「企業家精神」とは，不連続的緊張を自ら作り出す力であり，変化する外部環境を素早く洞察し，自らの危険負担において絶えず情報の新結合を意思決定する能力である。そして清水によれば「リーダーシップ能力」とは，それらをより高い次元から統合し，外部環境の変化に応じてどちらにウエイトをかけるか判断し，それらをバランスよく統合していく能力[36]，いわばブレーキとアクセルを上手にコントロールする能力である。企業の成長過程に従って重視される経営者能力は変わっていき，創業期の企業では企業家精神が，成長期の企業では管理者精神が，安定期の企業ではリーダーシップ能力がより重要となるのである[37]。

(3)　変革型リーダーシップ

この管理者精神，企業家精神は，経営者能力についての議論であるが，対象を管理者全般にまで広げれば，組織行動としてのリーダーシップ論における，交換型リーダーシップと変革型リーダーシップに対応させることができるであ

35）清水龍瑩（1983）74-75 頁。
36）清水龍瑩（1995）151 頁，清水龍瑩（2000a）82-85 頁。
37）岡本大輔他（2012）97-98 頁。

ろう。「変革型リーダーシップ」とは「交換型リーダーシップ」と対比される概念であり，部下であるフォロワーの目標を高め，明示的もしくは暗黙的な交換関係に基づいた期待を超えた業績を上げることができる，という自信を彼らに与えることにより，彼らに対して影響を及ぼすリーダーシップである。また変革型リーダーシップには，① 理想化された影響力，② モチベーションの鼓舞，③ 知的刺激，④ 個別配慮，という4つの下位概念がある[38]。そしてこれに対比される交換型リーダーシップとは目標設定，成果の明確化，フィードバック，および達成に対する報酬によって，フォロワーに対して影響を及ぼすリーダーシップのことである[39]。また両者を包含するリーダーシップをフルレンジ・リーダーシップと呼ぶことができる[40]。

この変革型リーダーシップは新しいビジョンを提示して組織の変革を主導し，フォロワーはリーダーの示すビジョンや理念に情緒的に関与し，リーダーに自発的・積極的に従っていく。経営環境が極めて流動的で不確実になっている現状を踏まえて，組織文化の変革を実行することが課題となっているため，近年注目を浴びているのである[41]。そしてリーダーからフォロワーへの影響は直接的なルートだけではなく，間接的なルートとして組織文化の形成による組織メンバーへのビジョンや価値観の浸透を通じて，持続的に影響を及ぼすことができる。すなわち変革型リーダーシップによって組織文化が定着するのである[42]。

2．革新的－保守的の次元

以上のよう組織文化は常に硬直化していく方向にあり，組織文化自身が革新性を持っているか，それとも保守的になっているのかによって組織を分類することができると考えられる。この組織文化の分類における革新的－保守的の次

38）横田絵理他（2012）123頁，Bass & Avolio（1995）.
39）石川淳（2009）99頁，Dvir et al.（2002）p.735.
40）鈴木竜太・服部康宏（2019）159-160頁，Bass & Avolio（1995）.
41）高尾義明（2019）136頁。
42）鈴木竜太・服部康宏（2019）163-164頁。

元は外部適応機能に関する次元であり，戦略と深い関係があると考えられる。ここで組織文化と戦略との関係について実証的に見ている古典的な研究を改めて概観してみよう。

⑴　革新的な文化

ディールとケネディ[43)]の研究は，マッキンゼーのコンサルタントにヒアリングをして「強い文化」を持つとされた18社についてのケーススタディであった。またピータースとウォーターマン[44)]の研究は，1961年から1980年までの20年間において資産成長率，資本金増加率，時価簿価比率，使用総資本利益率，自己資本利益率，売上高利益率のランキングの上位半分に継続的にランクインしており，さらに業界の専門家に対するヒアリングで「革新性」を持っているとされた企業に対して面接調査を行い，条件を満たした14社についてのケーススタディである。

コリンズとポラス（Collins & Porras）[45)]の研究は，1989年に165社のCEOからアンケートを回収し，業界で卓越している，広く尊敬されている，社会に痕跡を残している，世代交代している，製品のライフサイクルを超えて繁栄している，という条件を満たすとして挙げられた上位20企業のうち，1950年以前に設立された18社を「ビジョナリー・カンパニー」とし，それぞれの比較対象として設立時期が同じで，設立時の製品・市場が似ており，前述のアンケートで名前があまり挙がっていないが，かといって負け犬ではないとされた企業を選んで比較調査をしている。例えば唯一日本企業で選ばれたソニーと比較されたのはケンウッドである。ケーススタディではあるが，各社とも株式総合利回りは比較対象と比べても非常に高くなっていることが示されている。

⑵　戦略の分類

河野[46)]の研究では，第一回目のサーベイ調査として1987年に88社，391人

43）Deal, T. E. & Kennedy, A. A.（1982）（城山三郎訳 1983）。
44）Peters, T. J. & Waterman, R. H.（1982）（大前研一訳 1983）。
45）Collins, J. C. & Porras, J. I.（1994）（山岡洋一訳 1995）。
46）河野豊弘・クレグ，S. R.（1999）。

からの回答を得て，因子分析によって6つの因子を抽出し，「Ⅰ：活力ある企業文化」「Ⅱ：専制者に追随しつつ活力ある文化」「Ⅲ：官僚的」「Ⅳ：沈んでいる」「Ⅴ：専制者に追随しつつ沈んでいる文化」の5つに企業を分類している。財務成果としては10年間の売上高成長率，1980年と'86年を平均した総資本利益率と自己資本比率，そしてこれら3つの加重平均の4項目が用いられ，財務成果は企業文化の性質と関連していると結論付けている。また第二回目のサーベイ調査として1993年に47社，412人からの回答を得て，第一回目と同じ因子が抽出され，39社を分類している。また1993年には英訳した調査票により，アメリカ企業16社，346人，インド企業7社238人からの回答を得ており，比較研究を行っている。

環境適応パターンによる戦略の類型としては，ミンツバーグ（Mintzberg）[47]による企業者型，適応型，計画型の3分類，マイルズとスノー（Miles & Snow）[48]による防衛型，攻撃型，分析型，受動型の4分類が有名であるが，河野[49]はこれらを参考に①革新的－保守的，②分析的－直感的の2次元による戦略の4分類を行っており，企業文化の分類で河野が用いている革新的－保守的，分析的－直感的，上下の距離が小さい－大きい，の3次元のうち，最初の2つの次元はこの戦略の分類軸を用いていると考えられよう。またこの3つ目の上下の距離が小さい－大きいは，第Ⅲ部における水平的－垂直的の次元に類似している。そして筆者の分析では分析的－直感的の次元は，集団的－個人的の次元に吸収[50]されており，この点については今後更なる検討が必要であろう。

⑶　業績と企業文化

コッターとヘスケット（Kotter & Heskett）[51]の研究では，①22産業207社のトップ各6名に対するアンケート調査において約600通を回収し，非常に

47）Mintzberg, H.（1973）pp.44-45.
48）Miles, R. E. & Snow, C. C.（1978）（土屋守章・内野崇・中村工訳 1983）。
49）河野豊弘（1985）13-14頁。
50）佐藤和（2009）84頁。
51）Kotter, J. P. & Heskett, J. L.（1992）（梅津祐良訳 1994）。

強力な文化から非常に弱い文化の5段階で聞いた回答の平均を用いて202社について文化の強度の指数を算出した。その結果，企業文化と企業の長期の業績(純利益伸び率，ROA，株価の1977年から1988年の11年間の年平均伸び率)には弱い正の相関しか検出されず，強力な文化は目覚しい業績を生むという彼らの分類による理論Ⅰには限界があると言う。

次いで②前述の202社から業績の優れていた12社と，これと同業種で業績の低い10社の合計22社を取り上げて，75人の財務アナリストにその会社の企業文化が業績に影響を及ぼしたと思うかどうかを聞いている。その結果，高い業績を上げている企業では文化と環境とがフィットしているという理論Ⅱが支持された。

さらに③22社から17社を選んで掘り下げたケーススタディを行い，また13社について従業員や経営幹部にインタビュー調査を行った。その結果高い業績を上げている企業では「変革を促す文化」が色濃く存在していることが確認され，企業が環境変化を予測し，それに適応していくことを支援しうる文化だけが，長期にわたり卓越した業績を支え続けるという理論Ⅲが支持されたとしている。

こうした研究を見ると，単に「強い」文化を持っているだけでは十分とは言えず，これが環境とフィットしていることが業績につながる最低条件となるが，それに加えて常に革新を促すような「革新的な文化」を持つことが長期の維持発展につながるのであり，組織文化の外部適応機能を考えた場合，革新的－保守的の次元がこれを表しているといえるであろう。

おわりに

企業文化とは企業が持つ組織文化のことである。1980年代に企業文化論がもてはやされたときには，「強い」企業文化を持つことが重要だとされた。しかし「強い」だけでは環境変化についていけず，組織文化の逆機能が働いてしまうことになる。そこで戦略と企業文化のフィットということが問題となった。しかし今日のようにさらに環境変化が激しくなってくると，事前に立てた戦略に従うだけではなく，ミドルアップダウン的な現場主導による創発的な戦略が重要になってくる。これに伴って組織文化も単に強い，あるいは環境にフィットしているといった静態的な側面だけではなく，それ自身が革新を促すような革新的な組織文化という動態的な側面が重要となってきている。企業文化の革新的側面は組織文化の持つ外部適応機能に対応するものであるが，この「外部適応機能」という用語も，もはや時代遅れになってきているのかもしれない。

第3章

ハイブリッド・モデル

東アジア各国のめざましい経済成長によって，日本だけが西欧的な近代化過程において特殊であるとする考えから，日本の発展を基により普遍的なモデルを構築しようという動きが盛んになっている。そこで本章では『ハイブリッド・キャピタリズム』[1)]で述べられているような文化と文明の相互作用について考え，文化の移転における普遍的モデルの構築を目指したい。そこでまず従来の文化の受容と発展に関する諸研究として，生物進化論，社会進化論，社会学等を取り上げて，こうした諸研究の流れを概観してみたい

第1節 「進化」とは

はじめに生物学における進化論について，特にダーウィン（Darwin）進化論と社会進化論との関係[2)]を中心に見てみたい。

1．生物学における進化

⑴ ダーウィン進化論

ダーウィン進化論の要素は，大きく分けて ① 枝分かれ的な進化（進化説そのもの，共通起源説，種の増殖説），② 非目的的自然選択説（漸進説，自然選

1）藤森三男・榊原貞雄・佐藤和（1997)。
2）松永俊男（1988)。

択[3]），そして③分岐の原理を中心とした「ダーウィンモデル」の3つである。この最後の「ダーウィンモデル」とは，マルサスの人口論的なの発想から生物の超多産による種内競争によって淘汰がおきるというものであるが，この考えは現代生物学では否定されている。ダーウィン進化論の弱点の1つは，こうした遺伝の仕組みが不明確なことであったが，現在ではダーウィン進化論におけるはじめの2つの要素に，メンデル的な遺伝の原理を加えた「総合学説」（いわゆるネオダーウィニズム）が生物学会に広く受け入れられ，そこから自然選択説が生物学の主流となっている。

(2) メンデル遺伝学

メンデル（Mendel）遺伝学の発展とともに「遺伝子型」と「表現型」の区別が付けられるようになったが，この流れをくむ現代生物学では，個体の表現型の変異はあくまで遺伝子レベルの突然変異によるものであり，個体が環境から獲得した変異（獲得形質）そのものは遺伝しないと考えている。しかしながら，ダーウィンは当時の生物学の常識に従って獲得形質の遺伝を信じていた。この獲得形質遺伝説は，自主的な努力による社会改良論と結び付くことが多い。また生物学者の中にも，自然選択説の非目的論に割り切れなさを感じ，生物の自主性といったものを獲得形質遺伝説によって認めたいと考えるものもがあるが，この説を正しいとする直接的な証拠は今のところ存在しない。

例えば，キリンの首はなぜ長いのだろう。高いところにある餌をとろうと努力して首が長くなった，と考えるのが獲得形質遺伝説である。しかし現代的生物学に考えれば，努力をしたからといって遺伝子の変異が起こるわけではない。遺伝子の突然変異によって首の長い個体が現れ，これが高いところに餌があるという環境に適応して生き残ったと考えるのが生物学における進化である。

(3) 総合学説

進化論に対する最大の誤解は，以前のダーウィン進化論と現代進化論（総合

3）Mayr, E.（1991）（養老孟司訳 1994, 58-59 頁）。

学説）を同じものと見なしてしまう点にある。また目的論の立場から自然選択説は進化を偶然と捉えているという批判もあるが，あくまで偶発的な遺伝変異は環境との関わりの中で進化の方向性を示すと考えているのであり，偶然的な要素はそのきっかけに過ぎない。

こうして今日の生物学における進化研究者の多くは，枝分かれ的進化と非目的論としての自然選択説を前提にしている[4)]。ところが近代日本の生物学会や一部の社会学の分野においては，進化か創造か，すなわち自然選択説か獲得形質遺伝かが問題である，というギャップが生じてしまったのである。

2．社会学における進化

⑴　発展段階論

社会における文化を中心的に研究してきた領域の代表は，当然ながら社会学である。社会学の理論すべてをここで網羅的に論じることはできないが，文化の流れをモデル化するという観点から，主だった研究について概説してみたい。以下に見るように社会学における文化に対する考え方の変遷は，研究者が自国の文化から自由になっていく歴史であったといってよいであろう。

18世紀のヨーロッパにその起源を求められる「発展段階論」は，社会がいくつかの段階を経て発展するとしてそこから歴史的必然性を導き出す考えである[5)]。そして19世紀末から20世紀初頭にかけて「社会的ダーウィニズム」と呼ばれる思想の流れがあり，これもまた発展段階論的な考えであった。

⑵　スペンサーの社会進化論

こうした論の代表者としてイギリスのスペンサー（Spencer）が挙げられる。彼はダーウィンと同時期に心理や社会の発達も生物の進化と同じような原理で説明できるのではないかとし，そしてより高次な知的才能の発達と社会的進歩が並行的に進んでいくと考えた。特に勝利した集団がより適応性の高い集団で

4）Mayr, E.（1991）（養老孟司訳 1994, 158頁）。

5）庄司興吉（1981）104頁。

あるという含意が，19世紀のイギリス人に歓迎された主な原因であったといわれている[6)]。

スペンサーの基本的な考え方はダーウィンの『種の起源』以前に成立していたといわれ，ダーウィンが『種の起源』の第5版でスペンサーの創った「最適者の生存」という表現を自然選択の同義語として採用している。またスペンサー哲学の用語である「進化」と「最適者の生存」が後に生物学の中に定着したことを見ても，ダーウィン進化論に対するスペンサーの影響力は大きなものであったといえよう。

現代では，「社会的ダーウィニズム」という言葉は，自然選択説を人間社会に適応して競争を社会進歩の基本原理とする考え方を指すようになっている。しかしスペンサーですら個人の自主的な努力を進歩の要因と考えており，弱者の切り捨てそのものを要因とはしていない。人間社会に自然選択説を適応することは過ちであり，優れたものが勝つという場合に何を優れているとするかは人によって異なるのである。こうした社会的ダーウィニズムによる主張は偏見を言い換えたに過ぎず，自然選択説そのものではないともいえるのである[7)]。

その後サムナー（Sumner）らの後継者がアメリカに現れたが，1930年代までには完全に姿を消してしまった。そしてこの進化論的視点への挑戦としてヘーゲル（Hegel）およびマルクス（Marx）の弁証法的発展段階説が出てくることになる[8)]。しかし当時のこれらの社会進化論，文化進化論についても，自文化の持つ「狩猟－遊牧－農耕」という発展段階が普遍的であるという「仮説」に基づいたものであったということができよう[9)]。

(3)　近代化論

「近代化」には，伝統的社会に対するものであるという点以外では，極めて多様な定義が存在している[10)]。この近代化論の展開においても，共通する基本

6）Cole, M. & Scribner, S. (1974)（若井邦夫訳 1982, 18-21頁）。
7）松永俊男（1988）97頁。
8）Boulding, K. E. (1981)（猪木武徳・望月和彦・上山隆大訳 1987, 14, 18頁）。
9）野渕蜀江（1980）23頁。
10）長谷川啓之（1994）12-17頁。

認識の１つとして伝統的社会と近代社会とが区別され，それらは前者から後者への連続的な進化の過程として把握されている。

1950年代，'60年代における近代化論の中心は，「収斂仮説」であった。さらに'70年代に入ると，ラテンアメリカで「従属 dependency 理論」が生まれた。これは途上国の「低開発」は先進国の「発展」と対になっており，途上国が真に発展するためには，先進国との関係を断つしかないというものであった[11)]。またパーソンズ（Parsons）は，近代化をヨーロッパ・システムの拡大として捉えていたという[12)]。

こうした様々な近代化論の背景には，現在様々なレベルにある「発展途上国」もいずれは西欧と同じような状況に到達するはずだ，という発展段階論的な暗黙の前提があるものと考えられるのである[13)]。

3．文化相対主義へ

⑴　自文化中心主義

こうして見てきたように，戦前の社会進化論や近代化論は，いずれも「先進国」の論理をそのまま「後進国」に当てはめようとするものであった。程度の差こそあれ，あらゆる文化は自文化（自民族）中心主義（エスノセントリズム：ethnocentrism）的傾向を持っている[14)]。自文化中心主義とは，すなわち他国の人の行動を自分の文化の基準で評価したり，自国の文化が他国の文化よりも優れていると信じたりする傾向である。認知心理学における実証研究においても，一般に文化が類似している集団同士の場合には正の感情が，非類似集団の場合には負の感情が集団間で相互に持たれることが明らかになっている[15)]。こうした傾向は，すべての社会において子供の頃から自分の社会の規範についてそれが価値のあるものだと教え込まれ，さらに直接的あるいは間接的

11）北原淳（1994）177頁。
12）友枝敏雄（1981）171頁。
13）柏岡富英（1993）435頁。
14）Ferraro, G. P. (1990)（江夏健一・太田正孝監訳 1992, 58頁）。
15）Segall, M. H. et al. (1990)（田中國夫・谷川賀苗訳 1995, 162-180頁）。

に他の社会規範があまり価値のないのもだと教え込まれるという社会化のプロセスによって必然的に形成されると考えられている。

⑵　文化相対主義

戦前の社会進化論に変わって，戦後始まった広範な文化人類学の進展により，西洋諸国とは明らかに異なる社会文化が数多く紹介され，一元論的な社会進化に疑問が持たれることになった。そこで脚光を浴びたのが文化相対主義（culture relativism），多文化主義（multiculturalism）の考え方である。

文化相対主義とは，人間集団の行動の特徴とその文化的文脈というものが多種多様であるということを「評価」するのではなく，「説明」しようとする立場である。様々な社会をよい，悪い，進んでいる，進んでいないとして捉えるのではなく，各社会の文化は，それが生まれた特定の状況に対する問題解決における対処の結果であると考えるのである[16)]。これは先に述べた自文化中心主義に対する反省であるといえよう。

文化相対主義の必要性を示す例として，言語の問題がある。ある単語が示す普遍的と思われる概念も，他の言語において同じ意味とされている単語が，両方の文化を通じて同じ概念を指し示しているという保証はない[17)]。例えば従来の社会科学の研究は英語を中心的な言語として行われてきているが，他の言語を用いている他の文化圏における諸現象を，英語の概念によって必ずしも適切に表現できるとは限らないのである。

⑶　文化相対主義の3つの側面

文化相対主義は，① 方法的，② 哲学的，③ 実践的の3つの側面から捉えられるとされている[18)]。① 方法的には異文化理解の際に研究者が内面化している自文化中心主義的な認識枠組みを対象化すること，② 哲学的には文化的価値の多元性に関わる理論的諸問題を考察すること，③ 実践的には複数の文化集合が接触する場面での相互尊重と相互理解を要請することである。

16）Segall, M. H. et al.（1990）（田中國夫・谷川賀苗訳 1995, 10頁）。
17）加藤秀俊（1977）64頁。
18）清水昭俊（1996）13頁。

本来的には相対主義に相対する概念は普遍主義であり，実践的立場から，人類の文化的普遍性の問題について様々な議論がされてきている[19]。しかし，文化相対主義が登場してきた背景は，従来の普遍主義が陥った自文化中心主義への反省である（方法的文化相対主義）。そうした意味で，ここでは相対主義か普遍主義かという問題よりも，反自文化中心主義であるべきという主張が重要となるのである[20]。

第2節　文化移転のモデル

1.「ハイブリッド・キャピタリズム」

(1)　和魂洋才

藤森他[21]は，東アジアの発展を西洋の技術と東洋の社会のハイブリッド：交配によるものとして「ハイブリッド・キャピタリズム」の議論を展開している。明治日本における「和魂洋才」による発展（図3-1）と，東アジアにおけ

図3-1　「和魂洋才」型発展

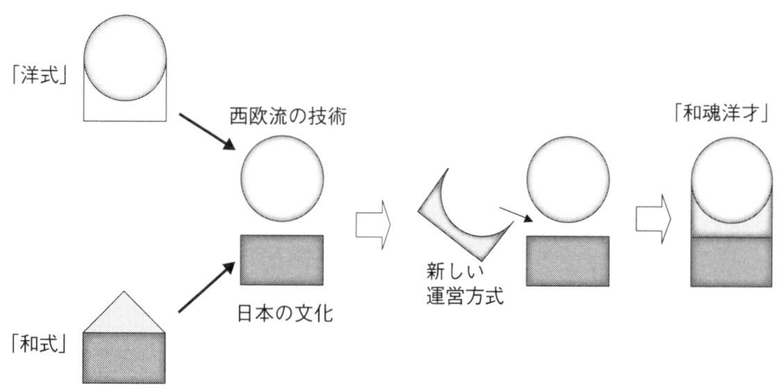

出所：藤森三男・榊原貞雄・佐藤和（1997）15頁より作成。

19）Gutman, A. ed.（1994）（佐々木毅・辻康夫・向山恭一訳 1996）。
20）浜本満（1996）73頁。
21）藤森三男・榊原貞雄・佐藤和（1997）。

る今日の発展の類似性を考えようというのである。ここでの基本的な考えは，発展段階論的な先進国対後進国という捉え方をするのではなく，西欧型の資本主義以外にも日本の成功に見られるような異なった形のハイブリッド・キャピタリズムが存在するのではないかというものである。

(2)　3つの層

ハイブリッド・キャピタリズムの議論においては，社会を①社会的ハードウェア，②社会的ソフトウェア，③社会・文化的要素の3つの層で捉えている。ハイブリッド・キャピタリズムにおける①社会的ハードウェアとは，世界共通の要素で移転可能性の大きいもの，例えば設備，資本，科学技術，原材料などであり，③社会・文化的要素は，社会，国にとって固有の要素で移転可能性が小さいもの，社会的・文化的・歴史的価値観や規範などである。そしてそれらの間に②社会的ソフトウェアとして，社会的ハードウェアと社会・文化的要素を結合させるものを考えているのである。

そうした上で，社会的ハードウェアの移転は先進国，後発国，そして他の後発国の間で，繰り返し起こり，そのたびに社会的ソフトウェアの工夫によって新しいハイブリッドが生まれてくるとして，産業政策をはじめとする政府とビジネスの関係のハイブリッド化，技術移転による製造業のハイブリッド化，そして東アジアの中でも特に韓国と台湾における経済発展の説明を試み，最後に大競争時代における企業の国際標準による競争と国の制度のギャップについて論じ，制度をビジネスの現状にあった形に変革することの重要性を説いている[22)]。

(3)　品質管理におけるハイブリッド

岩尾[23)]も指摘するように，日本発で海外に紹介され，今日，日本に逆輸入されている経営手法は多い。例えばハイブリッド・キャピタリズム[24)]では，品質管理手法の日米間の相互移転について述べている。日本の製造業における品質

22）藤森三男・榊原貞雄・佐藤和（1997）。

23）岩尾俊兵（2021）。

24）藤森三男・榊原貞雄・佐藤和（1997）。

管理の手法の変遷を歴史的に見ると，まず戦後の復興を遂げるため日本生産性本部などが主体となって欧米から様々な技術や経営技法が導入され，1950年代に日本科学技術連盟の招きでデミングらによる品質管理セミナーが開かれるなどして，日本に統計的な品質管理（QC：Quality Control）が紹介された。個人主義の欧米で考えられた手法は，日本の集団主義の文化の中で，生産現場の小集団活動（QCサークル）によるいわゆるカイゼンとして定着し，さらに全社的活動であるTQC（Total Quality Control）システムへと発展していった。

またトヨタ自動車は，フォードにおける従業員による製造現場でのアイディアに対する報奨制度などを応用して，こうしたカイゼン活動等を体系化し，トヨタ生産方式と呼ばれる仕組みを創り上げてきた。そこでは付加価値を高めない「ムダ」を無くすことが重要な取り組みであり，その実践例としてカンバンを用いたジャスト・イン・タイム（JIT）生産システムがある。

その後1970年代から'80年代にかけて日本の製造業の強さをアメリカが学ぶ番となり，MITが1980年代後半に『メイド・イン・アメリカ[25)]』というアメリカ製造業の問題点を論じた本を出版した。そして集団主義の現場から生まれた日本のボトムアップ的な生産管理手法は，アメリカの個人主義の組織の中で，トップダウン型のTQM（Total Quality Management）やシックス・シグマ：6σ[26)]に姿を変えていくのである。

(4)　中二階の原理

伊丹[27)]は中二階の存在があることによって，日本という社会空間が豊かになってきたという。1つの社会，あるいは組織体を二階建ての三角形でイメージすると，その三角形の上部の「二階部分」に，その二階建て全体を動かしていく基本原理があり，それが三角形の下部の一階部分にいる人間や現実を統御している。すなわち一階とは，現場である。多くの場合，その組織体を動かす基本原理は二階に1つ存在するのだが，ときに二階の原理とは異なる，別の原

25）Dertouzos, M. L., Lester, R. K. & Solow, R. M. (1989).
26）Welch, J. (2005)（斎藤聖美訳 2005）。
27）伊丹敬之（2022）。

理的なものが，現場の活動をスムースにするために「補完的に」挿入されて，二階とは違ういい働きを加えてくれるケースがある。すなわち二階に全体システムの機能の基本原理，一階にそれに従う人々が動いている現場，中二階に二階の原理とは色彩の異なる原理，あるいは「柔らかい原理的なもの」が挿入されるのだという（図3-2）。

例えば日本という国のレベルでは，日本語表記における仮名，天皇制，和魂洋才を，社会革命における廃藩置県，農地改革，コロナショックへの対応を，経営戦略におけるオーバーエクステンション，神の隠す手，買収・統合を，組織マネジメントにおけるタテの距離感を小さくする工夫や，ヨコの相互作用のための場のマネジメントを，企業統治における従業員主権を，市場経済システムにおける労働市場，企業間取引市場，システム全体の原理に対する対応を例として挙げることができるという。

そこでは，まず①二階の原理が実行され，現場（一階）にねじれの感覚が生まれる。②ねじれの感覚を中和し，現場を落ち着いた状態に持っていくために，中二階の原理が主に現場重視発想で生まれる。③結果としてそれが二階の原理の下に挿入される形となり，二階の原理と中二階の原理の総合体が現場に機能して，現場が一種の秩序をもってスムースに動いていくというプロセスをとる。ただし，①共同体からの排斥感覚，②中二階の暴走，③過度の従順さといった潜在的な負の側面も考えておかなくてはならないという。

そしてこれは日本という島国が中国文明の影響を受けて本格的な歴史の歩み

図3-2　中二階の原理

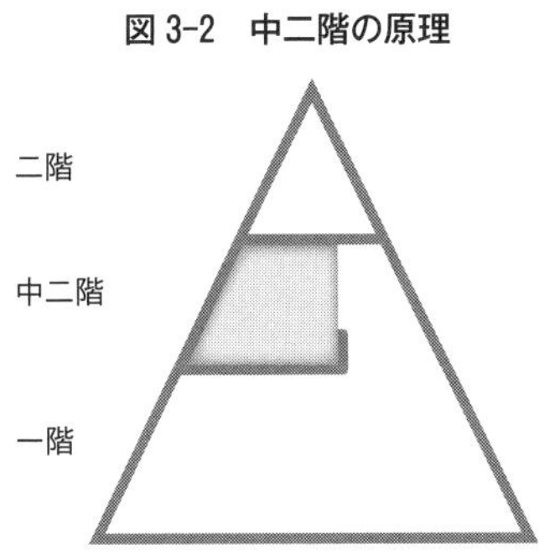

出所：伊丹敬之（2022）7頁より作成。

を始めて以来，連綿として続いてきた日本の特徴であり，真の国際化とは根無し草のようにただ「グローバル・スタンダード」に従うことではなく，自分のルーツはしっかりと持ったうえで，世界的に普遍性の高い二階の原理を中心にしていくこと，そして自分たちの存在の特徴，すなわち中二階の原理を世界に訴えていくことであるというのである。

2．組織文化のダイナミクス

(1)　4つの文化プロセス

ハッチ（Hatch）[28]は組織文化のダイナミクスについて，文化を人工物（Artifacts），価値観（Exposed Belief and Values），基本的仮定（Basic Underlying Assumptions）として捉えるシャインの理論を基に，それらを結びつける組織プロセスに焦点を当てて論じている。そしてシャインのモデルにシンボリック・パースペクティブを持ち込むために，「価値観」の反対側に「シンボル」を入れ，文化プロセスを示す矢印に①顕在化（Manifestation），②具現化（Realization），③シンボル化（Symbolization），④解釈（Interpretation）という名前を付けている（図3-3）。

これらのプロセスにおいて，文化の変化だけでなく，安定的な特性も連続的に進行することになる。モデルの左半分は，基本的仮定や価値観によって変えられたり，それらを反映したりした行動によって作り出された人工物という形で文化がどのように有形化してくるかを示している。そしてモデルの右半分は，文化的意味を決定することで人工物がシンボルへと変えられる。図を左右に分割している線は，人工物は客観領域で出現する一方，基本的仮定は主観領域に隠れていることを示している。シンボルと価値観はこれらの領域にまたがっており，それぞれの属性をある程度併せ持っている。

28）Hatch, M. J.（1993）.

図3-3　文化のダイナミクス・モデル

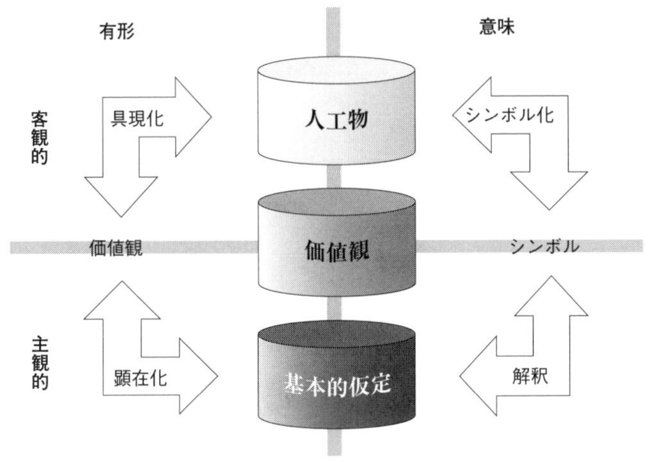

出所：Hatch, M. J.（1993）より作成。

⑵　文化の安定と変化

モデルの左下から順に考えると[29]，まず基本的仮定が価値観として①顕在化すると，世界に対する期待を作り出し，人々の行動を左右する。価値観の顕在化によってひとたび文化が行為に影響を及ぼすと，価値観に基づいた行為が人工物を作り出す。この人工物を作り出すことを②具現化プロセスと呼ぶ。その理由は，このプロセスによって基本的仮定や価値観に根差したイメージが実体のある形を与えられ，現実的なものになるからである。人工物からシンボルが作られるプロセスを③シンボル化と呼ぶ。そしてアイディアや感覚を表現するために，シンボルを選び，それを表出的に用いるという④解釈プロセスを通して日々の組織生活の中での意味や意義が固められていく。時は常に流れ続けているので，4つのプロセスは，一体となって次から次へと文化の基本的仮定や価値観に影響を及ぼす。そうすることによって意味を目に見える形にした人工物やシンボルを作り出し，維持し，変化させるのである。

文化プロセスが左右2つの方向でどのように働くかに注意する必要がある。

29）Hatch, M. J.（2018）pp. 212-216.

例えば④解釈では，基本的仮定を維持することも，否定することも許している。基本的仮定の維持，これは文化の安定（Cultural Stability）とほぼ同じことであるが，これは④解釈がそれまで期待されていたものを支持するときに起こる。しかし④解釈が期待と対立する場合もある。文化の変化 Cultural Change は，基本的仮定が④解釈プロセスでシンボル的に否定されたときに起こり，このことがきっかけでモデルのプロセス全体に変化が連鎖的に広がる。文化の安定あるいは変化に向かう力は，このモデルで述べてきたような文化のダイナミクスと共存していて，常に働き，相互に関連しているのである。

⑶　文化変革のスタート

文化のダイナミクス理論を用いて組織を変えたいと考えている経営者は，このモデルで述べたプロセスのどこかを担う必要がある[30)]。意図的に変化を持ち込もうとするこの企ては，②具現化と③シンボル化のプロセスで始めるのが一般的である。つまり経営者が，今までの文化にはなかった新しい言語や他の人工物を通して新しいアイディアを持ち込もうとすると，それらはその後，変化推進派の人たちもしくは変化絶対阻止派の人たちによって③シンボル化され④解釈されてシンボルとなる。その人工物が組織の既存の基本的仮定や価値観に沿っていると解釈されてシンボルとなった場合，変化は比較的容易に起こるが，深層に及ぶことはない。

このような場合，望むような変化をもたらすには，いささか居心地の悪いアイディアを持ち込まなければならない。ただし，変化を起こそうとしている人たちは，他の人たちが新しい人工物に接し，それらの人工物だけでなく自分たちの変化に対する意図にも彼らなりの解釈を始めるにつれて，自分たちの変化プロセスに対するコントロール力が失われていくということを忘れてはならない。つまりシンボリックな意味は，意思決定行為全体を通じて生じてくるが，そこで大きな役割を果たすのは，変化を起こそうとした人たちではなくその他大勢の人たちなのである。

30）Hatch, M. J. & Cunliffe, A. L.（2014）（大月博司・日野健太・山口善昭訳 2017, 305-306 頁）。

(4) 2つのパースペクティブの融合

規範的言い方をすると[31]，文化のダイナミクス理論は，組織文化を創造し，維持し，変化させるプロセスの内部に経営者を置く。このことは，リーダーに付随する権力の多くは，他の人たちによって作られ維持されている文化的文脈内でのリーダー自身のシンボリックな意味を彼らがどう感じているかにかかっているということである。リーダーは，組織内で絶大な影響力を持っている。この点については，モダニストもポストモダニストも同意見である。しかしシンボリック・パースペクティブでは，この影響力をリーダーが効果的に結集できるかどうかは，彼らがその文化をどれだけ知っていて文化とどのような関係にあるか，そして他者の解釈行為にどれだけ敬意を払い反応しているかにかかっていると主張する。この点で組織文化のダイナミクス理論は，モダンとシンボリック・パースペクティブを結びつけるのである。

第3節　ハイブリッド・モデル

1.「ハイブリッド・モデル」とは

(1) 新しいモデル

こうした議論から，文化移転の「ハイブリッド・モデル」を考えることができる（図3-4)。

ハイブリッド・キャピタリズムにおいて，社会的ハードウェアと呼んでいるものが③形式文明であり，社会・文化的要素と呼んでいるものが①基層文化，そして社会的ソフトウェアが②表層文化であると考えられる。そして文化集合を超えて移転されるのは物質的文化としての③形式文明だけであり，これが移転された文化集合では大きく変化することの難しい①基層文化に合うように，新しい文化を実現するための②表層文化を工夫することになるのである。

31) Hatch (2000).

図 3-4　ハイブリッド・モデル

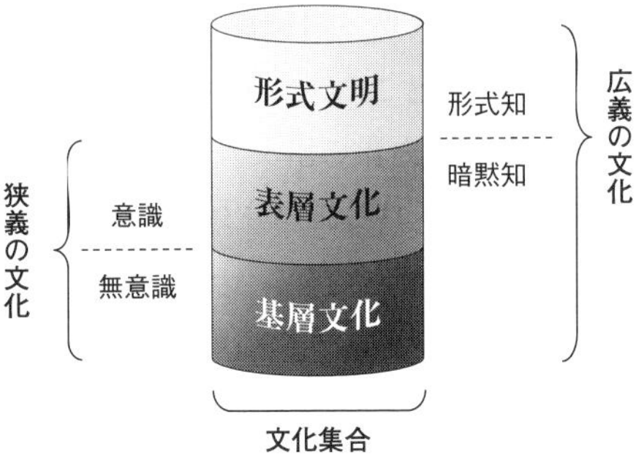

形式文明
表層文化
基層文化
形式知
暗黙知
広義の文化
狭義の文化
意識
無意識
文化集合

出所：筆者作成。

またシャインのモデル，あるいは組織文化のダイナミクス理論における基本的仮定が，① 基層文化であり，価値観あるいはシンボルが ② 表層文化，人工物が ③ 形式文明であると考えられる。以下ではこれらに対応して広義の文化を①「基層文化」，②「表層文化」，③「形式文明」の 3 層に分けて呼び，このうち基層文化と表層文化とを合わせて，狭義の文化と呼ぶことにしよう。

⑵　3 つの層の区別

ここで移転される ③ 形式文明は基本的には形式知（Explicit Knowledge）[32]の形をとっており，これが暗黙知 Tacit Knowledge である狭義の文化と組み合わされ，② 文化の表層である行動パターンが最も大きく変化すると考える。そしてその過程で ③ 形式文明そのものも文化の影響から変化していくし，また長期的には深層にある ① 基層文化にも影響を与え，これもまた少しずつ変化していくことになる。そうした過程を通じて形式知としての ③ 形式文明が移転され，文明と文化とを含んだ広義の文化全体が変化することになり，結果として良くなるか悪くなるかは分からないが，ともかくハイブリッドな新しいものとなり文化の移転が終了するのである。また新制度派経済学や行動経済学では「制度」によって問題を解決しようとする[33]が，この制度はここでいう

32）野中郁二郎・竹中弘高（1996）8-105 頁。
33）菊澤研宗（2011）172 頁。

③ 形式文明であり，制度と ② 表層文化である運営方式等を含めた広義の組織文化全体が，組織のケイパビリティ（組織能力）[34]を形成すると考えることができるだろう。

さらに表層文化と基層文化の違いは，心理学における「意識」と「無意識」の違いにたとえることができるかもしれない。フロイト（Freud）は意識とは今「気づいている」心の部分であり，無意識とは抑圧されていて意識化困難な部分であると考えた。一方ユング（Jung）はフロイト派から分かれて分析心理学という派を立て，フロイトよりも無意識を広く考えた。フロイトの言うような意識によって抑圧された層を個人的無意識と呼び，これより深くに人類共通とも言え，また家族的無意識，文化的無意識などと考えることもできる普遍的無意識（Collective Unconscious）が存在すると主張した[35]。

もちろんこれはミクロな個人レベルでの議論であるが，これとの関連で見ると，基層文化は組織の持つ無意識であると考えることができる。ただし，心理学においても意識と無意識は明確に分けることができるものとはいえず[36]，そうした意味で表層文化と基層文化というものも明確に2分できるものではなく，相互に関連し，グラデーションのように重なり合うものとして理解する必要があるかもしれない。

⑶　能動的なプロセス

そして多くの場合，文化の移転は自然的，偶然的に起こるのではなく，その文化集合によるある程度意識的な行動からスタートしていると考えられる。これは第2章で述べた管理された文化変革[37]が，文化の解凍の段階から始まっているのと呼応している。同時に学習の段階で行動パターンが試行錯誤される中で，メンバーの積極的な努力，創造性の発揮が要求されることになる。結果として移転が成功するのは，メンバーのそれぞれが創造性を発揮し文明を自分のものとして基層文化と融合させた場合であり，その努力が行われないと文明は

34）菊澤研宗編（2018）50頁。
35）河合隼雄（1982）71-82頁。
36）下条信輔（2020）196頁。
37）Schein, E. H.（2010）（梅津祐良・横山哲夫訳 2012, 348-364頁）。

形式的には移転されても，文化全体としてのパフォーマンスは下がってしまうことになる。文化集合として国を考えると例えばナショナリズムが，文化集合として企業を考えると企業の持つ組織文化がメンバーのコミットメントを有効に引き出していれば，文化の移転はより有効なものとして行われることになるであろう。

こうして文化の移転は，新しいことをやろうとする企業家精神やそれにこたえるメンバーの創造性の発揮といった，参加者の能動的なプロセスにその成否がかかっている。すなわち文化の移転そのものがよい結果をもたらすか悪い結果をもたらすか，それはメンバーの努力次第なのである。

(4)　進化論との違い

ハイブリッド・モデルにおいては，生物学の用語であるハイブリッドを用いてはいるが，必ずしもダーウィン的進化論をそのまま適応しようとしているのではない。なぜなら前述のように文化の推移は必ずしも偶然や適応から起こるのではなく，社会におけるある主体の明確な意思によってもその移転が行われるからである。例えば後発国のとる産業政策がその典型であり，企業の行う技術導入，海外進出などもそうである。そしてこのハイブリッド・モデルでは，こうした意思によって移転された形式文明が，新たな表層文化の創出によって新しいハイブリッド化された（広義の）文化となっていく過程を念頭に置いている。こうして主体的な意思や努力，創造性を重視するといった点で，近年の進化論的，ゲームの理論的モデルになどよる多元均衡イメージ的普遍論とは異なるアイディアである。

また一方向へと社会が進化していくという社会進化論，近代化論とは，ある意味で正反対の考えであり西欧的自文化中心主義への反論でもある。そうした点で基本的には文化相対主義の立場をとることになるが，単にクロスセクショナル，すなわち横断的にそれぞれの文化の存在を認めるだけでなく，現代におけるそれらのダイナミックな移転，発展過程を示そうとするところが人類学や心理学における静態的な文化観とは異なる点である。

2．経営学としてのハイブリッド・モデル

(1)　ドメスティックな適応分野

経営学が人間の集合としての企業をその研究対象としている限り，文化との関係を分けて考えることはできない。ハイブリッド・モデル自体は，その対象とする文化集合を特に限定してはいないが，ここでその対象を「企業」と限定して考えてみた場合，経営学的にどのような点が問題領域となってくるかを述べてみたい。

第一に考えられる分野は①基層文化を日本的，形式文明を西洋的なものとして日本型経営を考える「日本的経営論」である。そして②類似した基層文化のもとで，形式文明の違いによる文化全体のパフォーマンスを考える「組織文化論」，③基層文化のもととなっている上位文化，例えば国の文化の変化に伴う日本型経営の将来の問題などが考えられる（図3-5）。

図3-5　日本型経営の将来

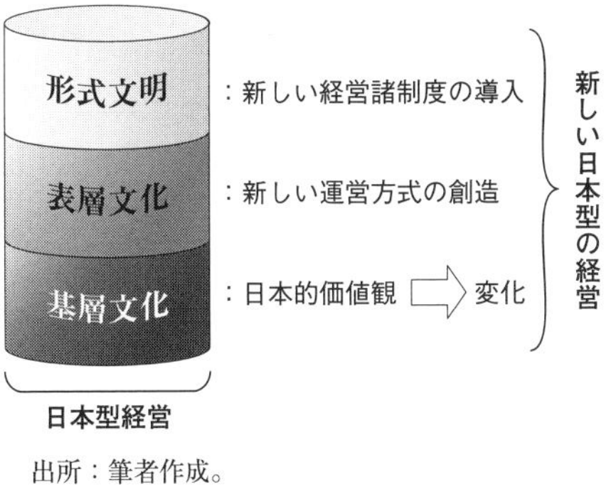

出所：筆者作成。

(2)　グローバルな適応分野

さらにグローバリゼーションに伴って④基層文化が他の国のものと入れ替わるという「海外進出」の問題，また逆に⑤異なった基層文化を持つ文化集合の間を形式文明が行き来するという「技術移転」の問題などの国際経営論が考えられる（図3-6）。

そして⑥文化相対主義的立場から複数の国における文化と文明との関係を

図 3-6　国際経営論

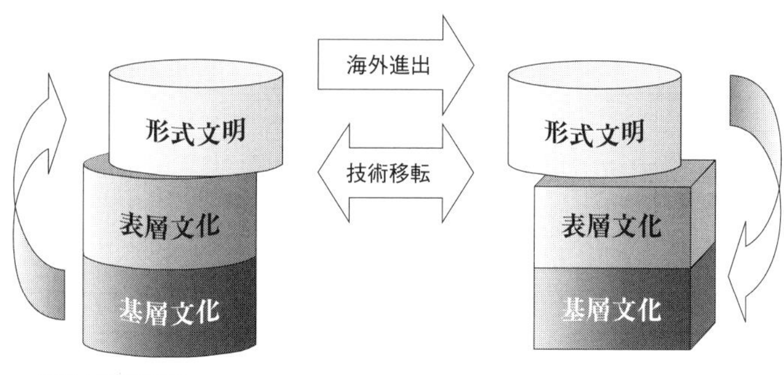

出所：筆者作成。

図 3-7　比較経営論

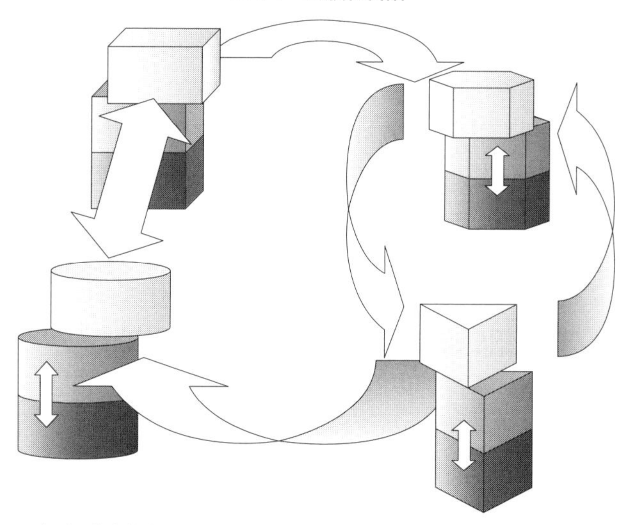

出所：筆者作成。

探る「比較経営」の問題などを挙げることができよう（図 3-7）。こうして形式文明の移転に対して，自国あるいは複数の国の文化と一般的あるいは特殊的な組織文化といった諸概念がどのように変容していくのかを考えることになる。形式文明の移転について一般論を導き出すことができれば，いまだ移転されていない文化集合はどのような点に気を付けて移転を行えばいいかが明らかになるし，必要に応じて狭義の文化のどのような点を直していかなければならないのかを知ることができるのである。

おわりに

このようにハイブリッド・モデルを経営学に当てはめてみた場合，非常にたくさんの現代的な問題領域が対象になると考えられる。そうした中でハイブリッド・モデルは組織文化を，変化しにくい基層文化，移転可能性の高い形式文明，そしてそれらを結びつける表層文化の3つの層として記述し，その変化を追うことにより現象の推移をより明確にし，条件を特定化することによって因果関係の推定をより容易なものにする可能性を持っているのである。

第Ⅰ部　組織文化：「革新性」のまとめ

第Ⅰ部では，組織文化の定義，機能，形成過程，成長段階とハイブリッド・モデルについて文献研究を行った。第１章では，組織文化の定義と機能についてレビューを行った。初めに組織文化を「あるグループのメンバーに共有された基本的価値観と，そこから生じる行動パターンのことである」と定義した。そして組織文化を分析するアプローチについて紹介し，まずはミクロな視点からの内部統合機能について述べ，組織文化がメンバーの帰属意識を高め，またコミュニケーションを助けることにより，その組織行動を特徴付けていることを明らかにした。そしてマクロな視点から外部適応機能について述べ，経営戦略や企業経営における様々な要因との関係を考えた。組織文化は環境を見る認知枠組みとして戦略を方向付けるとともに，戦略の遂行においても大きな役割を果たしているのである。

第２章では，組織文化の形成過程と成長段階についてレビューを行い，革新的文化の必要性について論じた。1980年代に企業文化論がもてはやされたときには，「強い」企業文化を持つことが重要だとされた。しかし「強い」だけでは環境変化についていけず，組織文化の逆機能が働いてしまうことになる。そこで戦略と企業文化のフィットということが問題となった。しかし今日のようにさらに環境変化が激しくなってくると，事前に立てた戦略に従うだけではなく，ミドルアップダウン的な現場主導による創発的な戦略が重要になってくる。これに伴って組織文化も単に強い，あるいは環境にフィットしているといった静態的な側面だけではなく，それ自身が革新を促すような革新的な組織文化という動態的な側面が重要となってきているのである。

第３章では，組織文化の変化のプロセスを説明するために，「ハイブリッド・モデル」を考えた。ハイブリッド・モデルでは組織文化を，変化しにくい基層文化，移転可能性の高い形式文明，そしてそれらを結びつける表層文化の３つの層として記述し，その変化を追うことにより現象の推移をより明確にし，条件を特定化することによって因果関係の推定をより容易なものにする可能性を持っている。ハイブリッド・モデルを経営学に当てはめてみた場合，非常にたくさんの現代的な問題領域が対象になると考えられるのである。

すなわち組織文化はそもそも変化しにくい側面を持ち，環境変化に対する外部適応機能を評価する視点として，革新的であるか，それとも保守的であるか，という革新性の次元が重要となると考えられるのである。

第Ⅱ部

基層文化：「集団志向」

第4章

日本人論

「日本的経営」の崩壊がいわれて久しい。しかしながら崩壊した後，どのような経営システムが求められているのかについて，統一された見方が存在しないように思われる。従来日本的な「集団主義」や「イエ意識」によって支えられてきたといわれている日本の経営は，これからの21世紀，一体どのような方向に向かっていこうとしているのであろうか。

はじめに

日本「的」経営という言葉は，アベグレン（Abegglen）[1)]による終身雇用制，年功序列制，企業内労働組合という三種の神器の時代にはじまり[2)]，日経連による「新時代の『日本的経営』」[3)]を経て，今日に至るまで様々な研究において用いられてきた。本論では，高度成長期の日本の企業文化とそれに適合的な三種の神器に代表される経営諸制度のセットのことを，狭い意味で日本「的」経営と呼び，一般に日本の文化とこれに適合的な経営諸制度のセットのことを，より広い意味で日本「型」経営と呼んで，両者を区別して論じていきたい。そうして考えると，昭和の時代に主流であった従来の日本「的」経営は変質した，あるいは崩壊したとさえいわれているが，現在の日本「型」経営の実像について，定まった議論は存在しないように思う。

1）Abegglen, C.（1958）（山岡洋一訳 2004）。
2）岡本大輔他（2012）2頁。
3）八代充史他（2015）。

「日本人とは，日本（人）論が好きな人のことである」といわれるほど，数多くの「日本論」が世に出ている。江戸時代の国学者，本居宣長がその始めではないかといわれているが[4)]，その後明治時代にも盛んであった日本論は，敗戦による旧日本に対する反省と海外との接触機会の増加から，より一層の議論を巻き起こしている[5)]。

そこで本論では，「文化」を基層文化，表層文化，形式文明の３層から考えるハイブリッド・モデル[6)]の考えに基づいて，「日本論」について代表的と思われる議論を中心にサーベイを行ってこれを整理することにより，日本の経営の深層にある基層文化と，形式文明と接しながら変化しつつある表層文化とを捉え，文化全体としての変化の方向性を示すことで，「日本的経営」の次にくるものの姿を明らかにする手がかりを探してみたい。

第１節　日本人の基層文化を支えるもの

1．多神教的な日本人の意識

⑴　多神教を生み出した風土

ある社会の持つ基層文化の姿を明らかにしようとする場合，歴史的に見て文化に対して大きな役割を果たしてきた「宗教」というものについて，はじめに考えてみる必要があるだろう。一神教とは唯一神を信仰する宗教であり，多神教とは複数の神を信じる宗教であるが，日本の「基層文化」を日本の歴史が生み出した「多神教的意識」から説明する議論がある[7)]。多神教の社会は，一神教の社会に比べて宗教的，若しくは文化的求心力が弱く，その結果日本は混淆文化であり，様々な宗教や文化を自由に取り入れているというのである[8)]。

4）山本七平（1997）173頁，加藤典洋（2000）113頁。
5）築島謙三（1984）上，13頁，下333頁，中山治（1999）97頁。
6）佐藤和（1998）。
7）下出積與（1997）190頁。
8）松井吉康（1999）104頁。

人間は，自然との長い歴史の中で独特な枠組みを集合的に発達させてきたと考えられるが[9]，一神教，多神教という違いのそもそものルーツは，自然風土の違いからも求められるという。自然風土が基になり，① 世界を自然の展開として「反復，円環的」に見るか，それとも ② 歴史的な世界と見て人間を中心に「変化や進歩」を見るのかが発想の原点として異なることになり，これがそれぞれの宗教が持つ世界理解に大きな違いをもたらすというのである[10]。

和辻[11]は，自然の類型的な特徴が，それを人々が受けとめる姿勢，したがって，文化の形成の仕方にも類型的な特徴をもたらすとして，東洋と西洋の差は，夏のあいだ湿潤な「モンスーン的」風土と，夏には乾燥する「砂漠的」風土の違いに由来すると考えた。安田[12]によると，こうした東西の自然風土の起源は，ホモ・エレクトスの前期旧石器時代にまでさかのぼり，アジアモンスーンの誕生は，ちょうど日本列島の誕生の時期にあたるという。そして地球的な大規模気候変動の時期において，森の中で仏教が，砂漠でキリスト教が誕生し，それらが今日の世界宗教になったというのである。

⑵　神道

日本の民族宗教である神道もまた，森の文化から生まれたといわれている。ヨーロッパで12世紀に行われたアルプス以北へのキリスト教の拡大は，「邪教の巣窟」であった森林の破壊をともなったが[13]，神道における神社はあくまで森林との絆を維持し[14]，多くの日本人は神というものは山の彼方や鎮守の森などに何となく存在すると考えているのである[15]。

そして多神教である神道においては，すべてのものが「神」を持つのであり，英語でいう神（god）ではなく，文脈によって，霊魂（soul），精霊（spirit），あるいは神性（deity）と翻訳することが妥当である[16]。そして自然

9）新睦人（1997）28頁。
10）松井吉康（1999）p.108頁。
11）和辻哲郎（1979），新睦人（1997）31頁，安田喜憲（1999）26頁。
12）安田喜憲（1999）43-145頁。
13）安田喜憲（1999）149頁。
14）小林達雄（1999）166頁。
15）石坂泰彦（1999）575頁。

神と並んで人文神が成立したのは弥生時代頃であるとされ，古墳時代にはこれがさらに発展して神は「清浄」なものであり不浄・穢れを嫌うという神概念がはじめて成立したのだという[17]。

さらにベネディクト（Benedict）[18]にもあるように，律令時代には政治権力と宗教的権威が合体され，従来からあった天皇現神観という土台の上に，神道は儒教的な思想支配の一環として意義付けられた[19]。10世紀になると，実在の人物である菅原道真の霊が「新たな神」として神格化され，人は死後，神になるという思想が後の先祖崇拝の思想につながっていったとされている。そして神仏習合思想から本地垂迹思想に進んで，人と同じだった神が今度は仏と同じになったのである[20]。ちなみにほとんどの神社は仏教建築の流れを汲んでおり，神仏習合は庶民の基層信仰からも認められるという[21]。

石田[22]は神道の特徴を，① 生活中心主義（life-centeredness），② 共同体主義（community-ism），③ 関数主義（function-ism）として整理しているが，この「関数主義」は神道が時代によって「着せ替え人形」のように新しい思想の衣装に着がえてきたとする考えで，神道における神は「そのときどきの共同体の生活意志」の神格化であったというのである。

(3)　仏教

アジアモンスーン的風土から生まれた仏教も，受容・集積型の日本文化の中で，神道と協力・共生してきたといわれている[23]。公伝仏教は，貴族文化を支える外国の先進的な学問，技術を持つ文化として受容され，農耕的な文化の上に彫塑的仏教が乗ることによって[24]，「仏像」を通じて目に見えないものに思

16）Paden, W. E.（1988）（阿部美哉訳 1993, 176頁）。
17）下出積與（1997）172頁。
18）Benedict, R.（1946）（長谷川松治訳 1948），二葉憲香（1997）167頁。
19）下出積與（1997）265頁。
20）笠井昌昭（1997）152-156頁。
21）下出積與（1997）204-283頁。
22）石田一良（1999）298-306頁。
23）佐々木高明（1997）26頁。
24）笠井昌昭（1997）19-23頁。

いをめぐらすことを教えられ，外来の文化として，心の奥にあったものを押し流す力を持ったという[25)]。

こうして仏教は，政治的・美術的に定着するが，宗教的・思想的に定着を見せるのは，平安仏教の時代になってからであるといわれている[26)]。一般には鎌倉時代以前は，政治的な面を中心とした鎮護国家のための仏教がその中心であったとされているが[27)]，下出[28)]によると，6世紀にはすでに越と高句麗が交流しており，7世紀末以前に海からの庶民層の渡来人によって私伝で庶民層へも仏教が伝わり，いわば山林仏教として存在していたのだという。

いずれにしても9世紀の終わりごろ遣唐使が廃止され，仮名文字を使った国風文化が花開き[29)]，創唱宗教的な鎌倉新仏教によって信徒組織がはじめて制度化され[30)]，仏教芸術もまた仏像彫刻から絵画的世界へと変貌を遂げていくのである。

こうした仏教の受容の中，本来「個」を意識したときに生まれるはずの輪廻転生の考え方は[31)]，日本では個人の輪廻としてではなく家の血統の中における因果応報として理解され[32)]，インド的な輪廻転生というよりも現世主義的な見方となっていったのである[33)]。

⑷　儒教，道教，心学

仏教伝来以前の4～5世紀に，中国から儒教や道教といった大陸思想の「氣」の考えが入ってきており[34)]，古事記の中にも道教の影響が根強く残っているといわれている[35)]。

25）大熊和雄（1998）174頁。
26）下出積與（1997）118-141頁。
27）大熊和雄（1998）104頁。
28）下出積與（1997）34-106頁。
29）笠井昌昭（1997）19-23頁。
30）大熊和雄（1998）116頁。
31）山本七平（1997）192頁。
32）大熊和雄（1998）43-46頁。
33）下出積與（1997）176頁，大熊和雄（1998）107頁。
34）下出積與（1997）180頁。
35）門脇佳吉（1997）14頁。

山本[36]によれば，仏教伝来から遣唐使の廃止までの時期は，中国思想の輸入の最盛期であったが，この時期の中国は，儒教，道教，仏教の「三教合一論」の最盛期でもあったという。またその時期の日本における受容の中心は仏教であったが，唐が滅びて宋になると，儒教を中心に仏教と道教を大きく摂取した「道学」といわれる新儒教が盛んになり，日本はこうした三教を等しく取り入れた思想を受容することになったのである。そして新儒教は本来哲学であり宗教ではないとするのが通説であるが，性善説を根拠とする自力救済の宗教的思想として捉えることもできるのだという[37]。

この三教合一論から日本で生み出されたのが，「心学」である。山本[38]によれば，心学はこうした複数のルーツを持つ諸思想を「薬＝方法論」と捉え，思想それ自体を決して絶対視しなかったという特徴があるという。この心学の基本は「個」の自覚を基本とする一種のプラグマティズムであるが，ここでいわれる「個」はキリスト教の神学のように「個」が他者との関わりなく外なる絶対者との対決において把握されるという意味での「個」ではなく，あくまでも「全体」との関わりあいのもとにおける「個」であった。

そしてその後も歴史的に見て日本は宗教的には非改革的であり，現在でも三教合一以来の伝統的な「宗教混淆」をそのまま維持している。すなわち神仏習合を当然として日常生活には儒教の徳目が強調され，絶対服従するのが当然という発想になるから同調過剰形となったのというのである。

2．基層文化としての宗教

(1)　現代人と宗教

今日の日本人は，宗教とのあいだに距離を置きたがる傾向がある[39]。これは江戸時代における「心学」が精神面から，また「寺受け制度」が制度面から脱宗教的体制へと向かわせたためといわれている[40]。さらに明治維新の「廃仏毀

36）山本七平（1997）151頁。
37）池田秀三（1998）205頁。
38）山本七平（1997）177-447頁。
39）小田晋（2000a）85頁。

釈」で仏教の影響力がさらに下がり，続く敗戦によって宗教から近代合理主義へと大きく揺れることになったのである[41)]。

林[42)]の調査によると，日本人の「義理人情」的態度や宗教心が豊かであることは，過去30年間変わっていないという。また最近のNHK放送文化研究所の調査[43)]では，仏か神を信じている人は高年層で多いのに対し，お守り・おふだの力，奇跡，あの世を信じている人は，若年層や中年層で多い。そして行っている宗教的行動の第1位である「墓参り」は年齢が上がるほど多くなる一方，年層が下がるほど「おみくじ・占い」を信じているのである。

ここで「宗教」の定義を見ると，今日，宗教の本質は「聖」なるものであると規定されており，聖なるものの実在性を宗教心理学的に明らかにしたのがオットー（Otto）のヌミノーゼ（numinoze）説である[44)]。ヌミノーゼとは，「聖なるものによって心の中に喚起されるある特別な感じ」であるとされている。そして人間の存在がそれ単独では自己完結しないことに由来して，①人格神への信仰を前提とする宗教的伝統では，「祈り」が神との対話や内的交わりとであると見られており，②人格神の存在を必ずしも前提にしない宗教的伝統では，何か大いなるものへの自我意識の統合を図る「瞑想」が実践法の中心となるのである[45)]。

⑵　宗教的なるものの拡散

宗教の現代的な傾向として，「宗教的なるものの拡散」がいわれているが，これは教団組織や儀礼といった宗教の構成要素が後退し，宗教的な主題が個々人に内面化されて「見えない形」で機能するようになりつつなること，そして宗教が文化一般の中に拡散されていく現象である[46)]。井門[47)]は宗教を，宗

40）山本七平（1997）250頁。
41）小田晋（2000a）94-103。
42）林知己夫（1988），津城寛文（1995）117頁。
43）NHK放送文化研究所（2020）134-139頁。
44）細谷昌志（1999）21頁。
45）棚次正和（1999）53頁。
46）弓山達也（1996）266頁。
47）井門富二夫（1991）158頁。

教団体の形でみえている「見える宗教」（cultic religion）と，筋書そのものとして働く「見えない宗教」（civil religion）とに分けている。後者は，ベラー(Bellah)[48]の言う社会秩序の調和を維持する為の聖なる正当化の体系としての「市民宗教」に対応する。こうした基層文化としての宗教は，意味の枠組みを与えると同時に特定の地域と結び付いているため特定の地域の指標ともなり，さらに文化的アイデンティティの源になっているのである[49]。

ギアーツ（Geertz）[50]は，宗教は「世界観に合致する行動規範と生活様式」を与えるとし，「文化システム」として宗教を考えている。文化としての宗教は一定の共同体において認められている「象徴の体系」であり，一方で統合的な世界観，人間観という観念を与え，他方ではそれにふさわしい生活規範や，ライフスタイルを教えるのである。すなわち社会生活は儀礼によって，すなわち「人間関係の宗教」によって律せられているからこそ，けじめがついているのである[51]。

日本において七五三は神道，結婚式はキリスト教，葬式は仏教というふうに，信仰心が豊かではあるけれども，単一の教団に属していないという意味で日本人は無宗教であるとされることがある。ここで日本は「信仰が豊かな国であるけれども無宗教である」という理屈が想定されるのかもしれないが[52]，日本人自身がそれを宗教的と感じていなくても，現代日本の基層文化としての混淆的な見えない宗教は，立派に１つの宗教的なあり方なのである[53]。

(3)　集団主義のルーツ

間[54]は集団主義を，「個人と集団との関連で，集団の利害を個人のそれに優先させる集団中心の考え方」と定義したが，清水[55]はそうした日本の集団主義

48）Bellah, R. N.（1975）（松本滋・中川徹子訳 1983, 29頁），阿部美哉（1999）100頁。
49）津城寛文（1995）302頁。
50）Geertz, C.（1973）（吉田禎吾他訳 1987），小田淑子（1999a）258頁，小田淑子（1999b）331頁。
51）阿部美哉（1999）45頁。
52）宮田登（1999）101頁。
53）森孝一（1996）272頁。
54）間宏（1971）。

は平和が続いた江戸時代の儒教思想の浸透後に定着したのだという。儒教は1つの宗教というよりは社会学に近いが，歴史的に見ると道教と仏教の哲学的根本問題を包摂した宋学が興起し，その後朱子よって集大成されて日本には江戸時代にこの朱子学という形で「社会と人生」という局面を中心に体系化され，政治を安定化するための手段として積極的に利用されたのである。その中で天からの一方的な意志ではなく多くの人々における所有欲の調和が重視され，人間神の考えからさらに身近な人々との社会の重要性が意識され，社会という相対神に責任を負うことになったという。恥の倫理はここから来ており，それは相対主義的倫理観であるといえよう。

こうした朱子学は枠の中での合理性であり，江戸時代の商人は武士社会の中で「利」より「義」を重んじることになる。この「義」とは取引上の信用である。そして武士階層から信頼を得ることで特権を得ようとして，日本的な信頼取引が始まったのだという。この朱子学によってはめられた枠は，①「垂直的」すなわち上下の序列と公私の価値，②「水平的」すなわち集団へのコミットメント，そして③「時間的連続」すなわち先祖に対して神に順ずる地位を与えるという3つの価値観に分けられる[56)]。これに対して西欧では闘争の価値観が協調され，これによって人間の内面的孤独化が生まれ，人間は神のみに責任を負うが，神は頼れるものではないという個人主義的意識を高めていったのだという。

フクヤマ（Fukuyama）[57)]は，日本は明治維新によって権力を集中させた統一国家となり，封建時代における野蛮性を徹底的に排除し，当時の流動性が高かった労働市場において熟練労働者が不足していた状況の中で，新しい道徳律としての終身雇用制を定着させたという。忠誠心はそれ以前の時代から武士階級の価値観の中心をなしていたが，明治政府は天皇への忠誠を商人や農民層にまで広げたというのである。ここでは工業化社会に合わせた新しい行動の規範を確立するために，宗教的な象徴が用いられたとも考えられる。一方西欧においては人々の協力の基盤として信頼を生み出す「社会関係資本」（social

---

55）清水龍瑩（1991）。

56）ヒルシュマイヤー，J.・由井常彦（1977）。

57）Fukuyama, F.（1999）（鈴木主税訳 2000）。

capital）を創り出す規範は，ピューリタンが大事にしている規範とかなりの程度重なり合っており，これらが取引コストを大きく下げ経済成長をもたらしたというのである。

3．日本人の自己

⑴　宗教と自我

さてこうした多神教的な見えない宗教を持つ日本人の「心」は，一体どのような特徴を持っているのであろうか。

フロイト（Freud）的に考えると[58)]，本能的欲求であるエス（es）あるいはイド（id）と，自己であるエゴ（ego），そして超自我（superego）の3者のバランスがとれているときに人間の感情は安定するという。「本能的要求」は，快楽を求め不快を避けようとする人間ならだれでも持っている心の動きに従って発動する。だがそれだけで行動していると人間関係が無秩序な状態に陥るので，人間にはそれをコントロールする「自我」が備わっている。さらにその「自我」を社会のあるべき道徳原理によって監視しているのが「超自我」である。そしてフロイトによると「超自我」の形成に重要な役割を果たしているのが，自分にとって畏敬すべき対象，あるいは自己同一化の対象となるような存在であるという。

彼の「精神分析療法」の意図に従えば，自我を強くし，もっと超自我から独立させて，かつて無意識の本能的欲求であったところを自我にしなければならない。そして幼い頃過大評価していた父親の像を持ちつづけているのが「宗教」であり，神とは父親の置き換え（投影）に他ならないという。当時は，宗教の起源はアニミズムであり，これが次第に精化されて多神教へ，そして最終的には一神教へと発展していったと考えられていた[59)]。アニミズムとは万物に霊が宿っている，この世界は霊に満ちているという考え方である。そしてフロイトは父親的な神というものがない時代こそがアニミズムの時代であると考え

58）小田晋（2000a）31-32頁。

59）星野英紀（1996）27頁。

たのである[60]。しかし今日，アニミズムから一神教へというこうした発展段階的な考え方は，キリスト教を最も高い宗教と見る西欧文化中心主義の産物として批判されている[61]。

(2) 自我と自己

ユング（Jung）[62]はフロイト派から分かれて分析心理学という派を立て，フロイトよりも「無意識」を広く考えた。フロイトの言うような意識によって抑圧された層を個人的無意識と呼び，これより深くに人類共通とも言え，また家族的無意識，文化的無意識などと考えることもできる普遍的無意識（collective unconscious）が存在すると主張した。

そして欧米人の場合には，意識が無意識と明確に区別された存在としてあり，その意識の中心に確立された「自我」を持っている。そして彼らの心は意識と無意識を含めた中心である「自己」を無意識の中に持っており，これと自我が如何に関わりを持つのかが問題とされるのである。一方日本人の場合，そもそも意識と無意識との境界が鮮明ではなく，意識も中心としての「自我」によって統合されてはいない。しかし，欧米人よりも心の全体としての「自己」の存在によく気付いており，漠然とした全体性を志向しているというのである（図 4-1）。

図 4-1　日本人の意識と西洋人の意識

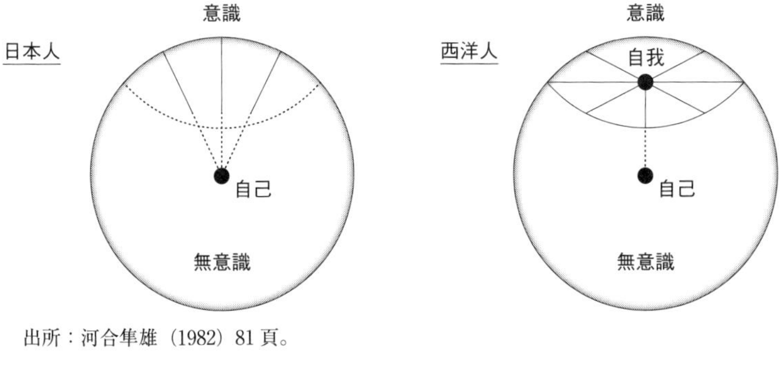

日本人
意識
自己
無意識
西洋人
意識
自我
自己
無意識

出所：河合隼雄（1982）81 頁。

60）鈴木昌（2000）338 頁。
61）池上良正（1996）129 頁。
62）河合隼雄（1982）71-134 頁。

欧米人が個性的というとき，こうした「近代自我」が確立されていることを前提として考えており，創造性，個性といっても，そうした自我を通して表現されるものについていっているのである。逆に日本では，欧米近代の自我が確立していないと思われるときには，すぐに個性や創造性を否定したくなる傾向があるが，「近代自我」は自我の在り様の１つに過ぎないのであって，それが正しいわけでも，立派なわけでもないのである[63)]。

このように日本人は多神教的な見えない宗教の下で欧米人とは異なる自我を発達させており，日本と欧米とではそれぞれ異なった「基層文化」が維持されているのである。

第２節　「集団志向」対「個人志向」

１．集団主義を生んだもの

こうした欧米とは異なった心を持つ日本人において，従来その基層文化として挙げられてきたのが「集団主義」である。これまで集団主義は「単一民族」のイメージからそのルーツが語られることが多かったが，今日こうした単一民族的な考え方は，戦前の国家主義やファシズムの台頭から生まれたものであるとして批判されている[64)]。また同様に「稲作中心の農業国」という見方も多くの歴史家から修正を迫られており，百姓＝農民という考えや士農工商の区別を明確にしたのはむしろ明治政府なのではないかといわれている[65)]。また新渡戸稲造によって英語で書かれた『武士道』ですら，国家主義助長のための明治維新後に「つくられた」伝統なのではないかといわれているのである[66)]。

63）河合隼雄（2000）189 頁。

64）佐々木高明（1997）23 頁。

65）伊藤雅俊・網野善彦・斎藤善之（2000）80 頁。

66）Fields, G.（1994）196 頁。

(1)　単一民族論批判

従来の多くの日本論は，近代国民国家をベースにして「ひとつの国民」の文化を想定する立場を共通にしていた[67]。すなわち日本人種＝日本民族＝日本文化という考えが底辺に組み込まれ，現代を対象にする場合でも，「日本論」の主な読み手である男性の大卒サラリーマンをサンプルに取り上げるものが多かったのである[68]。しかし近年こうした考えに反対し，日本文化の多様性を積極的に取り上げる議論が増えてきている。

そうした中で日本人は歴史的に見て，そもそも単一民族ではなく複数のルーツをもち，恐らく縄文時代は多言語的な状況であったのではないかといわれるようになってきている[69]。代表的な議論としては，ナラ林・雑穀文化の縄文人の後から，照葉樹林・稲作文化の弥生人が大陸から農業技術を持って入ってきたのであり[70]，縄文人の雑穀文化は黄河流域，弥生人の稲作文化は長江流域まで辿ることができるというのである[71]。今日，稲作を持ってきた「倭人」の故郷は中国の江南地方ではないかとされており[72]，その後も縄文系原住民は水田による稲作に不適の地区を中心に地域的に維持され[73]，逆にその他の人々はこの渡来系弥生人と混血して本土日本人になったというのである[74]。

弥生・稲作文化は，衣・食・住をはじめ物質文化の大部分を含む「日常生活文化」の多くの面で縄文文化の伝統を引き継いでおり，弥生文化の「独自性」を特徴付けているのは，先端的生産技術としての水田稲作や新しい宗教観，世界観，社会統合のイデオロギーなどであったという[75]。

こうして日本的稲作文化は，それ自体が多重な構造をもち，さらに日本文化は歴史的に見て非稲作文化と稲作文化の相克のなかから生まれたとされてい

67) 塩原勉（1996）217頁。
68) 井上俊（1996）。
69) 諏訪晴雄・川村湊編（1996）224頁。
70) 佐々木高明（1997）。
71) 諏訪晴雄・川村湊編（1996）117頁。
72) 江上波夫（1999）318頁。
73) 國分直一（1996）47頁。
74) 尾本恵市（1996）80頁。
75) 佐々木高明（1997）。

る。7〜8世紀には社会的，政治的背景により稲作は規模を拡大し，南北朝を契機に非農業的社会が衰退していった。そして近世初期の新田開発によって石高制＝米社会が成立するが，そこには国学者の影響が強く見られ，また幕藩体制の確立期には非稲作文化の集団に対し大弾圧政策がとられたというのである[76)]。

(2)　自然風土による説明

日本人の集団主義については，従来の日本単一民族・農耕国家論に代わる説明が出てきており，その１つが自然風土による説明である。その代表的なものが島国論であるが，これは縄文時代の温暖化による海面上昇，すなわち縄文海進によって日本がはじめて島国となり，その時点で文化的個性が約束されたとする考えである。更新世の氷河期が終わってから完新世の温暖化が進み，海水面が上昇するとともに対馬海峡が大きく拡がり，日本が大陸から切り離され，それ以降，大陸とは異なった文化的特性が創り出されてきたというのである[77)]。

例えば，日本列島にだけ生息する孤立種であるニホンザルは，自種としか出会うことがないため，実験的に子供のときから他の種と一緒に育てると，逆に他の種を好むようになるという。一方，アジア大陸の広い範囲に他の近縁種と一緒に住んでいるアカゲザルの場合は，どのように育てても常に自分の種を好むという。すなわち孤立種であるニホンザルは好みを社会的に学習するが，もともと他の種と一緒に住んでいる種であるアカゲザルでは，自分の種が独立して存続していくために好みのパターンが遺伝的に規定されているのではないかというのである[78)]。こうした事例は「島国」であるということは，ある種の特異な文化を生み出す可能性があることを示しているのではないだろうか。

比較文化心理学の分野では[79)]，寒い気候では乳幼児はゆりかごに入れて運ばれる傾向があり，暖かい気候では，より頻繁に腕や紐や布切れの助けを借りて

76）佐々木高明（1997），網野善彦（1997）。
77）坪井清足（1996）12頁，小林達雄（1999）112-178頁。
78）藤田和生（1998）156頁。
79）Segall, M. H. et al.（1990）（田中國夫・谷川賀苗訳 1995, 184頁）。

身体を用いて乳幼児が運ばれる傾向が強いとする研究がある。こうして体を使って乳幼児を運ぶことは，夜に乳幼児が母親の側に寝る，乳離れが遅いなど，女性的な性役割が優位にたつ原因となり，こうした気候の違いが異なった社会を生むというのである。

また従来の日本建築に個室がなかったのは，必ずしも個人のプライバシーを尊重するかどうかといった理念的な問題だけではなく，石や煉瓦の壁で建物を支える重量構造の西洋の建物と，木や竹で萱葺きの屋根を支える軽量構造の東洋の建物との違いであり，自然と風土の条件と深く関連しあった建築の材料や構造の問題としても考えなくてはならないという[80)]。例えば京都を中心に発達してきた住宅建築では，夏の蒸し暑さをいくらかでもしのげるように配慮され，固定された間仕切りがなく，いつでも開放できる襖や障子を用いていた。こうした開放的な構造の日本の家は，自然環境に影響されたところが多いが，結果として日本人の個人意識の希薄さとも深く関わることになったのではないかと思われる[81)]。

こうした場合，構造と意識のどちらが先であったのか，その因果関係を特定することは難しいが，結果として日本の気候が構造と意識の双方の特徴を創り出す要因となったことだけは確かであろう。

2．集団と個人

(1) 「集団志向」と「個人志向」

こうした日本の自然風土の中で，基層文化としてのムラ意識[82)]が醸成され，さらにこれが江戸時代の五人組制度などによって歴史的に強化されて[83)]，日本人の「集団志向」が形づくられてきた。ここで従来，自由主義社会の場で社会主義的傾向が問題とされるときには，「個人主義」と対比される「集団主義」や国家統制主義（全体主義，ファシズム）が問題となるが[84)]，本論の文脈で考

80）高取正男（1995）20頁。
81）笠井昌昭（1997）190-191頁。
82）荒木博之（1973）46頁。
83）中山治（1999）156頁。

えた場合，今日の日本人の文化は，国家志向的というより「集団志向」的というのが正しいであろう[85]。

「集団志向」に対比される「個人志向」の文化は，「自己」を中心に据え，自分はかけがえのない唯一独自な存在であるという自己意識を積極的に構築させるが，日本の「集団志向」の文化は，「自己」は集団ないし社会と不即不離の関係にあるという意識を育むのである。そして日本文化の規範は，集団行動や集団的な価値観の大切さを中心に据え，個々人の大切さを強調するより，もっぱら集団としてのまとまりを大事にしているのである[86]。

日米を比較した，しつけや指導の方法，コミュニケーション・スタイルの差異についての調査においても[87]，個人志向の国とされるアメリカにおいては，自立し，価値を含む個人間の対決を恐れず，相手に因果関係を含めた合理性を求め，社会的コンテクストに縛られずに自由に個性を表現しやすいというスタイルが報告されている。一方「集団志向」の強い日本では自他の一体感を土台にして，型にそった自発的同調（協調）や効率を求め，自他が社会的コンテクストを共有することが強く求められている。このように，しつけやコミュニケーション・スタイルに差異が捉えられ，「集団志向」は社会によって再生産されているのである。

こうした「集団志向」が基になり，日本人は，企業組織においても集団で仕事をするのが得意であるばかりでなく，個人の知を集団の知に高めることが得意であるといわれている[88]。さらに加護野[89]の言うように，日本の企業運営は「習慣」や「暗黙知」に依存した部分が多い。彼はマニュアル化できないような複雑な状況で用いられる判断や決定の論理を「状況論理」と呼んでいるが，これは言葉では人に伝えることのできない知識，つまり「暗黙知」である。この「状況論理」はアメリカの企業ではトップレベルの経営者が使っている判断の論理であるが，日本の企業ではもっと下のレベルでも使われ，またより多用

84）Bellah, R. N.（1975）（松本滋・中川徹子訳 1983, 226 頁）。
85）Fukuyama, F.（1995）（加藤寛訳 1996, 54 頁）。
86）工藤力・Matsumoto, D.（1996）109, 165 頁。
87）恒吉僚子（1992），星野命（1993）362-363 頁。
88）常盤文克（2000）180 頁。
89）加護野忠男（1997）171-255 頁。

される傾向があるのである。

八木は，英語のindividualはギリシャ語の原子（atomon）のラテン語訳からきており，近代西欧で「個人」とは古代ギリシャ哲学が考えたような原子(不可分割者）に擬せられたという。しかし個人とは他者との関係なしに自己同一的でありうるような実体ではなく，「極」なのであるという。「極」とは磁石の両極のように区別はできるが切り離せないものであり，また対極との関係の中で自分自身であるようなものである。そして「個」の自己実現とは「極」としての自己実現であり，「極」であることを拒否する単なる「個」はエゴイストになってしまい，人類の一員としての人間でなくなってしまうというのである[90)]。

⑵ 「間人主義」

濱口[91)]は，日本人の個体認識の単位は欧米人でのような「個人」ではなく，いつも顔を合わせて仕事や生活をする人々の集まり，つまり「小集団」であるという。すなわち日本の小集団は欧米の個人に等しい存在であり，そしてこの小集団が大集団（組織）の基本構成単位でもあるというのである。濱口は日本社会の構造分析として「小集団」自体を拠点に捉えることが不可欠であるとしている。そして小集団を構成する諸「個人」から出発するのではなく，そのような「小集団」を自己自身と同一視している人たちの存在を前提にして，「小集団」それ自体と組織との関連性を考える必要があるのだという。

そしてさらに，これまでの日本人論では，日本文化をあえて非主体的・集団主義的なパターンにおいて捉えてきたが，その理由は日本の研究者が欧米起源の個人中心的パラダイムを無条件で受容し，それに基づいて「個別的自立」対「組織的統合」という二元論的な分析枠組みを採ったからではないかという。そこで濱口は，新たな「間人（the contextual)」モデルを提案している。「個人」では，それぞれが占拠する生活空間は互いに独立し両者間の相互作用はその外側で展開されるが，「間人」の生活空間は他者のそれと交差し，両者に共

90）八木誠一（1998）88頁。
91）濱口恵俊（1996b）211頁。

有された領域においていわば内部的な交流が営まれると考える。このような存在は「関係体（relatum）」であり，その1つの形態として「個人」に相当する「個別体（individuum）」が想定されるというのである。このように考えると「間人主義」と「個人主義」は決して二律背反的な価値観ではない[92]。この「間人主義」の考えは，本論でいうところの「集団志向」と「個人志向」の次元であるともいえよう。

⑶　自立

小田[93]は人間関係において，個人的な結び付きあるいは社会的な結び付きというのは，そもそも健全な「依存」が前提になっており，依存性を全く持たずには人間同士が結び付くことはできないとしている。そして人間関係において自立しているかどうかが問題になるのは，人と人との関係において対等な協力関係を築けるかどうかの問題だというのである。そして自立するということは，他人の依存心を受け止めることができ，自分もまた上手に依存することであり，自立と依存のバランスのとれた関係を模索することが必要である。すなわち自立していくというのはだれにも依存しなくなることではなく，依存の対象が親から他人へと社会的に広がっていくとともに，強い依存性から適度な依存性に移り，他人の依存を受容する包容力を持つことにより健全な依存性を持つことになるのである。

こうして見てきたように「集団志向」の逆の極にある「個人志向」においては，主に内なる自我によってアイデンティティが保たれているのに対し，この「集団志向」においては主に外への依存によってアイデンティティが保たれている点が異なっている。そして実際にはこの両極の間のどこかに人々の様々なアイデンティティの持ち方がプロットされると考えられる。

⑷　集団主義と集団志向

すなわち従来「集団主義」が崩れるとその反対にある「個人主義」の社会が

92）濱口恵俊（1996a）42-67頁。
93）小田晋（2000b）20-198頁。

生まれる，といった議論がされてきたが，こういった「集団主義」と「個人主義」のどちらかしか取れないという排他的な概念設定は正しくなく，「集団志向」と「個人志向」は 1 つの次元における両極を表していると考えることができる。「集団志向」と「個人志向」は相対立する全く別個の概念として離散的に存在するのではなく，1 つの次元における程度の差であり，連続的な特性として捉えることができるのである。すなわち両極の端だけを対象とする「集団主義」と「個人主義」という概念と異なって，「集団志向」，「個人志向」という場合には，必ずしも完全にどちらかの極にしか，個人あるいは社会が存在しないというわけではないのである。

前述のように間[94]は集団主義を，「個人と集団との関連で，集団の利害を個人のそれに優先させる集団中心の考え方」と定義したが，集団の目標と個人の目標のどちらを重視するかという点で考えれば，それは図 4-2 のように 0〜100％の間でグラデーションとなっている。必ず集団の目標を優先するなら集団主義，必ず個人の目標を優先するというなら個人主義となるが，より現実的には，集団の目標の方を半分よりは多く優先する，あるいは規範として集団の目標を優先すべきと考えているなら集団志向であり，逆に個人の目標を半分よりは多く優先する，あるいは規範として個人の目標を優先すべきと考えているなら，それは個人志向となるのである。

図 4-2　集団主義と集団志向

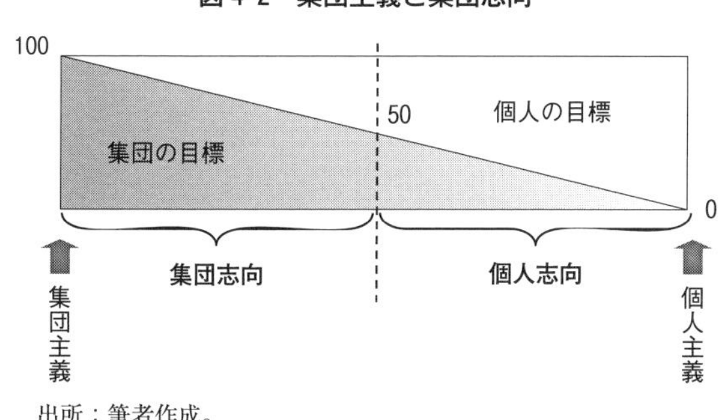

出所：筆者作成。

94）間宏（1971）。

3．現代人の感情

集団志向と個人志向の概念が連続であるという主張がされることによって，逆に従来「個人的」にしか捉えられていなかった「感情」についても，これを社会的な文脈から把握しようという動きが出てきている。

(1)　感情と文化

従来アメリカの心理学やアメリカ文化では，感情というものはまさに「個人的」な事項であり，感情の主な特徴は内的で主観的な感覚にあると見られていた[95)]。しかし最近，特に日本においては感情の意味はこれと同じではないとされている。なぜなら欧米人と比べて日本人は，感情の概念や感情の生じる場あるいは感情のラベリングが異なっているからである。すなわち日本では感情をアメリカ文化のように私的で個人的な感覚とは位置付けておらず，社会の中で，あるいは日常生活において，人と関わる際に自分の立場をはっきりさせるのに役立てているというのである。

ある人が感情を経験しているという場合，その経験には次の３つの要素が含まれているという。①認知のずれ（現実と期待のギャップ），②欲求（ギャップを埋めるように働く欲求），および③コントロール不可能性である。従来感情システムは，古いタイプの適応システムであって，思考回路を通さずに個体を環境に適応させるために発達したものであると論じられていた。しかし動物レベルでは期待される環境が一定なので，現実の環境の変化のみが感情を引き起こすが，思考などによって「期待している状態」を変動させることができる人間の場合，現実の状態が変化することなしに感情を経験することが可能なのである[96)]。

そして集団に所属するもの同士がお互いに感情を共有し合う協調姿勢は，集団の相互の結び付きを強め，一体化を促進させることになる。また仕事や責任を分担している人たちの間では，お互いに同じ感情を経験しやすい。すなわち

95）工藤力・Matsumoto, D.（1996）145 頁。
96）山田昌弘（1997）58-64 頁。

感情を共有するといった経験それ自体が，その集団の人間同士を結束させるのに大いに役立つのである[97)]。一方，人が自分の基準や期待が侵害されたと感じたときには，怒りの感情が対人関係を調整する重要な役割を果たし，また恐れの感情は社会規範の維持のための一手段と見なされる。すなわち感情は社会行動の調整装置になっているのである[98)]。

(2) 感情の表示規則

工藤他[99)]は，日本人には感情の表示規則があるために，ありのままの感情を表すことができないと言う。心に抱いている豊かな感情をそのまま表に出してはならず，ともかく自分の気持ちを何とか治めたり偽装したりして工夫を凝らさなければならないというのである。このような行動様式は，知日家といわれる人たちを除けば一般の外国人の理解をはるかに超えた側面だという。

そして日本人の場合，感情をお互いに分かち合い，感情の表し方を押さえたり発散させたりすることを通じて，感情が人と人を結びつける「にかわ」として作用しているのだという。例えば相手が何らかの感情を心に抱いていると思われるときには，非言語的で微妙な手がかりに基づいて気持ちを読み取るなどして，対人関係が大切に守られていく。すなわち日本では，お互いの気持ちを察しあう「察し型」のコミュニケーションが行われているのである。子どもたちは，恐らく誕生してからしばらくして感情の解読とその表示規則を学習し始め，その規則の大半は児童期の終わりまでには内在化されるのではないかというのである。

以前の日本社会では，こうした感情を隠すことによって鬱積した精神エネルギーを爆発させる場は，ハレの場としての宗教的な儀式の中で与えられていた[100)]。また従来の日本の祭りや宴会は，潜在的に鬱傾向の強い人々が，精神のバランスを取り戻すために酒の力を借りて躁状態になることを許容し合う場だとする考え方もある[101)]。そして現代日本における精神的病理の原因の1つ

97) 工藤力・Matsumoto, D.（1996）13頁。
98) Cornelius, R. R.（1996）（齊藤勇監訳 1999, 201-204頁）。
99) 工藤力・Matsumoto, D.（1996）78-134頁。
100) 仲原孝（1999）109頁。

として，生活の中にハレ（祭り）とケ（日常）の区別が無くなってしまったことがあるといわれている[102)]。かつての生活と比べれば非常に豊かになって毎日ハレの生活ができるようになっている，として現代を捉えることもできるが，逆に言えば，本当に日常性から離れることができるハレの日がなくなってしまっているのである。

⑶　感情と自己

さらに感情社会学の分野では，近代社会において感情が「自分らしさ」「個性」「生きがい」といった個人のアイデンティティに深く関わっているのではないかという研究が進められている[103)]。感情経験は自分の意志でコントロールできないものが自分の中にあるという感覚を与えるがために自己経験を生み出し，感情の生成を意識したときに自分らしさを感じる，つまり感情こそが「個性」であると見なす意識が成立するというのである。

すなわち自己定義を与える様式には２つあり，①１つは集合的目標や社会的倫理や役割に準拠し，未来志向的に行動や欲求を統制することからセルフが達成され獲得されたとする「制度的自己」であり，②もう１つが倫理や役割や統制を排し，いまここの感情や欲求に準拠し表現することでセルフが発見されるとする「衝動的自己」である。そして現代では前者から後者への移行が生じつつあるというのである。そしてこの様な発想は歴史的発明であり，セラピーなどの感情知に代表される感情と自己を結びつける多様な実践の効果だと考えられているのである[104)]。

さらに問題なのは感情を「感じなければいけない」というプレッシャー，すなわち「感情を素直に感じられなくなっている現代人」であるという。自分の感情がアイデンティティと関連している以上，「感じているふり」をするだけでは不十分であり，感情規制が指し示している感情を心から感じるように努力する「感情ワーク」が要請されるのである。悲しくならなければいけないとき

101）中山治（1999）109 頁。
102）小田晋（2000b）150-152 頁。
103）山田昌弘（1997）71 頁。
104）岡原正幸（1997b）119 頁。

には悲しいことを思い出して悲しくなるようにするというように，個人の内部で想像力を駆使した深層行為が行われるというのである[105)]。そして感情管理の技法としては，①「認知的」に感情状態を変えるためにそれに連合したイメージ，理念，思考を変化させる，②「身体的」に深呼吸をするなど感情の身体的生理的微候を変化かさせる，③「表出的」に意図的な笑いや涙のように内的感情に作用するために表出動作を変更する，といったものがあるといわれている[106)]。

(4)　感情労働

さらに日常的な感情管理と区別して，「感情労働」というものを考えることができるという。「感情労働」とは職務内容の1つとして明示的あるいは暗示的に適切および不適切な感情とその表出が規定されている職業において規範的になされる感情管理であり，それは労働生産物それ自体が感情管理によって成立するような，直接的で対人的なサービス業務に顕著に現れているという[107)]。フライトアテンダントやファーストフード店の従業員をイメージすれば分かりやすいだろうか。

一般の労働者は工場やオフィスで仕事の邪魔になる感情を抑えこみ，我慢し，抑圧しているが，その抑圧されている感情は反転的に自分のものとして確保されている。しかし感情労働者はむしろ感じるべき感情を感じるように積極的に努力し，そしてそれを結果として感じることにより何か嘘っぽい，自分とは距離のあるような感情を「発見」するのである。

現代社会の人々は感情や感情管理について意識し知識を持つように互いに圧力をかけあっており，これらの知識は感情それ自体からの距離感を創り上げ，「自然で，リラックスした，自発的で，正統で，インフォーマル」と経験される行動へと駆り立て，自我や意識を完全に取り去るほど強い感情経験へのノスタルジーを生むことになるのである。感情労働や感情知の出現および増加を介して成長した現代的な感情文化では，意識の中で感情が質的・価値的に二分さ

---

105) 山田昌弘（1997）73頁。
106) 岡原正幸（1997a）30頁。
107) 岡原正幸（1997b）106頁。

れており，一方は自分から距離がある，なにか社会的人工的な匂いのする感情であり，他方は自分そのものの表現ともされる自然で本来的な感情である。そして通常，後者の自然本来的感情が希求されているのである[108]。

おわりに

本章では，日本型経営の変化の方向性を考えるために，日本（人）論についてレビューを行った。日本人の基層文化を支えるのは，多神教的な見えない宗教意識であり，そこから歴史的に集団主義が生まれてきた。集団主義と個人主義はそのどちらかしか取れない表裏の概念ではなく，集団の目標と個人の目標のどちらを重視するかという程度の問題である。そして欧米において「個人的」と見なされていた「感情」ですら，その「集団的」性質を考えなければならないとして反省がされているのであり，こうした面からも従来いわれていた対立概念としての「集団主義」対「個人主義」ではなく，尺度としての「集団志向」と「個人志向」への発想の転換が求められているのである。

108）岡原正幸（1997b）124頁。

第5章

集団志向へ

集団主義から集団志向への変化とともに，企業によって集団志向の程度が異なることになり，組織文化の内部統合機能を表す集団的－個人的の次元が再び日本企業の文化を測定するための次元として登場してくることになる。そこで改めて，集団志向への変化の状況を眺めてみたい。

第1節　集団主義の変化

1．世代交代と意識の変化

(1)　世代交代

NHK放送文化研究所が1973年から5年毎に行っている「『日本人の意識』に関する調査」におけるサンプル構成の変化に，日本社会における世代交代の姿が表れている[1)]。この調査では，戦後の新しい教育制度のもとにはじめて小学校に入学した人々が1939年に生まれているので，これ以前に生まれた世代を「戦前・戦中」世代としている。1973年の調査ではこの「戦前・戦中」世代が全サンプルの59％を占めていたが2003年の調査では24％に減少している。そして戦後30年目に青春期（16歳）に到達した人々が生まれたのが1959年であるので，1939年から1959年に生まれた人々を「戦後」世代，それ以降に生まれた人々を「戦無」世代とすると，「戦後」世代の割合は大きく変化し

1）NHK放送文化研究所（2004）16-17頁。

ていないが，「戦無」世代が「戦前・戦中」世代の減少を埋める形で39％に増加してきているのである。

ここで血縁関係としての「親せき」，地縁関係としての「近隣」，機能集団としての「職場の同僚」のそれぞれについて，相手と限定的なつき合いをしようと思うか，それとも密着した緊密な人間関係を維持しようとするのかについて，望ましいと思っている方向を聞くと[2)]，いずれの関係においてもこの20年間に「全面的」な付き合いを求める人が急速に減り，「形式的」，あるいは「部分的」なつき合いを求める人が増えてきている。そしてこれは基本的には生まれ育った時代によってほぼ決まっており，「戦前・戦中世代」ほど，全面的な付き合いを求める人が多くなっているのである。

そして同じ調査によると，仕事より余暇を優先する「余暇志向」と，余暇より仕事を優先する「仕事志向」については，従来男性は女性に比べ「仕事志向」が強く1983年の調査まで圧倒的であったが，その後減少し1990年代に入ると男女とも「余暇志向」が多数派になっている。これもまた世代が強く影響し，「仕事志向」は若い世代で少なく，「戦無世代」の増加による世代交代が「余暇志向」派を増やす変化の原因の1つとなっているのである。

(2)　戦前世代の引退

詳しく見ると[3)]，この40年間で大きく増えたように見える「仕事・余暇両立」について生まれ年を基準にすると，ほぼ生まれた年によって考えが決まっていることが分かる。一方，「仕事志向」は時代の影響を強く受けている。変化が顕著な男性について生まれ年を基準にしてみると，1983年の調査以降，殆どの世代で減少が見られ，特に1914年から48年に生まれた世代で大きい。すなわち戦前に生まれ「企業戦士」として高度成長期を支えてきた世代が，'90年代に入ると職場の第一線を退くようになり，余暇に目を向け始めたのである。

津田によれば[4)]，戦後の「日本的経営」という「経営文化」をつくったのは，

2）NHK放送文化研究所（2020）153, 194頁。
3）NHK放送文化研究所（2015）157-158頁。
4）津田眞澂（1994）259-270頁。

「戦前・戦中派連合」であるが，1985年頃から「戦前・戦中派連合」は企業経営の最前線から姿を消しつつあるという。戦後ベビーブーム世代である「団塊の世代」(1946〜50年生まれ)，テレビっ子，シラケの「モラトリアム世代」(1951〜59年生まれ）らが「旧世代」として，また豊かさが当然の「新人類世代」(1960〜69年生まれ)，バブル時代の「半電脳世代」(1970〜79年生まれ)，「モラトリアム世代」以降が親にあたる「電脳世代」(1980年生まれ以降）らが「新世代」として，これからの中心的な構成員となっていくのだという。

⑶　世代と価値観

前述のNHKの調査では[5)]，数量化Ⅲ類による分析により，およそ15年を単位として世代を分割し[6)]，設定された6つの区分に政治学者の綿貫[7)]が用いている名称を援用して説明している。第一のグループは1928年以前に生まれ，戦前や戦中の教育で育った①戦争世代であり，2018年調査時には90歳以上と高齢になっている。この世代では，親戚・職場・近隣との「全面的」な付き合いが望ましいという人，「仏」を信じている人が多い。第二のグループは，その後1943年までに生まれた②第一戦後世代で，70代後半から80代になっている。戦前や戦中に生まれているが，戦後の民主主義教育を経験した人が多く，高度成長期を支えてきた世代である。

第3のグループは，その後1953年までに生まれた③団塊の世代で，60代後半から70代前半になっている。戦後民主主義のもとで育ち，学生運動や高度成長期を経験し，暮らしが豊かになる反面，公害などの負の側面も見てきた世代である。親戚や近隣との人間関係は「部分的」な付き合いが望ましいという人が多く，理想の仕事では，「専門知識や特技が生かせる仕事」が比較的多い。第4のグループはその後1968年までに生まれた④新人類世代であり，50代から60代後半になっている。前述の「モラトリアム世代」はおよそここに含まれよう。社会に出るときにはすでに高度成長期が終わっており，テレビと共に育った最初の世代である。「仕事・余暇両立」の考えが強く，「奇跡」を信

5）NHK放送文化研究所（2020）218-228頁。
6）河野啓（2008）。
7）綿貫謙治（1994）。

じる人が比較的多くなってきており，家庭や仕事，生活の面で新しい考えがより広がってきている。

第5のグループはその後1983年までに生まれた⑤団塊ジュニア世代であり，30代後半から40代になっている。前述の「半電脳世代」はここに含まれよう。東西冷戦の終結やバブル経済の崩壊を成長過程で経験するかその後に育った世代で，就職氷河期に社会に出た人が多い。テレビゲームやパソコンなど，メディア環境が多様化した中で育った世代でもある。理想の仕事は「仲間と楽しく働ける仕事」で，職場の人間関係ではそれまでの世代で多かった「なにかにつけ相談したり，たすけ合える」ような「全面的」な付き合いよりも，「仕事が終わってからも，話し合ったり遊んだりする」ような「部分的」な付き合いが多い傾向が見られる。そして最も若い第6のグループはその後2002年までに生まれた⑥新人類ジュニア世代であり，10代後半から30代前半になっている。前述の「電脳世代」はおよそここに含まれよう。バブル崩壊後の低成長の時代に，多くは「ゆとり教育」を受けて育った。インターネットや携帯電話とともに育った世代でもある。この世代では親戚・職場・近隣との人間関係における「部分的」付き合いが多いことが特徴として挙げられる。

そしてどの世代においても時代や加齢の影響によって変化した意識はあるが，長い期間変わっていない意識も少なくないという。各世代の意識は，隣り合う世代と共通する部分がありながらも，それぞれの特徴を持っており，特に①戦争世代や②第一戦後世代では他の世代との違いが明確に見られるが，その後新しい世代になるにしたがって大きな違いは見られなくなり意識が似通ってきている。今後，新しい世代の占める割合が大きくなれば，全体として見たときの意識の変化は小さくなっていくのではないかと考えられる。

2．集団主義から集団志向へ

(1)　変わってきた日本人

文化心理学の研究[8)]では，日本の母親が持つ「なってほしくない子ども」の

8）柏木恵子（1997）192-195頁。

像について調べたところ，「迷惑をかける」，「思いやりがない」など，他者への配慮規範がアメリカの母親と比べてより頻繁に見られるものの，「なってほしい子ども」については，「自己主張」を含み，日本とアメリカに共通した子ども像が見出されているという。またこの日本の母親が持つ自己主張への期待は，他者への配慮による抑制への期待以上に高いのだという。

これは，従来日本人女性にとって相互依存関係の一典型でもある「家族の絆」が，支援システムである以上に拘束システムであったという状況が影響しているのだという。こうした状況が女性に対して男性以上に家族の個人化や価値の脱伝統化を強くさせ，「私」の人生を生きたいという希求，他者ならぬ自己への配慮が強く起こりつつあり，積極性・自己決定・能動性など，自己表出的な「男性的」特性を備えている「自尊と自己志向性」が「社会志向性」以上に強く結合するという変化を母親にもたらしたというのである。このように，女性の変化→母親の変化→子供への期待→子供の変化→社会の変化という構図において，従来の日本の価値・規範が変化していく兆しが見られるのである。

⑵　行き過ぎた個人主義

日本には子どもの「しつけ」を述べた心理学書がほとんどないという[9)]。「しつけ」とは一定の社会において同じ類型の人間に育てる第一歩であり，人間生活に不可欠な人倫的側面の類型化である。従来，子供に関する心理学研究はアメリカが進んでおり，アメリカの研究書こそが権威があるということで，向こうの本を参考にして心理学書が書かれたり，向こうでの良書が翻訳されたりする傾向が強かった。しかしながらアメリカでは心理学で研究する以前に「しつけ」はすでになされているものであり，心理学書では特に問題として取り上げられていないため，こうした書には日本で最も欠けている「しつけ」についてそもそも書かれていないというのである。

日本心理学会は1992年にそのNewsletterにおいて「心理学研究の国際化に向けて」というテーマを特集し，ようやく日本人心理学者の行っていた研究の「アメリカ化」現象に気が付いのではないか，とする意見がある[10)]。そしてア

9）築島謙三（1977）40-41頁。

メリカの心理学者の多くは，自国以外のことについてはほとんど無関心であるため，これから心理学の国際化，すなわちグローバル化にとって一番大切なことは，アメリカの心理学者たちが暗黙のうちに抱いている自文化中心主義を崩し，従来日本で行われていたような欧米心理学を下絵にした，いわゆる「ぬり絵」的な研究の優先主義を打ち崩すことだという。

また「甘えさせない育児」がアメリカにおいて情緒の欠如した子供を増やしているという[11]。1960年代からの精神風土一般の影響から，アメリカでは「自立」をうたって母親が子どもを「突き放す」子育てが流行し，その象徴的人物がスポック博士という小児科医であった。スポック博士は後になってそんなつもりではなかったと言っているそうだが，彼は「子どもは1人で寝かせて両親は出かけてもいい」というように，子どもを自立させるために乳幼児期から育児にあまり手をかけるなと主張した。ところがアメリカではこのスポック博士の「甘えさせない育児」がもてはやされ，母親たちが乳幼児における子育てを手抜きするようになり，女性たちはそこで生み出した時間を社会進出に使おうとしたのである。

(3) 新しい社会行動

日本において社会行動の重心が，第2次大戦後の約半世紀の間に特に高度成長期の後半をはさんで，近代志向の組織型運動から脱近代化志向のネットワーキング型運動へとシフトし，労働運動や学生運動に変わって「新しい社会運動」が登場したという[12]。そしてこの運動の新しさとして①ジェンダー，年齢，世代，エスニシティといった「属性の原理」を基礎に特に社会の周辺に斥けられていた人々を担い手としていること，②既成政治組織の介入を排除し自前の自立的な政治行動を重視すること，③生活世界の防衛や再生といった新しい質の社会問題から出発し，生活行動が即政治行動となるようなライブリ・ポリティクスに根ざしていること，④近代主義批判，産業主義批判といった価値観を持っており，ときとして伝統回帰の志向に結び付くこと，⑤近代

10) Segall, M. H. et al. (1990)（田中國夫・谷川賀苗訳 1995, 238–239頁）。
11) 小田晋（2000b）40頁。
12) 塩原勉（1996）229頁。

国民国家の動揺の中で，NGOの活動に見られるようにトランスナショナルなものになりやすいこと，⑥反組織主義の運動形態としてネットワーキング型の自発的グループを組むこと，が挙げられている。

湯浅[13)]は，社会主義崩壊の反動で自己責任，市場原理の台風がグローバリズムの名で暴走し，コミュニティへの期待が一気にふくらんで，エコ・マネー，コミュニティ・ビジネスといった様々な活動が芽生えてきているという。これは自発性，共同知・共同性の地域社会における再統合の試みであるが，かつての共同体の復権ではなく，市民社会の中で人間性を実現しようとする人間的コミュニティの形成であるというのである。

⑷　再び伝統志向へ

前出のNHKの調査における数量化Ⅲ類による分析において，日本人の意識の基本軸の1つとして「伝統志向」と「伝統離脱」の次元を考えている[14)]。そしてこれを世代ごとに見てみると，基本的には若い世代ほど伝統離脱が強い傾向が見られるが，1998年の調査以降，すべての世代で「伝統志向」の傾向が強まってきているという。これは日本全体で保守への回帰が見られた時期と一致し，グローバル化が進行する中で，日本社会の同質性が問われ，一体であると考えられてきた「日本」や「日本人」とは何なのかが問われているのだという[15)]。すなわち同質性が失われていく未曽有の危機の時代において，それに危機感を抱いた人たちが保守派の動きに影響され，伝統に答えを求めたと考えることもできるという。

また前述の，45年間で大きく減少した，職場の同僚と「全面的」付き合いが望ましいと思うかどうかについて，世代ごとに見てみると，1993年の調査までは各世代共に時代の影響を受けて減少しているが，その後2013年の調査までは世代によってある程度固定化されていたという。そして2018年の調査では，③団塊の世代に含まれる1959年から'68年生まれ，⑤団塊ジュニア世代に含まれる'74年から'78年生まれ，⑥新人類ジュニア世代に含まれる'89

13)　湯浅赳男（2000）229頁。
14)　NHK放送文化研究所（2015）235-243頁。
15)　吉見俊哉（2009）219頁。

年から'93年生まれにおいて「全面的」な付き合いが増加していて，世代によっては職場での「全面的」な付き合いを支持する人が増えているのである。

また仕事の相手として，「多少つき合いにくいが，能力の優れた人」と「多少能力は劣るが，人柄のよい人」のどちらが望ましいかについて聞くと，時系列的に一貫して7割が後者，すなわち効率よりも情緒を選んでいる。効率性・合理性が求められる仕事の場において，情緒が40年の間優先され続けているのである。これは世代でなく年齢によって仕事の相手に対する考えが決まっているからだという。すなわち近代化の中にあっても情緒を優先する考え方，すなわち国民性が根強く残ってきたのである[16)]。さらに「仕事の相手」と「地域の会合の進め方」「旅行の仕方」を比較すると[17)]，地域の会合では5割，旅行の仕方では約4割の人が情緒を選んでいるが，多くの人が場ごとに優先する価値が異なっていて，その傾向もまた大きく変わることなく40年間続いているのである。

(5)　Z世代

近年，Z世代[18)]という言葉が使われることがあるが，これは本来アメリカを中心とした欧米で，1990年代中盤から2000年代序盤以降に生まれた世代を指す言葉である。アメリカでは'60年代初頭または半ばから'80年頃までに生まれた世代をX世代，その後'80年代序盤から'90年代中盤または2000年代序盤までに生まれた世代をY世代またはミレニアル世代と呼ぶことが多く，その次の世代ということでZ世代と呼ばれている。これを日本に当てはめると，先のNHKの世代分類に従えば，およそ⑤団塊ジュニア世代がX世代，⑥新人類ジュニア世代がY世代ということになり，その次の世代が⑦Z世代ということになろう。この⑥新人類ジュニア世代にいわゆる「ゆとり世代」が含まれており，⑦Z世代は「脱ゆとり世代」と考えることができる。

原田[19)]は，Y世代に含まれる日本における「ゆとり世代」が，それまでの世

16）NHK放送文化研究所（2020）193-201頁。
17）NHK放送文化研究所（2015）214-216頁。
18）原田曜平（2020）。
19）原田曜平（2010）。

代と異なる点として「同調圧力」を挙げている。これはこの世代の特徴の1つとして思春期から携帯電話を持ち始めた最初の世代であり，メールやSNSの登場により，一度つながった人との関係が人生のステージが上がってもずっと継続されていくストック型の人間関係になり，これを「新村社会」と呼ぶことができるという。まるで昔の日本に逆行したように，陰口や噂話が横行し，出る杭は打たれるという新しいムラ社会が誕生したというのである。「空気を読めない」という意味のKYという言葉が流行語となったのも2007年のことである。

さらに原田[20]によればこの「ゆとり世代」がガラケー第一世代である一方，その次のZ世代は，スマホ第一世代ということができるという。そこではコミュニケーションを一定程度コントロールしていくことができるようになり，SNS上でたたかれたくないという「同調意識」や「防衛意識」から，SNS上で周りと同程度に自己アピールしたいという「同調志向」と「発信意識」が強くなってきたというのである。そして「ゆとり世代」が若かったころまではまだ辛うじて，年功序列や縦社会的な感覚，社会に尽くす「for all」の感覚が残っていたが，Z世代ではそれが大きく減り，代わりに「for me」の感覚が強くなってきているという。ただし，これは必ずしも欧米のような個人主義化が進んだというわけではなく，あくまで同調志向の中で自意識を高めるという感覚なのだという。

第2節　集団志向と終身雇用制

1．日本的経営論

(1) 「日本的経営」と「日本の経営」

日本社会の文化的影響を受けた日本企業の経営の特徴として，「日本的経営」という言葉がよく用いられる。「日本的経営」とは，日本の文化的特殊性から

20）原田曜平（2020）。

くる日本特殊的な経営のことであり，具体的には終身雇用，年功序列，企業内労働組合の３つをその構成要素として挙げることができ，「日本の経営」としての比較経営論的な一般性と特殊性を合わせた総合的全体としての日本企業の経営における特徴とは区別する必要がある[21)]。すなわち組織文化の国際比較においては，一方でそれぞれの国における経営の特殊性を明らかにするとともに，他方では特殊性を超える一般性を明らかにすることが基本的な課題となっているのである[22)]。

社会文化と経営についての分野では，まず文化人類学的アプローチによる研究が見られる。フェラーロ（Ferraro）[23)]は異文化コミュニケーションを成功させるためには，まず相手の文化的前提を理解する必要があるとして，文化人類学の立場からアメリカと他の国との比較を念頭に，集団に関する社会文化を８項目にわたって挙げている。こうした社会文化は間接的に企業の経営スタイルに影響を及ぼすことになり，こうした集団に関する社会文化の差は特に人事管理制度に強く表れるといえよう。いわゆる日本的経営論でいわれる諸制度の多くは，この人事管理制度である。

石田[24)]や林[25)]が挙げている日本的経営制度は，上述の集団に関する文化価値を強く反映している。また市川[26)]の日本的な組織文化の議論では，人事管理制度に加えて社会文化を反映した組織全体としての特徴を示している。こうした経営管理制度を中心に組織文化を考えた研究としては，野村総合研究所[27)]のものなどもある。

⑵　日本的経営論の流れ

日本的経営論を分類すると，① 日本後進論，② 日本特殊論，③ 普遍論の大きく３つに分けることができ[28)]，これは戦後の日本論の流れと対応している。

21）山本安次郎（1990）17 頁。
22）大島國雄（1990）191 頁。
23）Ferraro, G. P.（1990）（江夏健一・太田正孝監訳 1992，211-212 頁）。
24）石田英夫（1979）。
25）林吉郎（1985）42 頁。
26）市川彰（1987）65-74 頁。
27）野村総合研究所（1991）2-9 頁。

さらに今日では，従来日本特殊的と考えられていた概念をより一般化し，普遍論へと導こうとする動きが見られる。例えば三戸[29]は家の論理から日本の経営を説明しようとするが，これを共同体との関連から捉えより普遍的な理論を導こうとしている。普遍論的流れの初期のものとしては，加護野他[30]の戦略的適応による『日米企業の経営比較』が代表的である。また組織の面では石田[31]の職務概念と組織の編成における日本と外国との違いから発想された，ルーティン業務以外の共有領域であるグリーンエリアを含む日本の組織をO型，これと反対の積み木型組織をM型とする林[32]による組織モデルなどが見られる。

2．日本的経営とハイブリッド・モデル

(1)　日本的経営の普遍性

岩田[33]は文化と文明とを区別して，文化をある社会に固有の特殊性を持ったもの，文明を他の社会にも受け入れ可能な普遍性を持ったものとし，日本のシステムを日本文明と捉え世界の規範モデルとして提示しようとする考えに異論を唱えている。まず文明と文化の二分法を否定し，日本文化と区別される日本文明としての日本的経営といった考えは受け入れ難いとしている。また結局は社会の発展段階や親近性によって限定を受け，特殊性・普遍性が程度の問題となってしまうという。ときに文明（普遍的）であるものが文化（特殊的）なものになるというのは奇妙であり，また適応できることと機能することも同じではなく普遍性の過度の強調には十分注意が必要であるとしている。

岩田は経営の日本型モデルを，①日本的経営の原基的性格，②経営システムの基本構造，③日本的経営技法，の3つのレベルに分けて考えている。そして第一レベルの日本的経営の原基的性格とは，端的にいって従業員の大部分が企業経営活動の構成員（インサイダー）と見なされていることであるとして

28）加護野忠男他（1983）5-7頁，佐久間賢（1983）14頁，三戸公（1991）第2巻，243-260頁。
29）三戸公（1991）第1巻，257-284頁。
30）加護野忠男他（1983）。
31）石田英夫（1994）。
32）林吉郎（1994）57頁。
33）岩田龍子（1993）372-383頁，岩田龍子（1984）。

いる。こうした原基的性格から第二レベルの長期雇用とか職場集団中心の職務編成といった日本の経営システムの基本構造が浮かび上がり，そしてこの基本構造からできるだけ多くの順機能（⇔逆機能）を引き出すために，第三レベルの様々な経営技法が工夫されると考えるのである。

この第一のレベルの原基的性格は変化しにくく，第二のレベルであるシステムの基本構造はゆっくり変化し，第三のレベルの多様な諸技法は変化が速く，「日本的経営」はこれらの全体像から捉えなければならないというのである。そして今日の国際化，グローバリゼーションの進展は第一，第二レベルの変化を余儀なくしているが，それにはかなりの苦痛を伴うと考えている。また第三のレベルのものが海外においておおいに活用されることはありえるが，それは「日本的経営の移植」にはなりえず，それぞれの社会により適した経営システムを創出することに貢献するであろう。そして自分たちのやり方や考え方こそが普遍性を持つと考えるのが偏狭な普遍主義者であるとして，「日本的経営」を普遍的文明であるとする自文化中心主義を厳しく非難している。

この日本型モデルの３つのレベルは，狭義の文化の①基層文化と②表層文化，そして③形式文明としての文化の定義と対応させて考えることができ，「日本的経営」はこれら全体としての筆者の言う広義の文化として捉えるべきであると解釈することができよう。

⑵　終身雇用制

日本の企業組織の特徴として，強い企業文化を持つ場合が多いことが挙げられる。日本的経営の三種の神器といわれて以来，日本企業では終身雇用制が当たり前，という時代が長く続いており，これが強い組織文化を持つ企業が多い１つの原因であると考えられる。1990年代以降，終身雇用制は大きな変貌を遂げ[34)]，かつてのような当たり前，という時代でなくなったことは確かであるが，かといって崩壊・終焉というのは言い過ぎであり，日本には終身雇用制の考え方や実態が強く残っており，それゆえ今日でも強い組織文化を持つ企業が数多く存在しているのである。こうした強い組織文化を持つ背景として，日本

34）岡本大輔・古川靖洋・佐藤和・馬場杉夫（2012）6-8頁。

人の集団志向が考えられる。

ハイブリッド・モデルとしてみると，日本の基層文化として変わらないものが集団志向であり，その原点には多神教的意識があろう。従来の終身雇用制，年功序列制，企業内労働組合を特徴とするような「日本的経営」は，主に戦前の日本人の儒教的な「集団主義」に適応した企業経営であった。もし日本が個人主義の社会になったとすれば，欧米的な経営をそのまま受け入れることも可能であろう。しかし日本人の基層文化は集団志向であり，今日でも彼らは何らかの組織に依存することでそのアイデンティティを保っているのである。そうした意味で正規従業員に対してはこれからも終身雇用的な制度を維持し，彼らの集団志向の意識に応えていくことが組織の中で信頼を維持する近道となろう。

そして新卒採用者の3割が3年以内に会社を辞めてしまうといわれる今日，インターンシップ等，企業の組織文化を体験させるような試みも重要であるし，また会社全体として，さらには社員一人一人が企業目標や組織文化をより自覚的に把握してこれを新しいメンバーに伝え，必要に応じて変革を試みていくという地道な努力も必要となろう。すなわち労働市場の流動化に伴い大企業であっても組織文化を維持，革新していくことを怠ってはならないのである。

一方，労働者の1/3が非正規従業員となった今日，彼らとの間における信頼を維持するためにはどうしたらよいのであろうか。単に彼らが個人主義者だというのであれば，賃金や労働環境だけが重要かもしれない。しかし彼らの基層文化もおそらく集団志向なのであり，そうした非正規従業員に対しても組織に所属している感覚を持たせ，企業経営の目的や価値観を共有させ，彼らの集団志向を満足させるような経営を行っていくことで，彼らとの間でも信頼関係を築いていくことができるのではないだろうか。

おわりに

本章では，集団主義から集団志向への変化についてのレビューを行った。世代交代によって，人付き合いが形式的になり，余暇志向も増加している。価値観は世代によって固定化されており，戦前世代の引退によって，全体としての日本人の基層文化は少しずつ変化してきている。さらに再び伝統志向が強まり，Z世代は同調圧力が強いという。すなわち個人主義になったというより，極端な集団主義から集団志向への変化として見ることができる。日本「的」経営は，主に戦前の日本人の儒教的な「集団主義」に適応した企業経営であったが，依然として日本人の基層文化は集団志向なのである。そこでは企業組織に所属することによって個人のアイデンティティが保たれているのであり，終身雇用制の考え方は今後も一定程度残っていくであろう。こうした変化の中で，組織文化の内部統合機能を評価する次元として，集団的であるか，それとも個人的であるか，という集団志向の次元が重要になると考えられるのである。

第6章

実証1：革新性×集団志向

組織文化の外部適応機能である革新性を表す革新的－保守的の次元と，内部統合機能である集団志向を表す集団的－個人的の次元とを掛け合わせて，組織文化を分類した研究について見てみたい。

第1節　個人調査による実証分析1

1．革新性の次元×集団志向の次元

(1)　競合価値観フレームワーク

競合価値観フレームワーク[1)]は，パフォーマンスの高い組織に共通して見られる主な指標は何であるかを明らかにすることを目的とした研究から発達してきた。そして組織の有効性を測定するための39の指標が統計的に分析され，主な2つの次元が明らかとなり，最終的に4つのグループに分類された。

まず1つ目の次元は，組織の柔軟性と裁量権や独立性を重視するか，それとも組織の安定性と統制を重視するかの次元である。これは前述の革新的－保守的の次元と重なると考えられる。そして2つ目の次元は，組織内部に注目する傾向と調和を重視するのか，組織外部に注目する傾向と差別化を重視するのかの次元である。これは前述の集団的－個人的の次元と重なると考えられる。そしてこれらの2つの次元を縦軸と横軸にとると，4つの象限ができ，それぞれ

1）Cameron, K. S. & Quinn, R. E.（2006）pp.38-51（中島豊監訳 2009, 57-63頁）。

のグループごとに組織の有効性を表す指標の組み合わせが異なっていて，それが組織文化の特徴を表すことになる（図6-1）。そして4つの組織が持つコアバリューは，互いに相反し競合するものであると考えるのである。

第一象限のアドホクラシー文化では，環境への適応能力と革新性が重視され，イノベーション文化と訳されている。本論の次元で言えば，革新的で個人的な組織文化である。第二象限のクラン文化は，オオウチ（Ouchi）[2]のクランの研究にあるような，強い組織文化を持つ組織であり，家族文化と訳されている。革新的で集団的な組織文化である。第三象限の階層文化では，ウェーバー（Weber）[3]による官僚制が引用され，官僚文化と訳されている。保守的で集団的な文化である。そして第四象限の市場文化は，ウィリアムソン（Williamson）[4]の言うような取引コストが重視され，自らがマーケットとして機能するため，マーケット文化と訳されている。保守的で個人的な組織文化である。

そしてこうした文化タイプの違いに従って，組織の目標や価値観，有効性の論理や望まれるリーダーのタイプ[5]が異なり，組織変革のためにはそれぞれ異なった方策をとる必要があるというのである。

図6-1　競合価値観フレームワーク

出所：Cameron, K. S. & Quinn, R. E.（2011）p.39より作成。

2）Ouchi, W. G. (1981)（徳山二郎訳 1982）。
3）Weber, M. (1947).
4）Williamson, O. (1975)（浅沼萬里・岩崎晃訳 1980）。
5）Cameron, K. S. et al. (2014).

(2) 持続可能な発展

篠原[6]は，持続可能な発展に向けた企業行動に対して，外部環境要因ばかりでなく，企業の内部要因が与える影響について議論すべく，組織文化に注目した実証研究を行っている。そこでは，革新的な文化あるいは共同体志向の文化を持つ企業の方が，そうでない企業よりも，持続可能な発展に向けて積極的に行動する可能性が高い，という仮説に基づき，2008 年から 2012 年に慶應義塾大学経営力評価グループが実施した「コーポレートガバナンスとマネジメント全般に関する調査」における上場企業 436 社のデータ[7]を用いて実証分析を行った。組織文化に関する 8 つの項目に対して，最尤法を用いたプロマックス回転による探索的因子分析を行い，固有値 1 以上の基準により，2 つの因子が抽出された（表 6-1）。

1 つ目の因子は「保守的－革新的」，「模倣的－創造的」，「能力主義的－年功

表 6-1　探索的因子分析

Item	Factor 1	Factor 2
1.　保守的－革新的	0.91	−0.18
2.　模倣的－創造的	0.53	0.23
3.　能力主義的－年功主義的 r	0.51	0.08
4.　信頼関係が非常に強い－信頼関係が非常に弱い	−0.07	0.79
5.　部門内のコミュニケーションが良好ではない－部門内のコミュニケーションが極めて良好	0.13	0.53
6.　平等・調和的－権威・階層的 r	−0.14	0.52
7.　集団的－個人的 r	−0.20	0.51
8.　経営戦略・目標が完全に浸透－経営戦略・目標が浸透していない r	0.19	0.36
α	0.69	0.64
寄与率（%）	17.9	20.2

注：n＝813，r は 1 ほど強い内容となる逆転項目。同じ次元に属する変数の係数を網掛けにしている。
出所：篠原欣貴（2017）より作成。

6）篠原欣貴（2017）。
7）岡本大輔・古川靖洋・佐藤和・馬場杉夫（2012）。

主義的」の因子負荷量が高く，2つ目の因子は「信頼関係が非常に強い－信頼関係が非常に弱い」，「部門内のコミュニケーションが良好ではない－部門内のコミュニケーションが極めて良好」，「平等・調和的－権威・階層的」，「集団的－個人的」，「経営戦略・目標が完全に浸透－経営戦略・目標が浸透していない」という5つの因子負荷量が高いことが分かった。α係数はそれぞれ0.69，0.64であり，経験的な基準である0.70を若干下回っていたため，確証的因子分析によって二因子モデルの適合度を調べた結果，AGI-0.950，AGFI=0.906，CFI＝0.880，RMSEA=0.098となり，モデルの適合度は概ね支持された。そして第一の因子を革新的文化（Innovative Culture），第二の因子を共同体志向の文化（Communitarian Culture）として，それぞれ主成分分析を用いた合成変数を作成している。これらはそれぞれ，本論における革新的－保守的の次元と，集団的－個人的の次元を表しているといえよう。

そして外部環境要因を統制し，CSR企業総覧のデータを用いるためサンプル・セレクションバイアスの影響を考慮して，ヘックマンの二段階推定法を用いて分析を行ったところ，革新的な組織文化の指標は持続可能な発展を目指す企業行動と正の関係を示し，共同体志向の文化の指標も正の有意な関係を示した。

2．仮説と分析方法

それでは革新的－保守的と，集団的－個人的の2つの次元を組み合わせ，組織文化を4つに分類すると，その組織のパフォーマンスはどのようになるのであろうか。まず個人を対象としたミクロなデータを用いて確かめてみたい。

⑴　仮説

組織の良さはその有効性によって測定可能である。古川[8]は，ホワイトカラーの生産性調査において，組織の有効性を測定する指標として，1）アイディア創出度，2）他部門との情報交換度，3）従業員モラールの3つを挙げて

8）古川靖洋（2006）79，127-129頁。

いる。そこでまず，これらの指標が組織文化の分類によって異なるかどうかを確かめてみたい。

仮説 1：組織の有効性指標は，組織文化の分類によって異なる。

同調査の分析において，これらの組織の有効性指標に影響を及ぼす規定要因として，個人的要因としては，1) 個人の革新性と，2) 組織に対する個人のコミットメントを，組織的要因としては，3) コミュニケーションと信頼，および 4) 組織の柔軟性を導出している。そこでこれら 4 つの要因とこれを構成する要因が，組織文化の分類によって異なるかどうかを確かめたい。

仮説 2：有効性の規定要因は，組織文化の分類によって異なる。

そして最後に，これらの規定要因が有効性指標に与える影響の違いについて考えてみたい。

仮説 3：規定要因が有効性指標に与える影響は，組織文化の分類によって異なる。

(2) 調査概要

以上の仮説を検証するために，株式会社エフエム・ソリューションとの共同研究で行われた「ホワイトカラーの生産性に関する基礎調査[9)]」のデータを用いた。調査期間は 2003 年 8 月から 10 月，アンケート配布数は約 5,000 件，回収総数は 1,152 件で，記述統計等を基にデータのチェックを行い，最終的な有効サンプル数は 1,065 件（有効回答率 21.3%）となった。

まず初めに，組織文化に関する調査項目を用いてサンプルの分類を行った。「Q22 あなたの会社の組織を全体として見たときに，どのような組織的な特徴（組織文化）が存在しますか」という 6 段階の SD 法を用いた問いのうち，「保守的－挑戦的」の項目を本論における革新性を表す革新的－保守的の次元として，「個人的－集団的」の項目を本論における集団志向を表す集団的－個人的

9）調査の詳細は古川靖洋・佐藤和（2004)。

表 6-2　組織文化による 4 分類（サンプル数）

	集団的	個人的
革新的	245	213
保守的	275	332

出所：筆者作成。

の次元として用いることにした。それぞれの変数を，サンプル数が約半数になるように 2 分割し，その 2 つのカテゴリ変数を用いて全サンプルを 4 つに分類した（表 6-2）。

3．分析結果

(1)　組織文化と有効性

まず仮説 1 を実証するために，3 つの有効性指標の水準が組織文化の 4 分類で異なるかどうか分散分析を行った（表 6-3）。以下の表では，最大値に下線を引いている。そして分散分析が 5％水準で有意であった場合これにアスタリスクを付け，さらに等分散の検定ならびに多重比較を行って，5％水準で有意な差のあるグループを異なった色で塗り分けている[10)]。以下の分散分析結果も同様。いずれの有効性指標も，革新的で集団的な文化のグループで最も高い傾向にあり，情報交換度についての分散分析は 5％水準で統計的に有意であり，多重比較の結果，革新的の次元が高い革新個人と革新集団の文化でその水準が高いことが分かった。よって仮説 1 は部分的に実証されたといえよう。

表 6-3　有効性指標と組織文化による 4 分類

	保守個人	保守集団	革新個人	革新集団
アイディア創出度	4.18	4.15	4.26	4.38
情報交換度	3.72	3.82	4.04	4.23*
モラール	3.73	4.09	4.13	4.29

出所：筆者作成。

10)　多重比較では，その後の検定における等質サブグループの分析結果をもとに，平均値に差が見られず同じサブグループと考えられるカテゴリを同じ色で，有意な差が見られるサブグループ間では異なった色で塗り分けている。なお多重比較の詳細は，量が膨大となるため本書では省略し，サブグループへの分類結果を示すにとどめている。

(2) 組織文化と有効性の規定要因

次に仮説2を実証するために，4つの有効性の規定要因の水準が組織文化の4分類で異なるかどうか分散分析を行った（表6-4）。その結果4つの有効性を規定する要因のうち，1）個人の革新性，3）コミュニケーションと信頼，4）組織の柔軟性において，分散分析が有意であった。さらに多重比較の結果，1）個人の革新性は保守集団文化のグループで低く，4）組織の柔軟性は革新的の次元が高い革新個人，革新集団の文化で高いことが分かった。また3）コミュニケーションと信頼においては革新集団文化のグループで最も高くなっていることが分かった。よって仮説2は部分的に実証されたといえよう。

表6-4　有効性の規定要因と組織文化による4分類

	保守個人	保守集団	革新個人	革新集団
1）個人の革新性	0.06	−0.18	0.07*	0.05
2）組織に対するコミットメント	−0.17	−0.08	0.06	0.26
3）コミュニケーションと信頼	−0.37	0.02	0.11	0.39*
4）組織の柔軟性	−0.30	−0.18	0.35*	0.31

出所：筆者作成。

(3) 組織文化による関係の違い

最後に，組織文化による分散分析において有意な差が見られた情報交換度について，組織文化の4分類ごとに，有効性の規定要因との重回帰分析を行った（表6-5）。その結果，全体として情報交換度に関しては，1）個人の革新性と3）コミュニケーションと信頼の影響が大きいが，特に革新的で個人的な文化では1）個人の革新性の影響がより大きい傾向にあり，保守的で集団的な文化で3）コミュニケーションと信頼の影響がより大きい傾向があることが分かった。したがって仮説3は部分的に実証されたといえよう。

表 6-5　情報交換度と規定要因の重回帰分析（ベータ）

	保守個人	保守集団	革新個人	革新集団
1）個人の革新性	0.33*	0.34*	0.37*	0.36*
2）組織に対するコミットメント	0.26*	0.24*	0.27*	0.26*
3）コミュニケーションと信頼	0.28*	0.38*	0.31*	0.32*
4）組織の柔軟性	0.13*	0.09	0.19*	0.18*
調整済み r^2	0.22*	0.29*	0.34*	0.33*

注：ベータが大きいほど濃い網掛けにしている。
出所：筆者作成。

(4)　考察

以上のように，仮説 1 から仮説 3 はすべて部分的に実証され，組織文化による分類ごとに，組織の有効性やそれに対する規定要因，そして有効性と規定要因との関係性に部分的にではあるが違いがあることが分かった。すなわち組織文化が組織の有効性に影響を与えおり，革新的－保守的，集団的－個人的の 2 つの次元を組み合わせて分析することに一定の効果があることが確認できた。

第 2 節　企業調査による実証分析 1

1．仮説と分析方法

次に，革新的－保守的と，集団的－個人的の 2 つの次元を組み合わせ，組織文化を 4 つに分類すると，その企業のパフォーマンス，すなわち業績はどのようになるのであろうか。企業を対象としたマクロなデータを用いて確かめてみたい。

(1)　仮説

企業の業績は，成長性と収益性，そして従業員モラールの高さで測定可能である[11)]。企業が維持発展していくためには，まずある程度以上の収益をあげながら成長していくことが不可欠であるからである。またそのような成長が長期に維持されていくためには，企業を支える人々のたえざる創造性の発揮が不可欠であり，その創造性を充分に発揮させるためには，従業員モラールが高くならなければならないのである。

組織文化は企業の外部適応機能と内部統合機能を果たしているので，その違いは成長性，収益性，従業員モラールといった業績指標の違いとして現れると考えられる。外部適応機能として考えた場合，革新的－保守的の次元において，革新的であるほど企業の業績は高くなると考えられる[12)]。

仮説４：企業の業績は，組織文化が革新的なほど高くなる。

また内部統合機能として考えた場合，集団的－個人的の次元において，集団的であるほど企業の業績は高くなると考えられる[13)]。

仮説５：企業の業績は，組織文化が集団的なほど高くなる。

そして革新的－保守的と，集団的－個人的の２つの次元を組み合わせ，組織文化を４つに分類すると，その企業の業績は異なると考えられる。

仮説６：企業の業績は，組織文化の分類によって異なる。

さらに，組織文化はその外部適応機能，内部統合機能を通じて企業経営のあらゆる面と関連しているため，組織文化の分類によって，企業経営の特性は異なってくると考えられる。

仮説７：企業経営の特性は，組織文化の分類によって異なる。

(2)　調査概要

以上の仮説を検証するために，慶應義塾大学経営力評価グループによる

11）清水龍瑩（1981）259-261頁。
12）佐藤和（2009）277-281頁。
13）佐藤和（2009）284-288頁。

「コーポレートガバナンスとマネジメント全般に関する調査2004年，2005年，2007年」のデータを用いた。東証一部・二部上場の製造業を対象とし，2004年の調査[14)]では調査対象企業数1,711社，有効回答数200社（有効回答率11.7%），2005年の調査[15)]では調査対象企業数1,713社，有効回答数126社（有効回答率7.4%），2007年の調査[16)]では調査対象企業数1,699社，有効回答数124社（有効回答率7.3%）であった。

本分析においては「貴社の会社の組織を全体として見たときに，同業他社と比べてどのような組織的な特徴（組織文化）が存在しますか」という6段階のSD法を用いた問いのうち，前述の個人調査と同じく，「a 保守的－挑戦的」の項目を，革新性を表す革新的－保守的の次元として，「f 個人的－集団的」の項目を，集団志向を表す集団的－個人的の次元として用いることにした。

2．分析結果

⑴　組織文化の次元と企業業績

仮説を実証するために，2004年，2005年，2007年のそれぞれのデータを用いてQAQF分析を行った。各調査時点での1）4年間移動平均売上高伸び率を基準化して0～5点とした成長性，2）売上高経常利益率を基準化して0～5点とした収益性，3）アンケートより基準化して0から5点とした従業員モラール，の3つをそれぞれの被説明変数として使用した。

まず革新的－保守的の次元について見ると（表6-6），収益性については革新的な文化では高い傾向が見られ，従業員モラールについては革新的であるほど有意に高くなることが分かった。一方，成長性に関しては一貫した結果は得られなかった。よって仮説4は部分的に実証されたといえよう。

さらに集団的－個人的の次元について見ると（表6-7），同様に収益性については集団的な文化では収益性が高い傾向が見られ，モラールについては集団的であるほどモラールが高くなることが分かった。一方，成長性に関しては一

14）岡本大輔他（2005a）（2005b）。
15）岡本大輔他（2006a）（2006b）。
16）岡本大輔他（2008）。

表6-6　革新性と成長性・収益性・従業員モラールとの関係

【成長性】	2004	2005	2007
1，2：保守的	2.34	2.42	2.29
3	2.33	2.36	2.63
4	2.61	2.24	2.68
5，6：挑戦的	2.74*	2.78*	2.54
【収益性】	2004	2005	2007
1，2：保守的	2.40	2.54	2.45
3	2.40	2.60	2.38
4	2.55	2.22	2.55
5，6：挑戦的	2.78*	2.72*	2.55
【従業員モラール】	2004	2005	2007
1，2：保守的	2.32	2.01	2.12
3	2.23	2.51	2.34
4	2.47	2.55	2.67
5，6：挑戦的	3.19*	2.82*	3.08*

注：アンダーラインは最大値を示す。＊は有意水準5%で統計的に有意な差があることを示し，最大最小のカテゴリ間に有意差があった場合，網掛けにしている。表6-7も同様。
出所：筆者作成。

表6-7　集団志向と成長性・収益性・従業員モラールとの関係

【成長性】	2004	2005	2007
1，2，3：個人的	2.50	2.71*	2.24
4	2.50	2.25	2.67
5，6：集団的	2.47	2.50	2.68*
【収益性】	2004	2005	2007
1，2，3：個人的	2.49	2.56	2.40
4	2.37	2.52	2.36
5，6：集団的	2.79*	2.60	2.73*
【従業員モラール】	2004	2005	2007
1，2，3：個人的	2.20	2.17	2.03
4	2.79*	2.63	2.69
5，6：集団的	2.56	2.95*	2.75*

出所：筆者作成。

貫した結果は得られなかった。よって仮説5は部分的に実証されたといえよう。

⑵ 組織文化の分類と企業業績

本分析に用いている「コーポレートガバナンスとマネジメント全般に関する調査」はパネルデータの作成を目指しており，各年を通して同一企業からの回答を多く求めたため，2004年，2005年，2007年のすべての有効回答を，同一企業については証券コードを用いて統合したデータを作成し，以下の分析を行った。最終的なサンプルサイズは延べ316社となった。年度の異なる同じアンケート項目に対して同一企業から回答があった場合は，その平均値を分析に使用している。

まず初めに，組織文化に関する調査項目を用いて企業の分類を行った。前述のように「保守的－挑戦的」の項目を本論における革新性を表す革新的－保守的の次元として，「個人的－集団的」の項目を本論における集団志向を表す集団的－個人的の次元として用いることにし，それぞれの変数を，サンプル数が約半数になるように2分割し，その2つのカテゴリ変数を用いて全サンプルを4つに分類した（表6-8）。

成長性，収益性，モラール（全体）の3つの業績指標とこの組織文化の4分類について分散分析を行ったところ，モラール（全体）を用いたモデルだけが5%水準で統計的に有意であった。また現場（工場），本社，研究所研究員の別に見ると，現場（工場）モラールのD値が大きく，組織文化によるモラールの違いがより大きかった（表6-9）。革新的で集団的なクランの組織文化は，その内部統合機能を通じて特に現場の従業員モラールを向上させていると考えられ，仮説6は部分的に実証されたといえよう。

表6-8　組織文化による4分類（サンプル数）

	集団的	個人的
革新的	92	54
保守的	106	64

出所：筆者作成。

表6-9　モラールと組織文化による4分類

	保守個人	保守集団	革新個人	革新集団	D値
モラール（全体）	2.76	3.31	3.21	3.65*	0.89
（現場，工場）	3.61	4.27	4.12	4.62*	1.01
（本社）	3.77	4.39	4.19	4.69*	0.92
（研究所）	3.90	4.33	4.24	4.72*	0.82

注：分散分析が有意であったので，等分散の検定を行ったうえで多重比較を行い，有意な差のあるグループを異なった色で塗り分けている。以下の分散分析結果も同様。
出所：筆者作成。

(3) 組織文化の分類と企業経営

さらに前述のように組織文化を分類すると，企業経営の特質はどのように異なっているのであろうか。これを分析するために他の組織文化，経営理念，信頼，社会性，トップ，ガンバナンス，心理的安全性，経営目標の各経営要因についてQAQF分析を行った。なお，各要因の強さを比較するためのD値は，1から6のSD法で測定した要因のみについて表記している。

多重比較の結果，モラールと同じように保守個人で低く，革新集団で高い要因について見てみると（表6-10），他の組織文化（A27）では，部門間，部門内でのコミュニケーションが良好で，経営戦略・目標が浸透していることが分かった。また経営理念に関しての項目（A23）では，危機意識が共有され，経

表6-10　モラールと同じ傾向の要因

	保守個人	保守集団	革新個人	革新集団	D値
A27e 部門間コミュニケーション不良好・良好	3.12	3.67	4.00	4.43*	1.30
A23b 危機意識が共有されているr	3.54	3.07	2.76	2.28*	1.26
A23d 日々の行動に強い影響r	3.76	2.98	2.57	2.53*	1.23
A23c 互いに強い信頼関係があるr	3.45	2.87	2.56	2.28*	1.17
A27b 部門内コミュニケーション良好・不良好	3.66	3.02	2.82	2.54*	1.11
A27h 目標が浸透・浸透していないr	3.62	3.07	2.73	2.65*	0.97
A24d 従業員r	2.91	2.47	2.33	2.10*	0.81
A24c 取引先r	2.63	2.38	2.15	1.94*	0.69

注：記号は設問番号。rは1ほど強い内容となる逆転項目。以下も同様。
出所：著者作成。

営理念が，一般従業員の日々の行動に強い影響を与え，経営者と一般従業員の間に強い信頼関係がある傾向が分かった。そして各ステークホルダーとの信頼関係についての項目（A24）では，従業員や取引先との信頼関係が構築・維持されていることが分かった。コミュニケーションや目標の浸透，信頼関係の構築・維持が組織文化を通じてモラールと関係していると考えられる。

多重比較の結果が，組織文化の分類軸として用いた集団志向と同じ傾向，すなわち保守集団と革新集団で高い要因を見てみると（表6-11），信頼関係に関する要因（A25）については，同業他社に比べてライン部門の内部での信頼関係が構築・維持されており，企業倫理やコンプライアンスに関する要因（A22）では，匿名での相談が可能である（カテゴリ1：○，2：×）ことが分かった。集団的であるほど，ライン組織内部での信頼関係が保たれ，企業倫理やコンプライアンスについても匿名で相談できる仕組みが整っているのである。

表6-11　集団志向と同じ傾向の要因

	保守個人	保守集団	革新個人	革新集団	D値
A27f 個人的・集団的	2.77	4.43*	2.95	4.39	-
A25f ライン部門の内部 r	2.95	2.48	2.56	2.26*	0.69
A22-9 匿名相談 r	1.71	1.63	1.72	1.51*	-

出所：著者作成。

多重比較の結果が，組織文化の分類軸として用いた革新性と同じ傾向，すなわち革新個人と革新集団で高い要因を見てみると（表6-12），トップマネジメントに関する要因では，社外取締役が戦略的意思決定に社内取締役と同等に関与（A9-1）しており，社外取締役を含む取締役全体の平均年齢（A4-1-2）が低いことが分かった。また他の組織文化に関する要因（A27）では，模倣的というより創造的，年功主義的というより能力主義的，フォーマルというよりインフォーマルな文化であることが分かった。そしてトップとミドル層との間に信頼関係が構築・維持（A25b）されており，都合の悪い情報であっても，社内に開示されている（A26a）ことが分かった。若い取締役が革新的な文化を支え，創造的，能力的でインフォーマルな文化を創り出し，トップとミドルとの信頼関係が心理的安全性を高めているのである。

表 6-12　革新性と同じ傾向の要因

	保守個人	保守集団	革新個人	革新集団	D 値
A27a 保守的・挑戦的	2.48	2.55	4.48	4.61*	-
A9-1 社外取締役の関与 r	3.42	3.20	2.23	2.14*	1.28
A27d 創造的・模倣的 r	3.98	3.78	2.83*	3.04	1.15
A23f 採用や教育研修等に反映 r	3.54	3.09	2.88	2.59*	0.94
A26a 都合の悪い情報	3.76	3.99	4.44	4.69*	0.93
A25b トップとミドル層 r	3.12	2.76	2.29	2.21*	0.91
A27g 年功主義的・能力主義的	3.39	3.42	4.22*	4.25	0.86
A27c インフォーマル・フォーマル r	3.71	3.78	3.18*	3.33	0.60
A4-1-2 取締役全体年齢 r	58.14	59.04	56.38*	57.49	-

出所：著者作成。

⑷　それぞれの組織文化を特徴づける要因

多重比較の結果，保守個人で最も低く，次いで保守集団が低い要因を見てみると（表 6-13），経営理念に関する経営者と一般従業員の間で対話が持たれておらず（A23a），トップマネジメント内部での相互信頼が構築・維持されておらず（A25a），ストックオプションは導入されておらず（A14，1：導入している，2：導入していない），IR 活動も活発ではない（A16-3）。従業員，経営者相互での信頼関係やストックオプションが従業員モラールの必要条件となっており，またこれらが IR 活動を一定の水準に押し上げていると考えられる。

多重比較の結果，保守的で個人的な組織文化を持つグループに対してだけ有意であった要因について見ると（表 6-14），昇進や異動に経営理念が反映されておらず（A23e），信頼関係に関する要因（A25）では，ライン部門とスタッフ部門の間，ミドル層と一般従業員の間，ライン部門どうしの間での信頼関係

表 6-13　保守個人と保守集団を特徴づける要因

	保守個人	保守集団	革新個人	革新集団	D 値
A23a 常に対話が持たれている r	3.78	3.24	2.51	2.46*	1.32
A25a トップマネジメント内相互 r	2.93	2.43	2.00	1.91*	1.02
A14 ストックオプション	1.83	1.76	1.57	1.52	-
A16-3 IR 活動の実施度 r	4.31	3.70	3.02*	3.11	-

出所：著者作成。

表 6-14　保守個人を特徴づける要因

	保守個人	保守集団	革新個人	革新集団	D 値
A23e 昇進や異動等に反映 r	4.05	3.39	3.18	3.05*	1.00
A26c 発言と実際の行動	3.91	4.60	4.59	4.88*	0.98
A25d ライン部門とスタッフ部門の間 r	3.54	2.90	2.88	2.72*	0.82
A25c ミドル層と一般従業員 r	3.29	2.76	2.71	2.53*	0.76
A26b 気軽に相談・アドバイスを受けられる	4.18	4.57	4.76	4.93*	0.75
A24f 地域社会 r	3.60	2.86*	3.12	2.92	0.73
A25e ライン部門どうしの間 r	3.44	2.98	2.85	2.74*	0.70
A24a 株主 r	3.20	2.63	2.64	2.63*	0.58
A20 地域貢献・社会貢献	3.05	3.33	3.41	3.50*	0.45
企業倫理やコンプライアンス（数）	3.98	5.58	4.54	5.64*	−
売上高成長率	0.96	1.02	1.02	1.02*	−

出所：著者作成。

が構築・維持されておらず，ステークホルダーとの間（A24）でも，地域社会や株主との信頼関係が構築・維持されていないことが分かった。そして心理的安全性（A26）について見ると，リーダーの日頃の発言と実際の行動が一致しておらず，自部門内で解決困難な問題に直面した場合でも，他の部門の人に気軽に相談したり，アドバイスを受けたりすることができないことが分かった。さらに企業の地域貢献・社会貢献は，営利企業には不要であると考え（A20），企業倫理やコンプライアンスに関して実施している施策の数は最も少なく，売上高の成長率も最も低くなっている。こうした低成長の企業では組織として動くというより，個人がそれぞれバラバラに動いており，やる気や帰属意識，すなわち従業員モラールも低くなり，また社会性も低くなっていると考えられる。

多重比較の結果，保守的で集団的な組織文化を持つグループに対してだけ有意であった要因は（表 6-15），執行役員制の導入に当たり，取締役数の削減を期待しており（A5-1c），経営上の財務指標（A12）として EVAR またはそれに代わるものを重視している（1：重視している，2：重視していない）ことが分かった。官僚的な企業では，肥大化した取締役会の縮小や，経済付加価値の

表 6-15　保守集団を特徴づける要因

	保守個人	保守集団	革新個人	革新集団	D 値
A5-1c 取締役数の削減 r	2.79	2.68	3.56*	3.28	0.88
A12 財務数値の設定 EVAR	2.00*	1.88	1.98	1.96	0.12

出所：著者作成。

向上が経営課題として特に重要なのであろう。

多重比較の結果，革新的で個人的な組織文化を持つグループに対してだけ有意であった要因について見ると（表 6-16），役員賞与の大きさが利益額と連動する度合いが大きく（A15），執行役員制をすでに導入しており（A5），設立年度が最近の若い企業であり，社会貢献（メセナ・フィランソロピーなど）の専門部署がある（A18c，1：ある，2：ない）ことが分かった。そして経営上の財務指標（A12）として，ROA や連結 ROE を重視する傾向が見られた。どちらかというと欧米的なガバナンス体制の企業であるといえよう。

最後に多重比較の結果，革新的で集団的な組織文化を持つグループに対してだけ有意であった要因について見ると（表 6-17），社外取締役に対して（A9-2），経営の国際化への対応や，経営判断に際しての有用な情報の提供を期待しており，最高意思決定機関の運営の仕方（A7）は，社長がもっぱら決めるというより，多数の構成メンバーの意見を中心に議論し，多数意見を尊重して社長がこれを決定する傾向が見られた。そして地球環境保護の問題を常に前面に押し出して積極的にアピールし（A21），主要なステークホルダー（利害関係

表 6-16　革新個人を特徴づける要因

	保守個人	保守集団	革新個人	革新集団	D 値
A15 役員賞与 r	3.59*	3.29	2.78	3.00	0.81
A5 執行役員導入状況 r	2.81*	2.35	1.92	2.32	-
A18c. 社会貢献専門部署	1.92*	1.76	1.61	1.82	-
A12 財務数値の設定 ROA	1.90*	1.71	1.61	1.76	-
A12 財務数値の設定 連結 ROE	1.90*	1.71	1.63	1.72	-
設立年度	1945	1941	1960*	1950	-

出所：著者作成。

表 6-17　革新集団を特徴づける要因

	保守個人	保守集団	革新個人	革新集団	D 値
A9-2f 経営の国際化への対応 r	4.42*	3.78	3.74	3.11	1.31
A9-2c 経営判断に際し有用情報提供 r	2.88*	2.44	2.26	1.75	1.13
A21 地球環境保護 r	3.36*	2.91	2.93	2.66	0.70
A7 運営の仕方	2.44	2.45	2.42	3.01*	0.59
A28 ステークホルダーの社内コンセンサス確立	1.63*	1.74	1.54	1.46	-

出所：著者作成。

者）に関しての社内コンセンサスが確立している（A28，1：確立している，2：確立していない）ことが分かった。多数の役員の意見を取り入れる民主的な意思決定を行いながら，社会性の高い運営を行っているといえよう。

こうして見た通り，様々な経営要因は単に組織文化の違いを表す尺度に対して線型的な相関関係を示すばかりでなく，2つの次元の組み合わせによる4分類によって，別々の特徴を示していることが分かった。以上の分析により，仮説7は実証されたといえよう。

(5)　考察

革新的－保守的と，集団的－個人的の2つの次元を組み合わせ，組織文化を4つに分類すると，その企業のパフォーマンス，すなわち業績はどのようになるのであろうか。企業を対象としたマクロなデータを用いて確かめてみた。まず組織文化が革新的であるほど，集団的であるほど収益性が高い傾向が見られ，また従業員モラールは両者で有意に高いことが分かった。そして組織文化の外部適応機能である革新性を表す革新的－保守的の次元と，内部統合機能である集団志向を表す集団的－個人的の次元とを掛け合わせて，組織文化を分類しても，業績指標の中では従業員モラールに有意な差が見られた。

組織文化による4つの分類ごとに，その他の組織文化の要因や経営理念，信頼，社会性，トップ，ガバナンス，心理的安全性，経営目標の各経営要因について見ると，従業員モラールや集団志向，革新性の尺度と同じ動きをする要因ばかりでなく，その組み合わせによって特徴となる経営要因が異なることが分かった。

組織文化は従業員モラールを通じて企業の長期の維持発展に寄与しているが，革新的－保守的，集団的－個人的と各経営要因との関係は単なる線形関係ではなく，複数の次元を組み合わせて分析することに一定の効果があることが確認できた。

おわりに

本章では，第 I 部で見た組織文化の外部適応機能である革新性を表す革新的－保守的の次元と，この第 II 部で見てきた内部統合機能である集団志向を表す集団的－個人的の次元とを掛け合わせて，組織文化の分類と組織の有効性や業績，企業経営の特性と関係について実証分析を行った。まず個人を対象としたミクロなデータにより実証を行うと，組織文化が組織の有効性に影響を与えており，2 つの次元を組み合わせて分析することに一定の効果があることが確認できた。さらに企業を対象としたマクロなデータにより実証を行うと，組織文化は従業員モラールを通じて企業の長期の維持発展に寄与しているが，各次元と経営要因との関係は単なる線形関係ではなく，2 つの次元を組み合わせて分析することに一定の効果があることが確認できたのである。

第Ⅱ部　基層文化：「集団志向」のまとめ

第Ⅱ部では，日本（人）論および集団主義から集団志向への変化についてレビューを行い，日本的経営の三種の神器の1つである終身雇用制を支えてきた，変わりにくい基層文化である集団志向の次元と，第Ⅰ部で見た革新性の次元とを掛け合わせて個人データ，企業データによる実証分析を行った。

第4章では，日本型経営の変化の方向性を考えるために，日本（人）論についてレビューを行った。日本人の基層文化を支えるのは，多神教的な見えない宗教意識であり，そこから歴史的に集団主義が生まれてきた。集団主義と個人主義はそのどちらかしか取れない表裏の概念ではなく，集団の目標と個人の目標のどちらを重視するかという程度の問題である。そしてこれまで欧米において個人的と見なされてきた感情ですら，その集団的な性質を考えなければならないとして反省がされているのであり，こうした面からも従来いわれていた対立概念としての「集団主義」対「個人主義」ではなく，尺度としての「集団志向」と「個人志向」への発想の転換が求められているのである。

第5章では，集団主義から集団志向への変化についてのレビューを行った。世代交代によって，人付き合いが形式的になり，余暇志向も増加している。価値観は世代によって固定化されており，戦前世代の引退によって，全体としての日本人の基層文化は少しずつ変化してきている。さらに再び伝統志向が強まり，Z世代は同調圧力が強いという。すなわち個人主義になったというより，極端な集団主義から集団志向への変化として見ることができる。日本「的」経営は，主に戦前の日本人の儒教的な「集団主義」に適応した企業経営であったが，依然として日本人の基層文化は集団志向なのである。そこでは企業組織に所属することによって個人のアイデンティティが保たれているのであり，終身雇用制の考え方は今後も一定程度残っていくであろう。こうした変化の中で，組織文化の内部統合機能を評価する次元として，集団的であるか，それとも個人的であるか，という集団志向の次元が重要になると考えられるのである。

第6章では，第Ⅰ部で見た組織文化の外部適応機能である革新性を表す革新的－保守的の次元と，この第Ⅱ部で見てきた内部統合機能である集団志向を表す集団的－個人的の次元とを掛け合わせて，組織文化の分類と組織の有効性や業績，企業経営の特性と関係について実証分析を行った。まず個人を対象としたミクロなデータにより実証を行うと，組織文化が組織の有効性に影響を与えており，2つの次元を組み合わせて分析することに一定の効果があることが確認できた。さらに企業を対象としたマクロなデータにより実証を行うと，組織文化は従業員モラールを通じて企業の長期の維持発展に寄与しているが，各次元と経営要因との関係は単なる線形関係ではなく，2つの次元を組み合わせて分析することに一定の効果があることが確認できたのである。

すなわち日本人の基層文化が極端な集団主義から集団志向へと変化していく中で，組織文化の内部統合機能を表す次元として集団志向が重要となり，これと外部適応機能を表す革新性の次元を組み合わせることによって，組織文化を分類し，組織の有効性やモラール，様々な経営要因との関係をより具体的に考えることができるようになると考えられるのである。

第Ⅲ部

表層文化：「権力格差」

第7章

これからの日本人

第Ⅱ部で見てきたように，日本「的」経営の三種の神器の１つである終身雇用制は日本人の基層文化が「集団主義」から集団志向に変化しても，一定程度維持されるものと考えられる。それでは三種の神器のもう１つである年功序列制は，どういった日本の組織文化によって支えられ，また変化してきているのであろうか。

第1節　タテ社会の変化

1．垂直的な日本「的」経営

(1)　個人主義－集団主義

ホフステード（Hofstede）[1]の調査では，「個人主義」を個人と個人の結びつきがゆるやかで，人はそれぞれ自分と肉親の面倒を見ればよいと，「集団主義」を人は生まれたときからメンバー同士の結びつきの強い内集団に統合され，内集団に忠誠を誓う限り，人はその集団から生涯にわたって保護される，とそれぞれ定義している。そして「仕事の目標」に関する調査項目の中では，個人主義の極では①自分や家族の生活に振り向ける時間的余裕が十分にある，②かなり自由に自分の考えで仕事ができる，③やりがいがあり達成感の得られる仕事であるといった項目を重視した回答と，集団主義の極では①訓練の機会

1）Hofstede, G., Hofsted, G. J. & Minkov, M. (2010)（岩井八郎・岩井紀子訳 2013, 83-87 頁）。

が多い，② 作業環境がよい，③ 自分の技術や能力を十に発揮できるといった項目を重視した回答と，それぞれ強い関連があったという。そして1970年代に測定された各国の指標は，個人主義であるほど高い100点満点で算出され，アメリカは91点と高く76カ国中1位であるのに対し，日本は46点で35位と世界の中で見ると中程度の水準になっている。

一方，トリアンディス（Triandis）[2)]は，個人主義と集団主義を構成する普遍的概念として，① 自己に関する定義が，集団主義では相互依存性として個人主義では独立性として示される，② 個人と共同社会の目標は，集団主義ではかなり関連しているが個人主義では全く関連していない，③ 集団主義文化では規範，責務，義務に焦点を当てた認知が行われ，個人主義文化では態度，個人の欲求，権利，契約に焦点が当てられる，④ 集団主義文化ではたとえ不利益をこうむっても関係性が重視されるが，個人主義文化では合理的判断が重視される，という4つを挙げている。

(2)　権力格差の次元

さらにトリアンディスによれば，同一か異質かという観点があり，そこから水平的－垂直的の次元を考えることができるという。集団主義において水平的というときは，そこには社会的連帯の感覚や内部構成員としての一体感があり，一方集団主義において垂直的というときには，内集団に仕えるという感覚や内集団の利益のために犠牲になるという感覚，義務で行う感覚があり，個人主義文化でも集団主義文化でも垂直的次元では不平等や地位の特権が認められ，これとは対照的に水平的次元では特に地位において同等であることが協調され，人から突出することを望まないという。

この水平的－垂直的の次元は，ホフステード[3)]の調査における権力格差（Power Distance）指標に相当する。ここで権力格差とは，それぞれの国の制度や組織において，権力の弱い成員が，権力が不平等に分布している状態を予期し，受け入れている程度であると定義されている。そしてこの指標は ① 社

2）Triandis, H. C.（1995）（神山貴弥・藤原武弘編訳 2002, 45-136 頁）。
3）Hofstede, G., Hofsted, G. J. & Minkov, M.（2010）（岩井八郎・岩井紀子訳 2013, 49-66 頁）。

員の抱く上司への恐れ，② 上司が相談的あるいは多数決に任せるのではなく，独裁的あるいは温情主義的であるか，③ 独裁的あるいは温情主義的な上司を部下が好ましいと思っているか，という3つの設問から構成されている。1970年代に測定された各国の指標は，権力格差が大きいほど高い100点満点で算出され，アメリカは40点とやや低く76カ国中59位であるのに対し，日本は54点で49位と世界の中で見ると中程度の水準になっている。

そして権力格差の大きい組織の特徴は，① 組織における階層的構造が，上司と部下の間に現実に存在する不平等を反映している，② 中央集権化が一般的である，③ 監督者が比較的多い，④ 組織のトップと底辺の給与の格差が大きい，⑤ 管理職は上司と公式な規則を頼りにしている，⑥ 部下は何をすべきか命じられることを期待している，⑦ 理想的な上司は慈悲深い独裁主義者または「よき父」である，⑧ 部下と上司の関係は感情的なものである，⑨ 特権や地位を表すシンボルは一般的であり期待されている，⑩ ホワイトカラーの仕事はブルーカラーの仕事より高く評価されている，といった点にまとめられるというのである。

(3) 垂直的集団主義

ホフステード[4)]も述べているように国レベルで分析した場合，一般に2つの次元は相関が高く，垂直的集団主義と水平的個人主義が世界の中で「典型的な」パターンであると考えられる。ここで日本人を分類してみると，垂直的集団主義が5割，水平的集団主義が25%，水平的個人主義が20%，垂直的個人主義が5%というプロファイルを示し，アメリカ人では水平的個人主義が4割，垂直的個人主義が3割，水平的集団主義が2割，垂直的集団主義が1割というプロファイルが得られるかもしれないとトリアンディスはいう（図7-1）。

さらに日本の会社は，集団主義的な傾向から一般に広範囲の社会化を提供して共通の文化を生み出そうとしており，日本人は敬語や社会規範に見られるように強い階層的感覚を持っているので，垂直的集団主義の割合が非常に高くなり，また日本では目立つことは決まりが悪いことなので，水平的集団主義の割

4）Hofstede, G.（1980）（萬成博・安藤文四郎監訳 1984）。

図 7-1　集団主義と個人主義

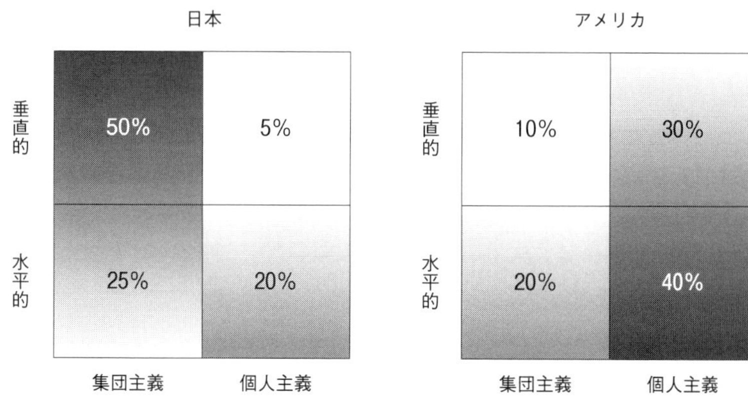

出所：Triandis, H. C.（1995）（神山貴弥・藤原武弘編訳 2002, 49-50 頁）より作成。

合も相対的に高くなるのではないかという。そして戦前には垂直的な集団主義が有力な文化様式であったが，敗戦によりアメリカ占領軍の個人主義に直面し，水平的集団主義の傾向が見られるようになった。また文化内での多様性も見られ，若い世代には水平的集団主義だけではなくアメリカ人と非常に類似をした回答を示す個人主義に移行している人もいるのではないかというのである。

2．家族の変化

(1)　家の論理

三戸[5)]は日本「的」経営の独自性を，「家の論理」の観点から論じている。「家の論理」の内容としては，① 目的としての維持繁栄，② 成員としての直系・傍系家族＋非家族，③ 構造として家長が家産と家族を統率して家業を営む，④ 支配としての親子関係，すなわち専制と恩情の命令，絶対服従と庇護，⑤ 組織原理としての階統制と能力主義，⑥ 訓練としての躾と教育，⑦ アイデンティティとしての家訓・家憲そして家風，⑧ 発展形態としての本家・分家・

5）三戸公（1991）第 2 巻，234 頁。

図 7-2　従来の日本「的」経営

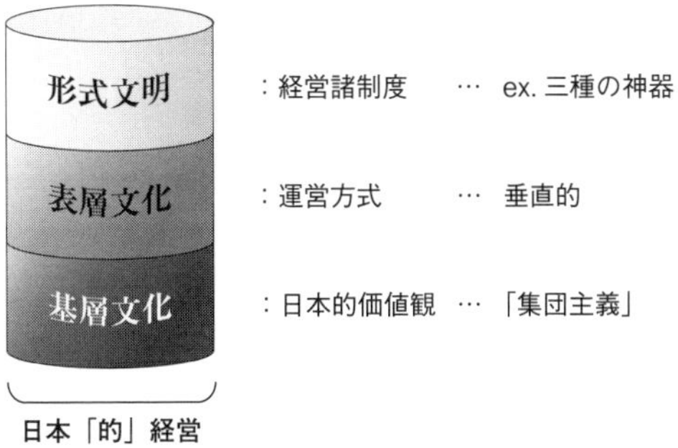

日本「的」経営		
形式文明	：経営諸制度	… ex. 三種の神器
表層文化	：運営方式	… 垂直的
基層文化	：日本的価値観	…「集団主義」

出所：筆者作成。

別家的展開と同族団の形成，⑨ 組織意識としてのうちとそと，格と分の9つを挙げている。

池内[6)]は，これらに別のところで論じられている ⑩ 行動規範としての滅私奉公を加えた上で三戸の議論を整理すると，家の論理の第一原則は経営体そのものの維持繁栄であり，第二原則は経営体の基軸としての親子関係であるという。これをトリアンディスの用語と重ねると，第一原則は集団主義，第二原則は垂直的と見ることができ，従来の日本「的」経営は「垂直的集団主義」の基に発展した経営形態であったということができよう（図 7-2)。

(2)　家族のあり方の変化

前出の NHK の調査[7)]によれば，近年の家族のあり方についての意識の変化は，戦前の「家」制度を土台にした家族や男女のあり方が崩れて，戦後の新しい憲法にも見られる，個人の尊重や平等の精神に沿う方向への変化を示しているのではないかという。まず人々が理想とする家庭像について見ると[8)]，戦前における正統的家族類型としての家父長型家族である「父親は一家の主人としての威厳を持ち，母親は父親をもりたてて，心から尽くしている」という ① 夫唱婦随は調査開始時の 1973 年でも 22% であったが，最新の 2018 年の調

6）池内秀己（2018）272-274 頁。

7）NHK 放送文化研究所（2004）57 頁。

8）NHK 放送文化研究所（2020）39-59 頁。

査では8%と最も少なくなっている。また「父親は仕事に力を注ぎ，母親は任された家庭をしっかり守っている」という②性役割分担を理想とする人は当初は39%と最も多かったが，その後減り続け今では15%になっている。

一方「父親も母親も，自分の仕事や趣味を持っていて，それぞれ熱心に打ち込んでいる」という③夫婦自立の家庭が望ましいという人は当初15%と最も少なかったが，徐々に増加し現在は27%と2番目に多くなっている。そして戦前のもう1つの代表的類型としての庶民的家族である「父親はなにかと家庭のことにも気をつかい，母親も暖かい家庭づくりに専念している」という④家庭内協力が望ましいという人は当初21%であったが，'80年代から'90年代にかけて大きく増え，'88年以降は最大となり現在では48%とほぼ半数の人が支持しているのである。

夫の家事や育児についての意識を見ても，すでに1973年の時点でするのは当然という人が過半数の53%であったが，今では89%の人が当然と考えている。また結婚した女性が職業を持ち続けるべきかどうかについて見ると，当初最も多かったのは①育児優先の42%，次いで②家事専念の35%で，③両立がよいという人は20%と少なかった。当時は結婚か出産を期に仕事を辞めて家庭に入るべきだというのが，一般的な考えであったのである。しかし現在では半数を超える60%の人が③両立を支持している。

さらに子供の教育についての意識を見ると，男子の場合はすでに'73年に64%と多くの人が大学まで教育を受けさせたいと考えていた。一方女子の場合は，当初は「高校まで」の教育を受けさせたいと考えている人が42%で最も多かったが，'88年以降「大学まで」という人が増加し，今では61%とトップとなっている。また結婚後の姓について聞くと，当初は男性絶対である①「当然，夫の姓」が46%，男性優先である②「現状では夫の姓」が27%と，夫の姓を支持する人が合わせて70%を超えていた。しかし'83年の調査以降，減少が見られ，今日では男女平等の③「どちらでもよい」が32%となり最多となっている。そして婚前交渉について見ると，当初は結婚式がすむまでは不可と考える人が58%であったが，今日これは17%と大きく減少し，結婚の約束がなくとも愛情があれば可とする人が47%と多数派になっているのである。

⑶　近代家父長制家族の解体

上野[9)]によれば，非対称的な性と世代の変数の中で，男性・年長者に権威が配分されるようなシステムを広い意味で「家父長制」と呼ぶことができるという。また「家族」という自律的な単位が伝統社会の遺産ではなく，「近代」の産物であることは多くの研究者によって指摘され，日本では「家」制度という明治政府の発明品の形をとっているというのである。

そして見田[10)]は前述のNHK調査[11)]に見られる意識の変化は，「近代家父長制家族」のシステムと連動するメンタリティーの解体をいっせいに指し示しているという。「近代家父長制家族」は日本において典型的には高度成長期の主体的な推進力であった「モーレツ社員」「企業戦士」を陰で支えてきたような，性役割分業型の家族システムであったという。そしてこの30年間の変化は，高度成長期の社会が要請する生きることの手段化，合理化，とりわけ社会の基底における集約としての「近代家父長制家族」のシステムと連動する精神の全領域の音を立てての解体であるというのである。

「近代家父長制家族」の解体がなぜ起こったのかというと，その根本はこれが男女の平等に反し，自由を制約するものであるからであるという。しかし日本は，1945年の敗戦とそれに引き続く「戦後改革」の時期にすでに自由と平等を理念とする社会として出発したのではなかったか。それにもかかわらず，戦後復興とそれに続いた長期の経済成長期の全時代を通して，この型の家族は主流であり続けていたのである。

「封建的」という言葉は，自由と平等の正反対を示す言葉としてよく使われる。日本における封建社会は武士の支配した時代であり，武士は戦う集団であるため，規律と命令系統は生命であり，「封建的」なモラルは戦う集団の戦闘合理性から生まれたという。そして戦後復興期から高度成長期を通して，日本の家族は戦う集団であり，「近代家父長制家族」は近代の理念である自由と平等を「封印」する装置であった。そしてこのNHKの調査が開始された1973年は，高度成長期が終焉し歴史がゆっくりと減速を開始する局面であり，高度

9）上野千鶴子（2009）97，230頁。
10）見田宗介（2018）24-40頁。
11）NHK放送文化研究所（2015）74-76頁。

成長の終焉とともに，その「封印」が解かれたというのである。

(4) 結婚に関する意識の変化

世界的に見れば，かつてのように両親がそろった家庭が一般的だとされる社会はおそらくかえってこないだろうとし，こうした傾向に抵抗してきた日本や韓国のような国々も結局は欧米と同じ方向に進んでいくだろうといわれている[12)]。アメリカだけではなく，日本や韓国などでも核家族が崩壊し，主要な制度の裂け目が拡大している。日本では結婚してから20年以上を経た夫婦を中心に離婚率が過去になかった水準まで高まっており，「結婚は必ずしなければならない」という意見に日本の女子学生の88%が反対したというのである[13)]。

団塊の世代は同世代内結婚が多い友達夫婦の世代であり，封建的な家父長制度や夫婦関係は否定しようとしたが，結婚や夫婦という制度自体は否定せず，郊外において子供と同居しなくても近くに住むという「ゆるやかな大家族」を志向している[14)]。そしてその子供の世代にあたる人々は，少年期の消費生活が豊かすぎたために将来の消費生活の向上が確信できないので階層意識が低下しているという。この世代の女性は結婚することで階級意識を上昇させるが，派遣社員は結婚出産がしにくい傾向が見られる。そして最も階層意識が高く生活満足度も高いのは裕福な男性と専業主婦と子供のいる家庭，次いで裕福な夫婦のみの家庭であり，階層化が進むと自由恋愛がしにくくなり晩婚化が進んだのではないかという。さらに「自分らしさ」や「自己実現」を求めると仕事においても自分らしく働こうとするが，それでは高収入を得ることが難しいので生活水準が低下するという悪いスパイラルにはまっており，このいわゆる団塊ジュニアの子供が成人し，また彼らが郊外の安穏な暮らしになれ住む場所も固定化し付き合う人間も固定化してくると，今まさに拡大している格差がより一層拡大して固定化され，さらなる階層社会を生むのではないかというのである。

2000年に行われた世界価値観調査[15)]の結果を見ると，「子供は常に親を愛し，

---

12) Fukuyama, F. (1999)（鈴木主税訳 2000, 下，163頁）。
13) Toffler, A. & Toffler, H. (2006)（山岡洋一訳 2006, 下，35頁）。
14) 三浦展（2005b）133-211頁，三浦展（2005a）。
15) 高橋徹（2003）109-165頁。

敬わなければならない」とする考えに日本では60.1％の人がどちらかと言えば賛成しており，これは1995年の調査より5.4ポイント低くなっていて，73カ国の平均78.6％より低く，順位はアジア諸国の中で最下位の62位となっている。また「子供を持てば，親は子の犠牲になるのもやむなし」とする考えに日本では38.5％の人が賛成しているが，これも前回の調査から3.4ポイントの低下で，平均の72.6％より低く，また順位は全体から見ても最低に近い72位であったのである。

3．上下の意識の希薄化

(1)　柔らかい個人主義

この世界価値観調査によると「たとえ指示に完全に同意できなくても，原則として上司の指示には従うべきだ」とする考えに，日本では28.0％の人が賛成しているが，これは平均の35.0％より低く順位は71カ国中，51位にとどまっている。一方，「従う必要はない」とする考えには9.2％の人しか賛成せず，その順位は最下位となっているのである。

また大学生を対象に行ったアンケート[16)]によると，他者への配慮と主体性，とりわけ「配慮」が非常に強いのに比べて，他者への「依存」がそれほど強くないという。すなわち他者を信頼して依存する，甘えるというより，山崎[17)]の言うような「柔らかい個人主義」が若者に浸透しているという。そして伝統的な上下関係に基づく「和」の関係を尊重する意識が薄れ，代わって横のみのつながりによる「連帯」を大切にし，なごやかに事なかれに面白く過ごしたいとする意識が指摘できるというのである[18)]。

日本では以前は，全体主義と同一視する傾向にある欧米的な理解から集団主義は権威や集団の圧力に対する隷属として否定的に捉えられていたが，高度成長期以降「自分たちから進んで自発的に協調している日本人」という新しい集団主義観が生み出されてきたという。さらに今日の経済のグローバル化が急速

16）金児暁嗣（1993）241頁。
17）山崎正和（1984），金児暁嗣（1993）241頁。
18）金児暁嗣（1993）245頁。

に進行しつつある状況のもとでは，集団主義が人々の自由な機会追求活動を制約するという側面が再び注目を集め，これからは自分で判断し自分でリスクを負いながら機会を追求する「近代的市民」としての心のあり方を持つことが重要になり，従来の集団主義的な内集団ひいきの原理に代わる原理が必要になるのではないかというのである[19]。

⑵　仲間と楽しく

前出のNHKの調査[20]によると，理想の仕事における第1位の条件は「仲間と楽しく働ける仕事」であり，調査開始の1973年時点でも2位であり37％の人がこれを挙げ，年を追うごとにこの回答が増えて，今日では45％となっている。またこの「仲間」という条件は正規・非正規雇用を問わず男女ともに一番重視され，特に女性では正規雇用で53％，非正規雇用で58％と，ともに半数を超えている。一方男性でも正規雇用で35％，非正規雇用で45％であり，非正規雇用の方が多くなっている。すなわち女性の社会進出や非正規雇用の増加が，こうした傾向に拍車をかけている側面があると思われる。

この調査における10個の選択肢をマズロー（Maslow）の欲求の段階説に従って分類すると[21]，①生理的欲求は満たされているとして，②安全欲求の「失業」「健康」「時間」，③社会的欲求の「仲間」「責任」，④尊敬欲求の「収入」「独立」「名声」，⑤自己実現欲求の「専門」「貢献」に分けられるという。今日における理想の仕事の条件は③社会的欲求の「仲間」が前述の通り最も多く，次いで②安全欲求の「健康」を損なう心配がない仕事（減少傾向の37％），そして3番目に多いのが⑤自己実現欲求の「専門」知識や特技が生かせる仕事（29％）となり，集団志向の日本人は，理想の仕事の条件として③社会的欲求である「仲間」を強く求めているのである。

一方④尊敬欲求に分類できる，高い「収入」が得られる仕事は6位（21％），「独立」して人に気がねなくやれる仕事は減少傾向の8位（6％），世間からもてはやされる仕事（「名声」）は常に最下位の10位（1％）である。社会が垂直

19）山岸俊男（2002）252-259頁。
20）NHK放送文化研究所（2020）142-148頁。
21）NHK放送文化研究所（2004）151-153頁。

的から水平的に変わってきたことで，④尊敬欲求はあまり求められなくなってきているのではないだろうか。

第2節　水平的集団志向へ

1．垂直的から水平的へ

(1)　年功序列制の変化

日本的経営の特徴として，いわゆる三種の神器を1958年に初めて指摘したとされるアベグレン[22]は，2004年の著作[23]で日本的経営の第一の柱である終身雇用制は健在であるが，第二の柱である年功序列制は大規模な再設計の過程にあると述べている。全体として日本企業で年功序列制の重要性は急速に薄れていて，これは日本社会全体で長幼の序列が崩れてきたことによる動きであるという。人口の年齢構成が変化し，人間関係が希薄な郊外住宅地に住む核家族が増えていて，年長者に対しては今でも言葉と行動で敬意を示すのが普通だが，老人が社会の中で長老として特別の役割を果たす仕組みは弱まってきたというのである。

人的資源管理論の議論[24]では，日本的雇用制度の特徴として長期雇用と年功賃金が挙げられている。ここで年功賃金とは「定期昇給制度を通じて，年齢と勤続年数が最も決定的な要因となる賃金制度[25]」のことである。この年功賃金は，長期勤続に対する誘因であると同時に，従業員の生活保障という役割を担っており，この考え方が具体化したのが第二次世界大戦後，労働組合によって推進された，いわゆる電産型賃金体系であった。しかしこうした純粋年功主義は，高度成長期後半の人手不足や資本自由化によって困難になり，能力主義に変化していった。そして1990年代後半，バブル経済の崩壊以降は，短期的

22）Abegglen, C.（1958）（山岡洋一訳 2004）。
23）Abegglen, C.（1958）（山岡洋一訳 2004, 135-138頁）。
24）八代充史（2009）23-27, 139頁。
25）白井泰四郎（1992）196頁。

な成果主義によって賃金を決定する企業も少なくないという。

そして石井[26]によれば「年功序列から能力主義・成果主義への転換」という主張は，1960年代からなされていたという。そして日本企業の人事政策の根幹をなすのは「競争原理」に基づいた職能資格制度であって，これが'60年代から徐々に導入されてきており，もともと能力主義であったのではないかという。そして今日，年齢，勤続，職能を基にした職能資格制度における年功的要因の廃止を行う企業も，多く見られるようになってきたというのである。

⑵　年功主義から能力主義へ

清水[27]は，日本企業の人事評価の根底には常に能力主義の考え方が流れており，これが経済環境の変化によって表向き変化して現れるという。そして経済環境が安定的であれば同じ仕事が繰り返されるので，年功がそのまま能力を表すようになるという。すなわち年功主義の人事評価基準は，経済環境が安定し，企業の製品ライフサイクルが非常に長い時期に適用される。製品・サービスが安定していれば，長らく同じ仕事をしている人の方が，入社したばかりの人よりも生産効率が高い。しがたって企業の中で求められる能力は，年功主義の基準で評価される能力と一致する。これは現場の作業能力ばかりでなく，上司や同僚とうまく接するためのヒューマン・スキル，すなわち人間関係能力も，組織の運営を全体的な関連から洞察し，論理的に考えていく能力も，先輩社員の方が新入社員よりうまく発揮できるのである。

経済産産業省による2002年の上場企業399社に対する調査において[28]，人事評価の際に年功をどのくらい考慮するかを，年功・業績・能力に分けて合計100%になるように回答を求めたものの平均値が算出されている。これによると課長に昇進する際，平均的には年功は15%しか考慮されておらず，業績が38%，能力が46%であった。また部長に昇進するときには年功評価の部分はさらに減少し，わずかに10%となっている。年功序列制に関しては，終身雇用制と異なり，21世紀に入る頃にはすでに主流ではなくなっていたのである。

26）石井耕（2013）200-204頁。
27）清水龍瑩（1995）11-56頁。
28）岡本大輔・古川靖洋・佐藤和・馬場杉夫（2012）13-14頁。

そしてこうした年功序列制の後退の背景には，経済的な理由だけではなく，前述のような人々の価値観の変化があったと考えられる。垂直的な文化の下では，年功序列的な評価の納得性が高いが，水平的な文化の下では能力主義的な評価の方が，より納得性が高くなる。戦後引き継がれた垂直的集団主義の考え方の下で有効であった年功序列制は，世代交代と人々の考えの変化によって徐々にその姿を変えていった。そして戦後の「日本的経営」という「経営文化」をつくった「戦前・戦中派連合」が，1985年頃から企業経営の最前線から姿を消しつつある[29)]中で，水平的集団志向の考えを持つ企業組織が増え，年功序列主義から能力主義へと大きく舵を切ることになったのではないだろうか。

2．「新・日本的経営」に向けて

⑴　水平的集団志向

こうして見てきたように，戦後，日本において集団主義が変容したとすれば，大きな動きとしては個人主義への方向というよりも極端な集団主義から集団志向へ，そして儒教的な意識に基づいた垂直的集団主義から，より共同体的な水平的集団志向への方向であろう。トリアンディス[30)]は垂直的集団主義がまだ50％あり，水平的集団主義が1/4であるとしているが，今日の世代交代や社会変化の様子からすれば，水平的集団志向への移行はさらに進んでいるのではないだろうか（図7-3）。これは前述の朱子学によってはめられた，①「垂直的」すなわち上下の序列と公私の価値，②「水平的」すなわち集団へのコミットメント，そして③「時間的連続」すなわち先祖に対して神に順ずる地位を与えるという3つの枠[31)]のうち，①垂直的な価値観の後退として考えることができる。

またトロンペナールスら[32)]の議論に従えば，企業の文化を診断する2つの次

29）津田眞澂（1994）259-270頁。
30）Triandis, H. C.（1995）（神山貴弥・藤原武弘編訳 2002, 50頁）。
31）ヒルシュマイヤー，J.・由井常彦（1977）。
32）Trompenaars, F. & Hampden-Turner, C.（1997）（須貝栄訳 2001）。

図 7-3　水平的集団志向へ

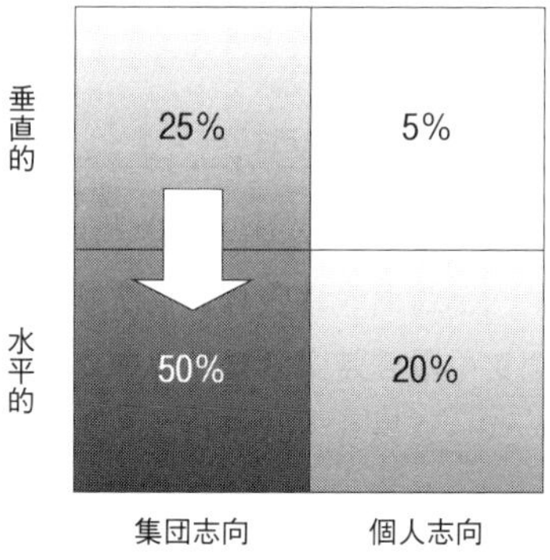

	集団志向	個人志向
垂直的	25%	5%
水平的	50%	20%

出所：筆者作成。

元の１つである平等主義―階層制が，これまでの階層制から平等主義へとシフトしてきていることを示しており，この図式で言えば今や日本は階層制で人間志向の「権力志向的文化」から，平等主義で人間志向である「自己実現志向的文化」へ移行してきていることになる。ただこのネーミングは極めて欧米的であり，平等主義と自己実現を理想とする個人主義の間の相関関係を前提にしているように思われる。しかし日本の多神教的な基層文化の上には依然として集団志向が強く残っているのであり，トリアンディスの議論に沿った，「水平的集団志向」という言葉の方がより適切であろう。

⑵　水平的な管理の必要性

全体的な傾向として捉えれば，多くの日本人は現在も多神教的な意識に基づくあいまいな自己を持ち，欧米人の多くは一神教的な意識に基づく確立された自我を持っている。確かに従来的な「集団主義」から比べれば今日の日本における傾向は「個人志向」的な方向へと動いているのかもしれないが，あくまで「集団志向」の性質が強く残っているのであり，社会によって再生産されている宗教観や心理的な自我観等が大きく変わらない限り，やはり日本では「集団志向」の傾向が強く，欧米では「個人志向」の傾向が強いという状況は，少なく見てこれからも数世代の間は続いていくと考えられよう。

そして戦後日本において集団主義が変容したとすれば，それは個人主義への

図7-4　今日の日本「型」経営

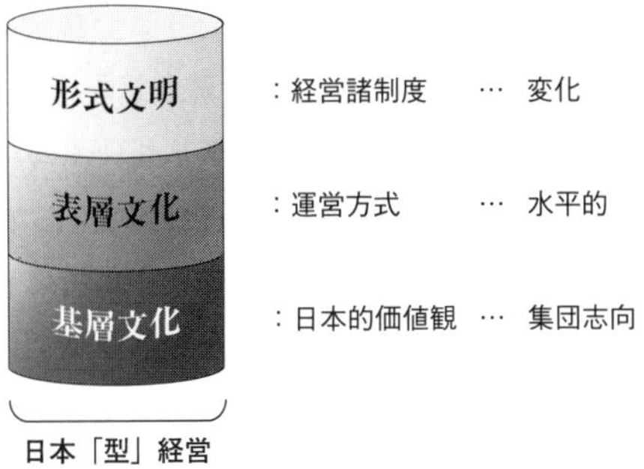

出所：筆者作成。

方向ではなく，儒教的な意識に基づいた垂直的集団主義からより共同体的な意識に基づいた水平的集団志向への方向であろう（図7-4)。これは単に社会の情報化に伴って進展したのではなく，戦後の教育や世代交代によってもたらされたものである。

従来の終身雇用制，年功序列制，企業内労働組合を特徴とするような日本「的」経営は，主に戦前の日本人の儒教的，垂直的な集団主義に適応した企業経営であった。そして世代交代により従来の垂直的集団主義がより水平的になり，儒教的でアプリオリな上下関係を良しとしない水平的集団志向の世代が主流になるにつれ，年功序列や企業内労働組合といった従来の日本的経営には限界が見られるようになってきているのである。

そして従来集団的ながら階層的な管理を行ってきた大企業にとって，水平的な集団志向の中で信頼関係を維持しながら組織文化を常に変革し続けるリーダーシップをとるような，新しいトップマネジメントあるいは管理職のあり方が問われることになろう。そして就業者の1/3が非正規雇用者となった現在，こうした仕事以外を生活の中心に持つ人々に対して，欧米と同じように組織文化を醸成していくマネジメントもまた必要となってくるのではないだろうか。

⑶　日本「型」の発見

林[33)]は従来の日本的経営論を4つの研究潮流に分類して，その変遷をたどっている。その第一が日本的経営の文化論的・社会学的研究であり，第二が日本的経営の国際性の研究，第三が日本型経営論—その限界論と改革論—，そして第四が個別管理分野の一般理論化である。この分類に従うと，本論は第一の分類に属することになろう。しかし従来の文化論的・社会学的アプローチでは，① 基層文化を暗黙のうちに仮定して ② 表層文化の創出を軽視し，両者をひとくくりに「集団主義」や「イエ意識」として扱って，これらと，③ 形式文明である制度としての日本「的」経営，例えば終身雇用，年功序列，企業内労働組合の三種の神器などを直接的に比較，分析するようなアプローチが多かったように思われる。

さらに林は，日本における経営学研究の多くは日本的「特殊性」の探索や「日本型」の発見にとどまっているか，あるいは経営システムを構成するサブ・システムの外国のそれとの「共通性・異質性」や「海外での利用可能性・不可能性」の発見それ自体を目的としており，経営システム全体か個別システムかを問わず，その一般理論化を目指す研究が少ないと述べている。

こうした意味では本論もまた，ある意味で新しい日本「型」の発見にとどまるものであるかもしれない。しかし「文化」という変数をハイブリッド・モデルによって積極的に経営学に取り入れることによって，今後のより一般的な理論の構築を目指すことが可能となるのではないだろうか。すなわち文化的問題を単なる特殊性として取り上げるのではなく，様々な制度等によって構成される ③ 形式文明と経営行動の基礎条件としての ① 基層文化とのダイナミズムによって生まれる新しい行動様式としての ② 表層文化の創出，というプロセスの中で動態的に「文化」というものを捉えていくことによって，特殊的な条件と普遍的な制度から生まれる個別的な表層文化，という経営システムの歴史的な全体像を描く道が開けるのではないだろうか。

そしてこの日本「型」が，アジアなど他の国々の ① 基層文化や ② 表層文化とどういった点で類似しており，どういった点で異なるのか，そしてそこではどのような ③ 形式文明としての経営制度がより有効となるのかといった議論もまた，大きな研究課題となるのである。

33）林正樹（2001）44-50 頁。

おわりに

本章では，日本の表層的な文化であるタテ社会の変化についてレビューを行った。まず従来の日本「的」経営を支えたのは高い権力格差を伴う垂直的集団主義であったと考えられる。しかしこれを支えた家の論理は，戦後の家庭の変化や近代家父長制家族の解体，結婚に関する意識の変化などから影響を受け，柔らかい個人主義の議論でもいわれたように，組織内での上下の意識が希薄化し，仲間と楽しく働きたいという人が増えてきている。こうした変化を受けて現れてきたのが水平的集団志向であり，年功序列制から能力主義への変化，すなわち垂直的な価値観から水平的な価値観への変化が見られる。これまで垂直的な管理を行ってきた日本企業には，これに対応した新しい日本「型」経営，すなわち「新・日本的経営」が求められているのである。

第8章

文化の次元と組織運営

高度成長期の日本「的」経営を支えてきた垂直的集団主義は，今日，水平的集団志向に変化しつつある。それではこれに対応した新しい日本「型」経営は，どのような姿をしているのであろうか。そこで本章では，組織文化の次元と組織運営の方法との関係を考え，その変化の方向性について考えてみたい。

第1節　組織の統制メカニズム

1．組織と管理

⑴　企業とは

企業とは ① 自らの危険負担の下で自主的に意思決定し，② 製品・サービスを生産する，③ 資本計算制度を持った，④ 人間の組織体である。企業が人間の組織体であるということは，こうした活動を実行していくのは一人の人間ではなく，複数の人間が集まった組織であり，ヒトや情報という経営資源を管理していく必要がある，ということである。ここで企業の成長目的と企業の構成員の生活目的とが乖離していては，企業の長期の維持発展はおぼつかない[1)]。なぜなら企業の長期の維持発展目的は，人々の創造性の発揮による利潤の獲得，蓄積によって達成されるからである。たまたま新製品がヒットしたり，環境変化にうまく対応したりして企業の利益が急増したとき，その利益を社内に

1）清水龍瑩（1999）17頁。

全部留保して，従業員の賃上げやボーナス支給に反映しなければ，従業員は勤労意欲を失い，創造性を発揮しなくなり，長期的に企業成長に貢献しなくなる。企業経営者は常に，人々の生理的欲求，安全欲求，帰属欲求，尊厳欲求，自己実現欲求を考え[2)]，それと企業成長目的との差を埋めるように意思決定していかなければならないのである。

⑵　有効性と効率性

企業の定義のうち，② 製品・サービスを生産するとは，ヒト，モノ，カネ，情報といった経営資源をインプットし，戦略的な目標に合致するような製品・サービスをアウトプットしていくことであり，③ 資本計算制度を持ったというのは，インプットをアウトプットに変換する効率を，カネという経営資源に換算して管理するということである。しかしこれらの２つは，組織に有効性（Effectiveness）と効率性（Efficiency）という２つの異なった目標を課すことになる。ここで有効性とは，アウトプットが組織の目標に適合しているかどうか，すなわち合目的性である。一方効率性とはインプットに対するアウトプットの比率のことであり，より少ないインプットでより多くのアウトプットがなされる方がより効率的である。

企業は市場で競争していく以上，効率的であることが求められるが，効率性ばかりを追求していては，企業の戦略的目標が実現されず，有効性が損なわれることになる。逆にいくら戦略的目標を実現することができて有効性が高まっても，これが効率的に行われなければ，企業は長期に維持発展していくことができない。それゆえ，この有効性と効率性のトレードオフ関係の間で最適な状態を見つけていくことこそが，経営管理の重要な役割となるのである。

２．官僚制

⑴　権力と権威

ウェーバーは，支配，すなわち個人がなぜ命令に従うのか，という基本的関

2）マズロー，A. H. 著，金井寿宏監訳，大川修二訳（2001）。

心事から出発した[3)]。権力（Power）とは，自分以外の人々との合意の成否にかかわらず，自分が望むことを自分以外の人々に行為させる能力のことである。一方，権威（Authority）は権力の特別な段階として考えられており，権力的に劣位にある人々が自分たちの権力を正当（Legitimate）なものとして受け入れるために，権力的に優位にある集団を受け入れる場合の考え方を示している。ウェーバーが関心を持った問題は，権力はどのようにして権威になるのだろうか，ということである[4)]。ウェーバーは権威を3つの型（タイプ）に分類した。第一の型が①伝統的（Traditional）なものであり，第二の型が指導者の資質に基づいた②カリスマ（Charisma）的なものである。そして第三の型が③合理的－合法的（Rational-Legal）な（規則に基づく）ものであり，これを西欧社会における支配的な形態と見なし，理念型（Ideal Types）としての官僚制という概念を発展させたのである[5)]。

⑵　支配の3つの型

伝統的権威に基づく①伝統的支配における命令と権限の基礎は，先例と習慣である。集団の権利と期待は，これまで踏襲されてきたことを神聖と見なすことによって確立される。指導者は，継承した身分に基づく権限を有し，権限の程度は習慣がどの程度定着しているかによって決められ，そこには家産的形態と封建的形態があり，あらゆる作業はこれまでずっと行われてきた，というそれだけの理由で正しいとされる。今日のビジネスの世界でも，ファミリービジネスがこの①伝統的支配を多く用いていると考えられる。

カリスマ的権威に基づく②カリスマ的支配は，個人の持つパーソナルな特性，すなわちその超自然的，超人間的な特性に基づく支配であり，ある種の預言者，救世主，政治的指導者がこれに当たる。しかし，権限の基礎が一個人の特性にあり，命令がその個人の個人特性によるひらめきによるため，常に不安定要素が付きまとい，カリスマ的な個人の死は後継者の問題を生じさせ，組織の分裂が起こる。ビジネスの世界では，創業者型の経営者がこの②カリスマ

3）岸田民樹・田中政光（2009）57-60頁，Weber, M.（1921）（阿閉吉男・脇圭平訳 1987）。
4）Joseph, M.（1989）（松野弘訳 2015, 94-95頁）。
5）Gerth, H. H. & Mills, C. W.（1948）pp. 295-296.

的支配を多く用いていると考えられる。

合理的－合法的権威に基づく③合理的－合法的支配において，まず合理的とは，特定の目的を達成する手段が，この目的を最大限に遂行するという意味であり，合法的とは，権限の行使が期間を限って担当する役職者によって，規則と手続きに則してなされるという意味である。そしてウェーバーは工業化以前の自然発生的社会（Societies Organized Themselves）では，①伝統的支配もしくは②カリスマ的支配のいずれかが行われており，工業化とともに③合理的－合法的支配が行われるようになったという。すなわち③合理的－合法的支配が，身内ひいきの①伝統的支配や，パーソナリティ崇拝の②カリスマ的支配にとって代わると考えたのである[6)]。

(3)　官僚制組織

科学的管理法のテイラーの理論は，企業のマネージャーにとって現場で部下を監視するのに役立つという目的に限定されていたが，ウェーバーはそれを組織全体にも応用できるようにし，最も効率的な組織形態は機械的であると考えた。工業化の傾向，監督者や中間管理者のいる工場，新しいオペレーションの規模を見て回り，大きな組織は，関係する人々に対して，自分自身の求めるものよりも組織の目的を優先することを要求すると考えた[7)]。すなわち近代化とともに新しく工業化された世界における究極的な組織形態は「官僚制組織」であり，そこでは人間性の喪失が起こるのではないかというのである[8)]。

官僚制組織の特徴[9)]として，①ルールと手続き：規則によって権限が決められている，②権限の階層構造：権限階層の体系が形成されている，③専門化と分業：職務が専門分化しその範囲で職務が遂行される，④専門資格を有する人員：職務遂行のための専門的訓練が必要とされる，⑤役職と在職者の分離：職務と私生活の領域が区別され，職務活動中は全労働力が必要とされる，⑥書面によるコミュニケーションと記録：文書が媒介として用いられて職務

6）Hatch, M. J.（2018）p. 28.
7）Crainer, S.（2000）（嶋口充輝・岸本義之・黒岩健一郎訳 2000，55-56頁）。
8）Weber, M.（1947）.
9）Weber, M.（1922）（世良晃志郎訳 1960, 1962），Daft, R. L.（2013）pp. 356-357.

が遂行される，といった点を挙げることができる。そしてタテの分業すなわち階層に基づく上位権限によるライン組織と，ヨコの分業すなわち職能専門化に基づく職能権限によるスタッフ組織の，両者の利点を生かすライン・アンド・スタッフ型の組織が示唆される。

⑷　官僚制と価値観

しかし理念型としての官僚制は，作業集団のようなインフォーマルな組織を無視していた。これらの組織は価値を生み出す重要な源泉，例えば，職務において何が正常（Normal）なのかということに対する考え方になるかもしれないのである[10)]。ウェーバーもまた官僚制的合理性がもたらす成果は，人間の価値観に依存していると考えていた。効率測定やコストの記録のための計算技法に関連した形式合理性（Formal Rationality）と，行為の望ましい目的に関連した実質合理性（Substantive Rationality）とを区別し，実質合理性を熟慮することなく形式合理性を利用した場合，すべての人間を「常に動いている機械の歯車」にしかねない鉄の檻 Iron Cage に導くことになると警告した。ウェーバーは同時に文化的価値，確信，習慣，そして道徳性といったものが社会的行動にどのように影響を及ぼすのかにも関心を持っており，これが後の組織論のシンボリック・アプローチに寄与することになるのである[11)]。

⑸　有機的組織

この官僚制組織は，定型的課業の安定した確実な遂行に適合した，不確実性排除型の組織であり[12)]，効率性を重視した組織である。しかしこの型の組織では，近年のような大きな環境変化に対応することができない。官僚制組織では，環境変化に応じて素早く組織を変化させ，有効性を達成することが難しいのである。

バーンズ＝ストーカー[13)]は，組織には①機械的（Mechanistic）システムと

10）Joseph, M. (1989)（松野弘訳 2015, 98 頁）。
11）Hatch M. J. (2018) pp. 28-30, Weber, M. (1947) p. 228, Schroeder, R. (1992).
12）森本三男（1998）180 頁。
13）Burns, T. & Stalker G. M. (1961).

② 有機的（Organic）システムの2つのタイプがあると考えた。① 機械的システムは，職務やコミュニケーションの仕組みを厳格に規定し，活動の定常化を意図する剛構造の組織であり，いわゆる官僚制組織はこの機械的システムの組織であるといえる。これに対して ② 有機的システムは，目標は明確にするが，目標達成過程の自由裁量を許容し，活動に弾力性を与える柔構造の組織である。

こうした環境が異なると有効な組織構造も変わってくるという組織の理論は，コンティンジェンシー（条件適応）理論と呼ばれている。組織構造が有効であるかどうかは，環境によって条件付けられるというのである。このコンティンジェンシー理論には，環境に適応すればよいという受動的な姿勢に対して批判があるが，有効な組織構造が1つではないということを示したのである。

そしてここでは，① 機械的システムの組織では起こりにくい傾向にあったイノベーションを媒介変数として採用している。① 機械的組織は，予測可能性と説明責任を求めており，そこでの高度の階層的管理，明確に定義された役割とタスク，そして集権的な意思決定は，いずれも柔軟性と創造性を阻害する。同様に，公式化もイノベーションに干渉する。なぜなら変化は，方針や規則の変更と，その普及を管理者に求めるからである。一方 ② 有機的組織では，柔軟性や適合可能性，イノベーションが求められており，より革新的で，タスクを遂行する従業員に自由裁量を与えやすいというのである。従業員は公式の規則や手続きに束縛されていないし，分権化した意思決定は権限と責任を階層の下位レベルに押し下げる[14]。組織の環境が効率性ではなく，イノベーションという有効性を求めるとき，それに応じて組織の形態も変わらなければならないのである。

14）Hatch M. J.（2018）pp. 114–115.

3．3つの統制メカニズム

⑴　市場と官僚制

ウィリアムソン（Williamson）[15]は，自由市場において組織は，そうしなければ競争相手に敗れてしまうので，合理的な価格と利得に従わざるを得ないが，競争のない環境では，市場コントロールメカニズムは機能しないという。すなわち市場が失敗するとき，組織は官僚制的な規則と手続き，職務細分化，権限の階層に転じるのである。この組織の失敗は，多くの大規模組織が官僚制的になる理由を説明している。市場は，行為者が市場に直面していないとその行動をコントロールできないのである。

取引コスト理論によれば，①限定合理性によって規定されている個人が不確実性と複雑性に直面する場合，②機会主義が代替的な取引相手のいない状態に結びつく場合，の関数として取引費用が増大し，そうした場合，経済活動は市場から組織に移るのである。さらにすでに経済活動が組織に移っている場合，費用は一般に規模の拡大とともに増大し，費用節約のための統制方法もまた，それに応じて単純な階層組織から事業部制組織のように変化するというのである[16]。

⑵　Z理論

マクレガー（McGregor）[17]は人間の動機づけについて，X理論とY理論を提唱した。X理論は当時のマネジメント理論を支配していたアメとムチの考え方が基本で，人は本質的には怠け者で，指示してやる気を出させる必要があり，労働者の働く目的は生活費を稼ぐことにある，という前提に立っている。一方Y理論は楽観的で，人は働きたいという欲求があり，企業の目的に向かって個人は責任を引き受け，そのために自分の能力を活用することこそが働く目的だと考えた。

この理論に対する批判は，両者が排他的でスペクトルの両端にあるという点

15）Williamson, O.（1975）（浅沼萬里・岩崎晃訳 1980）。
16）橋本倫明（2018）60-64頁。
17）McGregor, D. M.（1960）（高橋達男訳 1970）。

であり，マクレガー自身もそれを統合する理論の構築を目指していた。その後，オオウチ（Ouchi）[18]は日本企業における雇用と経営手法に注目し，終身雇用や社会生活全般を含む労働者の関心事，非公式的な統制，コンセンサスによる意思決定，遅い昇進，中間管理層による下から上，あるいは上から下の情報の流れ，企業へのコミットメント，品質のこだわりといった特徴から，Z理論を提唱したのである。

(3) クランによる統制

オオウチ[19]によれば，経営者の第一の責任は，部分的に多様な目標を持つ人々の間に，協力を実現することであるという。すなわち経営者による統制（Control）の実践とは，行動と目標を調整することなのである。そして彼は①市場，②官僚制，③クランは組織の統制問題を解決するうえで，代替関係にあると考えた。環境が複雑でその変化が速く，したがって不確実性と多義性が高いときには，①市場も②官僚制もうまくいかない。不確実性と多義性の下でタイミングよく対応できないのは，これらの統制システムが価格という明確な市場シグナル，そして固定的な規則と手続きに基づいているからである。環境が複雑で変化のスピードが速いとき，明確な市場シグナルは不可能で，規則と手続きは有効でないことが分かっている。このような状況では③クランによる統制が有効なのである。

③クランによる統制の重要なメカニズムである文化的価値観と規範，期待は，適切な行動を定め，メンバーを組織目的に集中させる。①市場や②官僚制と異なり，③クランによる統制はメンバーにシステムへのかなり高いレベルの献身を求めるし，彼らが社会化されるには，多少なりとも自己利益を犠牲にすることがしばしばである。しかしひとたび社会化されると，内面化された文化的理解に助けられて組織活動が指示，調整，統制されるようになり，①市場や②官僚制よりも明確なモニタリングの必要度は，はるかに小さくな

18）Ouchi, W. G. (1981)（徳山二郎訳 1982）。
19）Ouchi, W. G. & McGuire, M. (1975), Ouchi, W. G. (1979), Ouchi, W. G. (1980), Ouchi, W. G. (1981)（徳山二郎訳 1982），Wilkins, A. L. & Ouchi, W. G. (1983) pp. 468-481（戦略経営協会編 1986, 83-93頁）。

るのである。

すべての組織は3つの形態の統制を併用しているが，個々の組織はその中の1つを好み，どれを好むかは組織の他の特徴に関連があるとオオウチは捉えている。そして①市場が価格と利得というアウトプットによる統制に頼るのと対照的に，②官僚制は行動，特に意思決定に焦点を当て，意思決定を統制する規則と規制およびそれを適用する手続きを通じて統制されると考える。同様に権限の階層は組織の下層からトップまでの行動を命令し，統制しているのである。そして③クランによる統制では，公式の情報システムに依存するところは小さく，文化的価値観を含む社会システムに大きく依存していると考え，シンボルによる統制戦略が採用されるのである。

そしてこの③クランによる統制は長い歴史と安定したメンバーシップ，他の代替的な制度の欠如，メンバー間の相互作用としての集団的意思決定といった条件により実現され，日本企業やアメリカにおいて日本的な経営を行っている優良企業（オオウチの言うZ型企業）によく見られるという。これは強い組織文化による統制の問題であり，強い組織文化を持つ企業では，①市場原理や②官僚的な支配なしに，組織を維持し企業の目的を追求していくことが可能となるのである。

第2節　組織文化による統制

1．日本型経営と統制メカニズム

⑴　組織の目的と個人の目的

バーナード（Barnard）[20]は，組織の目的と個人の目的とのギャップの縮小こそ，管理の最大の基本だと言う。

追求すべき目的が単純な性格の物的な結果である場合には，外部の観察者によって客観的に見られる目的と，協働する各人によって協働の一行為と見られ

20）Barnard, C. I. (1938)（山本安次郎・田杉競・飯野春樹訳 1968, 90–91頁）。

る目的との間の相違は，通常，大きくても重要ではないし，協働する人々の異なった協働観は類似したものである。しかしこのような場合においても，注意深い観察者ならば，たとえ個人的利害が全く含まれないとしても，争いや失敗をもたらすような相違を見つけ出すだろう。協働の参加者が，協働の対象としての目的の理解に甚だしい差異があると認めない場合のみ，目的は協働体系の一要素として役立ちうるといえる。

したがって協働体系の基礎として役立ちうる客観的な目的は，それが組織の決められた目的であると貢献者（もしくは潜在的貢献者）によって信じ込まれている目的である。共通の目的が本当に存在しているという信念を植えつけることが基本的な管理職能である。政治的，産業的，宗教的組織における，多くの教育的な仕事やいわゆるモラール高揚の仕事は，このような見地から説明するのでなければ説明しにくいことである。

このように企業の目的が従業員の生活目的と一致するものだと信じ込ませることが，管理の要だと主張するのである。

⑵　集団志向と統制

第４章でも見たように，間[21]は集団主義を，「個人と集団との関連で，集団の利害を個人のそれに優先させる集団中心の考え方」と定義したが，集団志向の組織では，強い組織文化が浸透しており，個人の目標よりも集団の目標を優先すべきだと考えられている。そうした状況では，バーナードの言う組織と個人の目的が一致しているのであり，これは，オオウチの言う③クランによる統制がなされている状況であると考えられる。

ここで気を付けなければならないのは，そうした組織文化による統制の場合，組織文化によって，構成員は統制されているが，経営者によって組織文化が十分に統制されているかどうかは分からないということである。経営者が経営理念の浸透を図り，自分が持つ価値観と組織文化の方向性を一致させていれば，経営者は組織文化を通じて組織を統制しているといえるであろう。しかし，組織文化が成長期や成熟期に入り，経営者から離れ，組織それ自身の中で

21）間宏（1971）。

再生産されていくと，経営者の価値観と組織の価値観である組織文化は必ずしも同じ方向を向いているとは限らなくなるのである。

経営者は，少なくとも環境変化に対応できる方向に組織文化を仕向け，組織文化の成熟期に入らないように努力しなければならないが，それに失敗し，組織文化が環境変化に対応できない成熟期に陥ると，組織は衰退し，またこれまで通りにやっていることが，不祥事とされてしまうような事態に陥るのである。そうした意味で組織文化による統制は，経営者による統制としては極めて間接的であり，うまくいくと非常に効率的であるが，組織文化は慣性を持っており，経営者が大きく方向を変えたいと言った場合，大きな抵抗を受けることになってしまうのである。

(3) 権限の受容

さらにバーナード[22)]は，指令に権限があるかどうかは，部下がその指令を受け容れるかどうかにかかっており，その意味で受け取る部下の側にある，という権限の受容（Acceptance）説をとなえた。これによれば権限は指令を出す側にあるのではなく，上司は部下が受け容れてくれるという期待に基づいて決定を下し，部下に伝える。部下は上司の下す決定が，受容可能であると期待している。上司と部下との間にそのような行動が現実に起きなければ，そこに権威があるとはいえない。受容されるとき，そしてそのときにのみ，権威が存在する。この意味において権限は初めて，影響力の１つの形態として他人の行為を左右できる力となるのである。

そして協働の目的と明確に矛盾する指令や部下が精神的，肉体的に従い得ない指令は，通常の行為としてはあまり存在しない。指令は一般に受容可能な条件を備えている。さらに確認には出された指令を詮索せずに受容し得る一定の許容範囲，すなわち無関心圏（Indifference Zone），あるいは無差別圏があり，それは協働に入る時点で予期されているのである。このアイディアはのちにサイモン（Simon）によって受諾圏として受け継がれ，さらにトンプソン

22）岸田民樹・田中政光（2009）121-122頁，Barnard, C. I.（1938）（山本安次郎・田杉競・飯野春樹訳 1968, 163-169頁）。

(Thompson) によって心理的契約と呼ばれるようになるのである[23)]。さらに三戸[24)]は，欧米型と日本型の組織モデルの内容を対比する中で，欧米の契約型組織においては，無関心圏がはっきりと限定されているが，日本の所属型組織においては，いわば無限定的であると言う。すなわち日本「的」経営においては，より権威が受け容れられやすかったというのである。

さらに②官僚制による統制の前提には，前述のホフステード[25)]の言うような権力格差の次元が関連していると考えられる。「権力の弱い成員が，権力が不平等に分布している状態を予期し，受け入れている程度」である権力格差が大きい，すなわち垂直的であるほど，フォロワーである部下が権限を受容するかどうかの無差別圏は大きくなり，官僚制は有効となる。一方権力格差が小さい，すなわち水平的であるほど部下の無関心圏は小さくなり，高いピラミッドによる官僚制による統制は，有効とはならないのではないだろうか。

(4) 水平的集団志向と統制

これらを前述の水平的集団志向の議論と合わせると，垂直的な組織ではピラミッド構造による②官僚制による統制が有効であり，欧米のような水平的な個人主義の組織では，マーケットメカニズムによって市場原理を持ち込んだ①市場による統制が有効となる。そして今日の日本のような水平的集団志向の組織では，クランすなわち価値共有を通じての③組織文化による統制が有効な手段となるのである（図8-1）。

こうして見てきたように，日本型経営を支えている基層文化は，日本「的」経営の時代の垂直的集団主義から，水平的集団志向へと変化してきている。垂直的集団主義であった日本「的」経営においては，③組織文化と②官僚制による統制が有効であったが，水平な日本型経営に移行するにつれ，②官僚制による管理の有効性が低くなってきているのである。そして集団主義が集団志向となっても，およそ終身雇用制が維持される一方で，垂直的から水平的にな

---

23) 高橋伸夫（2007）259-272頁，Simon, H. A.（1997）（二村敏子他訳 2009），Thompson, J. D.（1967）（大月博司・廣田俊郎訳 2012）。

24) 三戸公（1991）第1巻，27-29頁。

25) Hofstede, G., Hofsted, G. J. & Minkov, M.（2010）（岩井八郎・岩井紀子訳 2013, 49-66頁）。

図 8-1　3 つの統制メカニズム

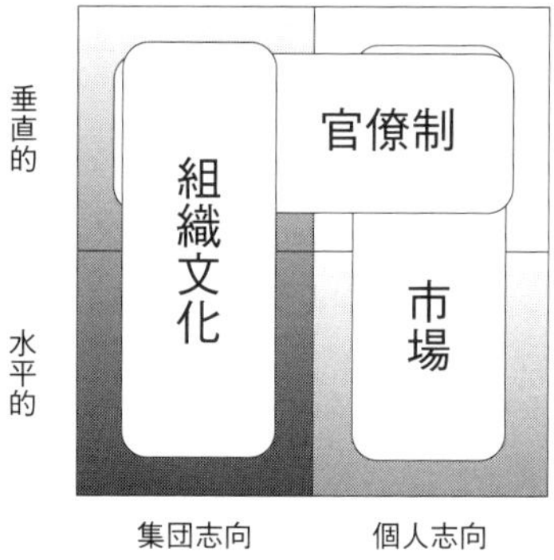

垂直的
水平的
組織文化
官僚制
市場
集団志向
個人志向

出所：筆者作成。

るにつれ，人事評価システムが年功序列制から能力主義評価へと変わってきているといった経営諸制度の変化は，これによって説明できると考えられる。

2．組織文化型の組織類型

(1)　伝道的組織

ウェーバーの定義やバーンズ＝ストーカーの機械的・有機的組織形態の区別に刺激を受けて，独自の組織分類を生み出した組織論者として，ミンツバーグ[26]が有名である。彼は，組織構造と組織の力関係を合わせると，① 起業家的組織，② 機械的組織，③ プロフェッショナル組織，④ 多角化組織，⑤ アドホクラシー組織，⑥ 伝道的（Missionary）組織，⑦ 政治的組織という観念化された 7 種類のコンフィギュレーションに組織が類型化されるという。こうした組織の類型化は，組織構造の規範的理論の発展を促し，組織デザイン学派を形成して，組織内外の要求に基づいて異なる組織形態を推奨している。

このうち ⑥ 伝道的組織では，強い組織文化に支配されているとき，メンバーは結集するように鼓舞され，そのため部門の区別はあいまいになり，職務

26）Mintzberg, H.（1989）（北野利信訳 1991），Mintzberg, H., Ahlstrand, B. & Lampel, J.（2009）（齋藤嘉則監訳 2013, 7, 332, 371-374 頁）。

の専門性もほとんどなく，ライン・マネージャーとスタッフ・グループ，実務担当者とその他などの区別が小さくなる。メンバー全員が共有している価値観や信条が，組織をまとめる力となる。そのため，個人にはかなり自由に行動する権利が与えられ，ほとんど純粋な分散化の状態を示す。ある宗教の団体やクラブは明らかにこの例であるが，このような傾向は多くの日本企業に見られ，また強い文化を中心に組織された欧米企業にも見られるという。そしてこうした組織では戦略形成を組織の文化に根差すもの捉えており，戦略形成のプロセスを基本的に集合的かつ協力的なものとして捉えている。そしてバーニー[27)]のRBV（Resource Based View）は，組織の発展段階において，企業の内部能力を組織文化に根付かせることの重要性を強調しているというのである。

さらにミンツバーグ[28)]は⑥伝道的組織を説明する際に，文化という言葉の代わりにイデオロギーという言葉を用いている。あらゆる組織が何らかの文化を持っており，それは物事を実行する独自の方法を描出する概念であるが，ここでの関心は極めて特殊な種類の文化，すなわちある特定の組織を他のすべてから差別化している豊かに発達した，そして深く根を下ろした価値と信念のシステムに絞られるので，これを政治的な意味ではなく，組織的な意味においてイデオロギーと呼びたいというのである。このイデオロギー的組織の極端な形が⑥伝道的組織であるが，これはウェーバーの言うところの理念型であり，現実には従来的な組織構造，すなわち他のコンフィグレーションの上に，イデオロギー的な特徴が重ね合わせられるのである。

ここでオオウチ[29)]の言うJ（日本）型企業の特徴は，イデオロギーが組織にもたらす効果を示しているという。さらにJ型企業に似たアメリカ企業であるZ型企業においては，高度の忠誠心，より強力な集団的志向，より低度の特化，より高度なインフォーマルな統制への依存が見出されたが，アメリカのビジネスに見られる専門経営者による経営管理，テクニックや合理化の重視，利益を重視する心理などが，組織的イデオロギーの発達を阻止してきたのではないかというのである。

27）Barney, J. B. (1991).
28）Mintzberg, H. (1989)（北野利信訳 1991, 342-363頁）。
29）Ouchi, W. G. (1981)（徳山二郎訳 1982）。

(2) ティール組織

ラルー（Laloux）[30]は，人類社会の発展とともに組織モデルも進化してきているとして，進化論と発達心理学に基づいて，組織の発達段階を説明している。組織形態の最初は，恐怖による支配と単純な因果関係の理解によって分業が成立する①衝動型組織であり，次いで階層構造が誕生した②順応型組織，科学的な予測に基づく効率的で複雑な③達成型組織，多様性と平等と文化を重視するコミュニティ型の時代におけるボトムアップ型の意思決定と多数のステークホルダーが影響し合う④多元型組織，そして変化の激しい時代における生命体型組織として自主経営（Self Management），全体性（Wholeness），存在目的（Evolutionary Purpose）を重視する独自の慣行を持つ⑤ティール（進化型）組織へと発達していくというのである。

ここで人間の進化における新たな段階は，マズローの自己実現の欲求に相当する本物（Authentic），統合的（Integral）な段階であるとして，これを進化型 Teal と呼んでいる。またこれまでの議論でいえば，②順応型組織がウェーバーの言う官僚制，④多元的組織からが強い組織文化によって統制された組織であるといえるだろう。そして④多元的組織では，古典的なピラミッド組織の中で，文化と権限委譲を重視して従業員のモチベーションを高め，「家族」がこの組織のメタファーであり，⑤ティール組織では「生命体」がメタファーとなるという。

組織を内面的・外面的，個別的・集合的の2次元における4つの象限から眺めると，②順応型と③達成型の組織は，ハードな，測定できる外面的な次元しか見ることができず，ソフトな，内面的な次元を無視してしまうという。そして④多元的組織は内面的で集合的な組織文化を重視するあまり，外面的で集合的な構造やプロセス，慣行を見直すことをしない傾向があるという。

そして⑤ティール組織における自主経営では，内面と外面，文化と制度は互いに反発するのではなく協力するという。さらにこの自主経営における組織文化は，従来型組織に比べると必要性が低いけれども影響力が強いとされる。従来の組織にあったような階層構造によってもたらされる問題を克服するため

30）Laloux, F.（2014）（鈴木立哉訳 2018, 52-73, 380-383 頁）。

の組織文化は必要なく，一方，階層構造との戦いに費やされていたエネルギーがすべて事業の成果を上げるために費やされるようになる，という意味で組織文化の影響力が強いというのである。

3．新しい組織構造

⑴　フラット化組織

従来のような安定した環境下では，組織は素早い意思決定よりも確実な行動と結果を求め，組織として確実にアウトプットの出る，階層的な組織構造が求められてきた。しかし現在のように複雑で変化の激しい環境変化にさらされている企業は，意思決定のスピードを最も重視する。一瞬の意思決定の遅れが企業の勝敗を分けることもある。このような状況下では，従来組織のように情報が階層を上下することで意思決定がなされるのでは間に合わない。現場組織の自律化が求められるのである。今日，こうした自律的行動が組織運営において可能になってきた理由の１つは，情報通信技術の発展である。これによって情報の流通コストが低くなり，多くの人が同じ情報を同時に知ることができ，トップマネジメントだけが重要でタイムリーな情報を持つとは限らない状況が起こってきたのである[31)]。

従来の組織は分権と階層を前提とした仕組みを持っていたが，個人あるいは下位組織の自律的行動を前提とした場合には，階層による情報の吸い上げと伝達は必要なくなる。したがって階層を重ねる必要がなくなり，組織の中間部分が不要になり，組織がより水平化した，フラット化組織になるのである[32)]。そこでは企業全体の方向性を組織メンバーや下位組織に伝え理解させ，自己決定することが可能な環境づくりが必要であり，そのためにはトップの持つ価値観や信念を企業文化として従業員に浸透させ，組織内に信頼関係を構築していくことが重要となる。

大企業の組織そのものを，もっと細い単位に分けて管理していこうとするア

31）高木晴夫（2005）55頁。
32）横田絵理（1998）。

イディアが，京セラのアメーバ経営である[33]。アメーバ経営では，企業の人員を6から7人の小集団（アメーバ）に組織し，このアメーバごとに時間当たりの採算（(売上－経費）÷労働時間）を算出して，その最大化を図る。そして目標値を月次，年次で策定し，労働時間短縮や売上増加策を実行に移し達成を目指すのである。このアメーバ経営の目指すものは，市場に直結した部門別採算制度の確立や，経営者意識を持つ人材の育成，全員参加経営の実現である。

(2) ネットワーク組織

複数の独立した企業や組織が情報ネットワークでつながっているような形の組織を，ネットワーク組織という[34]。フラット化組織は1つの組織において，その組織内でメンバーや下位組織の自律的行動が求められていた。ネットワーク組織では，複数の組織がそれぞれビジネスを実行するためにネットワークによって連携している。そしてビジネスが終了し，新しいビジネスを開始すると，その連携も新しいものになる。また連携自体も大変緩やかである。組織全体，つまりビジネス全体に関与している他の組織との関係は，市場原理による契約に基づくものである。各組織のメンバーは他の組織メンバーの強みと弱みを把握し，協働してビジネスを遂行するかどうかを決定することになる。

さらに，このようなネットワーク組織によってお互いが継続的に1つのビジネスを行っていくためには，市場原理だけではなく信頼関係が重要となる。フラット化組織においても1つの組織の中での信頼関係が重要となるが，ネットワーク組織のような独立した組織と組織の関係であっても，お互いの信頼性がビジネス継続のためにより重要なファクターとなるのである。

33）稲盛和夫（2006）。
34）高木晴夫監修（2005）57-58頁。

第3節　組織と信頼

1．信頼と共同体

⑴　信頼の役割

欧米においても情報化社会の進展によって信頼が重要な要因として議論されるようになってきている。フリードマン（Friedman）は，『フラット化する世界[35)]』の中で，信頼がなければフラットな社会もありえないとし，例えばUPSが顧客企業のサプライチェーンの内部に入り込んで「インソーシング」を行うためには，信頼が不可欠であると述べている。これは物流におけるいわゆる3PL（サードパーティー・ロジスティクス）の実践であり，例えば消費者がネットでカスタマイズして注文したBTO（Build to Order）パソコンは，その部品の在庫を物流倉庫で持ち，同じ倉庫の一角で組み立てられ，そのまま発送される，というようなことが起こっているのである。こうしたビジネスモデルが実現するためには，メーカーと物流業者との間での信頼関係が不可欠になるのである。

また「グローカル化」においてはインド，アメリカ，日本，中国の持つ文化が強みとなっており，そうした国では協力しようとする「よそ者」への信頼が社会に根を下ろしているという。すなわち現在のような複雑な分業をするためには，これまで以上に他人を信用しなければならないのであり，寛容な文化は信頼を生み，信頼はイノベーションと起業家精神の土台となるのである。

フクヤマ[36)]は，信頼は国の繁栄の前提条件であると言っているが，農耕民族ではなくとも，力を合わせて大きな動物を仕留める狩猟生活は人間に社会性を培い，人類は食物を他人と分け合おうとする自然な欲求を持っているという。こうした互恵的な利他主義は市場での取引と同じと思われがちであるが，交換は時間に拘束されず，便宜を図ったからといってすぐに見返りを得ようとはし

35）Friedman, T. L.（2006）（伏見威蕃訳 2006）。
36）Fukuyama, F.（1999）（鈴木主税訳 2000，下，32頁）。

ないし，正確にそれに見合うだけの報酬が払われることも期待されず，コミュニティの内部の道徳的な取引であると考えられる。これは清水[37]の言う「信頼取引」と対応するものである。

トフラー（Toffler）他[38]は，どの社会でも制度はそれを作った人の価値観を反映しており，逆に既存の制度が今のままの形では生き残れないのであれば，そうした制度が体現し主張する価値観や規範も生き残れないという。すなわち工業化社会から情報化社会に移るにつれ，家庭や教育の荒廃といった緊急の社会問題の解決に情報技術を活用できるように，また社会貢献活動の規模を拡大できるように，NPO やボランティア活動といった「社会起業家」が急増しているのである。そしてアメリカのような国ではこうした活動が歓迎される一方，伝統の力が圧倒的に強い国ではあまり活発にならないという。

さらにフクヤマ[39]は，伝統的な市場とヒエラルキーの中間としての「ネットワーク」を信頼の道徳的関係として捉え，これは共有されている規範と価値観によって定義されるとしている。現代の多くの職場で部下達に，より大きな権限を与えるヒエラルキーによらない関係，あるいはインフォーマルな「ネットワーク」が現れつつあり，そこでは協調関係は上から押し付けられるのではなく，下から湧き上がってくるものである。そして共有される規範または価値観に従って，フォーマルな命令がなくとも個人が共通の目的に向かって協力するのであり，協調関係は信頼を生む「社会関係資本」，すなわち人々の協力の基盤となるインフォーマルな価値観や規範に基づいているのである。ここで「ネットワーク」として理想的な企業文化とは，個々の労働者に集団としてまた個人としてのアイデンティティを与え，集団の目標に向かって努力するように促す文化のことであり，それが組織内での情報の流れを促進するのである。

こうして情報社会の進展によって水平的な対人関係がより重要なものとなり，そこでは信頼が大きな役割を果たすことになるのである。

37）清水龍瑩（1991）。
38）Toffler, A. & Toffler, H.（2006）（山岡洋一訳 2006, 下，77-89 頁）。
39）Fukuyama, F.（1999）（鈴木主税訳 2000, 下，58-73 頁）。

(2) 信頼とは何か

ソロモン（Solomon）他[40]によれば，大切なのは「信頼」そのものではなく「信頼を築くこと」であり，信頼を優れた機械の特性である依存や信頼性と区別する必要があるという。信頼は予想や期待の問題ではなく，必然的に相互作用と人間関係を伴う能動的なコミットメントの作用であって，単に信じることではなく行動を伴うのだとしている。信頼に代わるものは恐怖，管理，権力であり，我々は幼児期に信頼することを覚え，一生を通じて信頼の感覚を持ち続ける。これは基礎的信頼と呼ばれるが，大切なのは経験と決意とコミットメントの産物である見ず知らずの人をも対象とした真の信頼なのだという。

またビジネスの領域では，信頼の新しい可能性は特に企業家精神を通して表されているという。企業家精神とは，第一に信頼のネットワークを創り上げてそれに参加することなのである。希望なしには信頼する理由はほとんどなく，希望は戦略と異なって特定の計画を持たないが，今日のように急速に変貌する時代においては，すべての会社が開かれた可能性，これまで想像したこともない可能性，すなわち今創り出せる戦略とは隔離された将来を見ることができるのである。

そして企業が伝統的な短期的利益重視の姿勢を示していると本物の信頼はまれにしか見られず，企業が事業の人間関係の側面および顧客，従業員，供給業者そして地域社会との関係作りに真剣に取り組むことで信頼が本当の論点となり，そうした企業は長期的に見てはるかに成功の確率が高いというのである。またムードとしての信頼という議論では，会社等の複雑な組織においてムードは献身，効率，成功の重要な決定要因であり，官僚的ムードや（過度に）競争的なムードといった「悪い士気」と対比されるのが，会社やそこで働く人々を繁栄させる「信頼ムード」であるという。この「ムード」は組織文化と読み変えることができるであろう。さらに評価を行ったり受けたりし，それをいかに乗り越えるかを学ぶ実践は組織の中で信頼を築くための戦略の核心であるが，その中心となるのは自己と自己信頼を確立することであり，他の人との間に信頼を築くにあたってその核心にあるものが，自己抑制だというのである。

40）Solomon, R. C. & Flores, F.（2001）（上野正安訳 2004）。

こうした主に欧米における信頼の議論は，同じグループに所属しているから信頼あるいは安心するという日本的な形ではなく，欧米的な個人志向の人間観を基にした，独立している個人を前提として赤の他人を信頼するためのプロセスについての議論であり，そのため最後にはまた自己や自己信頼の確立，自己抑制が問題となっているように思われる。

(3)　コミュニティの復権

フクヤマ[41]は，インフォーマルな倫理的関係として理解される「ネットワーク」は人間のコミュニティそのものと同じくらい古く，これは前近代社会における社会関係の主要な形式であり，契約，法律，立憲政治，権力の制度的分権などはその欠点を打ち消すために生み出されてきたものであるという。そしてこれからの社会ではフォーマルなヒエラルキーから，インフォーマルな「ネットワーク」へと再びその重心を移し，テクノロジーに支えられる未来の世界では「ネットワーク」の重要性が増していく一方，①「ネットワーク」とそれを支える「社会関係資本」がすべての社会に存在するわけではない，②ヒエラルキーの果たす機能が組織の目標を達成する上で不可欠，③人間がそもそもヒエラルキー構造に組織化したがる性向を持つという3つの理由から，ヒエラルキーもまた社会機構に不可欠の要素として残るだろうとしている。

フリードマン[42]は，新しいビジネスの手法では指揮・統制ではなく水平の接続と共同作業が重要になり，水平に協力・管理するにはこれまでのトップダウン方式とは全く異なるスキルが一式必要であるという。そして今日の世界の縮小とフラット化は，「科学技術と資本は世界貿易を含むあらゆる垣根や境界線や摩擦や抑制を排除しようとあくなき進軍を続ける」という資本主義に関してマルクスが著作で力説した歴史の潮流と同じであり，世界は付加価値を生み出すための垂直的な指導・統制システムから，バリューが自然と生まれる水平的な接続・共同作業システムのモデルに移行していくというのである。そしてさらに電子メールやインターネットで人間らしい絆を結ぶのは難しいが，例えば

41）Fukuyama, F. (1999)（鈴木主税訳 2000, 下，69-95頁）。

42）Friedman, T. L. (2006)（伏見威蕃訳 2006, 上，294-359頁，下，35-50頁）。

新しいミドルの仕事の多くがパーソナルな味付けを必要としているので，工業化やインターネットによって衰退した人間のやり取りという技量がやがて復活するのではないかという。そしてこうしたパーソナライズされた他人との高度な交流は，決してアウトソーシングやオートメーション化することができず，バリューチェーンのどこかで絶対に必要となるというのである。

日本でも，いわゆる団塊ジュニアの世代ではコミュニケーション能力が高いか低いかが若者に勝ち組，負け組意識を植え付け，その能力の高いものはよりよい就職をし，より高い所得を得てより恵まれた結婚をして結果としてより高い階層に所属する一方，自分らしさにこだわりすぎて他者とのコミュニケーションを避け，社会への適応を拒む若者は結果的には低い階層に属する可能性が高いのではないかという[43)]。そして自分の意見を人に説明する，よく知らない人と自然に会話をするといったコミュニケーションスキルは学歴が高まるほど高い傾向にあり，階層を低く意識しているグループでは1人でいることに幸せを感じ，性格が内向的で優柔不断で依存心が強めであるという。一方，日本経済新聞社[44)]によると，20歳前後の若者の社会参加意欲は高く，今後，地域・社会活動の有望な担い手として期待できるという。そしてこの世代が社会を担う20年後には，週末やアフターファイブにボランティアや社会活動へ参加する姿が普通になるであろうとし，これはメールやインターネットで育つ中，人とのつながりを大切にするようになったからではないかという。

2．信頼とマネジメント

(1)　バリュー・マネジメント

バレット（Barrett）[45)]によれば，アメリカでもベビーブーム世代だけなく若い世代もまたコミュニティを望んでおり，彼らは仲間意識と共通の価値ある目標に向かって互いに努力し団結するコミュニティという考えに魅力を感じているのだという。これはキャリアや生活水準や経済的報酬ではなく，意義と成長

43）三浦展（2005c）173-205頁。
44）日本経済新聞社編（2005）219頁。
45）Barrett, R.（1998）（斎藤彰悟監訳，駒沢康子訳 2005）。

を重視した実りある人生を送りたいという欲望を基盤としているのである。そして人間や組織が利己主義的な哲学から離れ公共性ということを考え始めると，信頼，正直さ，誠実さ，慈愛，共有といった価値観が大切になってきて，こうした価値観によって運営されている組織は機械ではなく生命体であり，この組織が最良の健康体でいるためにはすべてのニーズのバランスをとる必要があるという。

人間のニーズと個人の動機には，① 安全，② 健康といった「身体ニーズ」，③ 人間関係，④ 自負・自尊といった「情緒ニーズ」，⑤ 達成，⑥ 自己成長といった「意識のニーズ」の上に，⑦ 意義，⑧ 貢献，⑨ 奉仕という「精神のニーズ」があり，その動機に応じて，仕事，学習，知識，報酬のタイプと関心の対象が異なるのだという。アメリカ企業の多くでは下位の段階に意識が配分されていることが多いが，アメリカの一流企業や日本の企業では上位段階に焦点を当てることが多く，例えばキヤノンは共生の文化が導入された後，世界市場のリーダーとなったというのである。そしてビジョン・使命・価値観をそれぞれの段階に応じて作成し，組織の生存，組織の適性，顧客・供給者との関係，組織の進化，組織文化，社会・コミュニティへの貢献という6つの領域のバランスをとることが重要だとしている。リーダーシップの意識にもまたニーズの段階に応じて，① 権威主義者，② 家父長主義者，③ マネージャー，④ ファシリテーター，⑤ コラボレーター，⑥ パートナー／サーバント，⑦ 見識者／ビジョナリー・リーダーという7つの段階がある。そして価値観中心の組織文化を維持するには，マネージャーシップからリーダーシップへと移行させる必要があり，信望があり，公益に共感し，人生にバランスよく取り組んでいる人材が必要になるのだという。

さらに強く前向きな組織文化とは，価値観が共有されている組織文化のことであり，コミットメントは共通のビジョンと価値観が関係者全員に共有されると強化され，価値観が共有されると信頼が生まれ，信頼は従業員に責任ある自由を提供し，これは意義と想像性を解き放つ。すなわち真のパワーはコントロール能力なのではなく，人を信頼する能力に備わっているのである。信頼は価値観を共有することから生まれ，憂鬱は，自我（利己心）の価値観と魂（公益）の価値観に整合性がない場合に生まれる。そして信頼と意義中心の組織文化は，真のコミュニティを築くことで可能になるというのである。

こうしたアイディアを見ると，マズローの欲求の5段階説では自己実現の欲求を最上位に置いており，これが個人志向的な自分の内面に関する利己主義的な側面での最上位であるのに対し，このモデルでは魂や公益，精神のニーズといった利他主義的な側面をより上位に置くことで，内部に対しても外部に対してもバランスのとれた価値観を持った組織文化の維持を目指している。近代化初期の西欧社会では，キリスト教的倫理によって企業行動においても利他主義とのバランスが保たれていたが，今日，そうした宗教的側面が後退することによって，経営者が意識して利他主義的側面についての価値を明らかにしていくことが求められているのではないだろうか。

(2) 信頼の経営

クーゼス（Kouzes）他[46)]は，上司と部下といった「ヒエラルキー」に代わる仕事における人間関係の概念は「コミュニティ：共同社会」であり，創造的共同社会は絶えることのない学びと成長の社会であり，メンバーは相互に貢献し合い専門家として存在すると言う。ドイツの社会学者テンニエス（Tönnies）[47)]によれば，人間社会が近代化すると共に，地縁や血縁，友情で深く結びつき，人間関係が重視される自然発生的なゲマインシャフト（共同体組織）とは別に，利益や機能を第一に追究するために人為的なゲゼルシャフト（機能体組織，利益社会）が形成されるという。従来の考えでいけば，西欧における家庭の周りに存在する社会生活の場としての共同生活体がゲマインシャフトであり，企業組織はゲゼルシャフトということになる。しかしクーゼス他は，これからは企業組織のあり方も，共同社会的であるべきだというのである。

企業の価値観を共有し個人的な価値観と組織の価値観が一致することを経験した人たちは，自分たちの仕事と組織に対しより肯定的な愛着を持っており，共同社会とは組織の新しい比喩的表現であり，職場は今日では隣人となり共同

46）Kouzes, J. & Posner, B.（1993）（岩下貢訳 1995）。
47）テンニエス F. 著，杉之原寿一訳（1957）。

社会としての役割を果たしている。共同社会を創設するためには，共通の価値観を促進し協力しながら働くことと相互に気づかい合うことの大切さを認識することが必要である。そして組織の募集と採用プログラムは共通の価値観を高め維持するために極めて重要になる。そして信頼感（Credibility）を高めるプロセスは我々人間が自分の行動には自分で責任をとるという信念により定まり，合意された共通の価値基準にどの程度反発するかにより人々の責任は決定されるのである。

(3) リーダーと信頼

クーゼス他[48]によると，アメリカでの調査において感動を呼ぶリーダーとは，正直であり，未来志向であり，情熱的で有能であるという特徴を持つ。そして組織は理想とするリーダーシップの質の面でも差別化を行おうとし，成功するリーダーになるために自分の中で何を開発しなければならないのかのメッセージを創造し，独自の組織文化を発展させるのである。リーダーシップに信頼感がもたらす差は，共有する価値観とビジョンを代表し喜んで人々自身をやる気にさせることである。そしてリーダーが信頼感を確立させるためには明快さ，団結力，強固さのプロセスが繰り返し守られる必要があり，信頼感のギャップを埋める唯一の方法は，双方から近寄り，理解し合い，人間として知り合うことなのである。

そして信頼感の6つの規範とは①自らの本質を見極める，②メンバーに感謝をする，③共通の価値観を確立する，④能力を開発する，⑤目的に奉仕する，⑥いつも希望を持つことであり，これらを学び実践することでリーダーシップに対する信頼感が維持されるのである。さらにネットワーク型の組織の中で働く現在，メンバーは単なる部下ではなく，同僚であり，マネージャーであり，企業の外ではサプライヤーであり，ベンダーであり，パートナーなのであり，リーダーはすべてのメンバーに目を配り対応して，信頼を得なければならないのである。一方，未来志向でありかつ意欲的であることは，協力的で頼りがいがあることとはしばしば一致しない。すなわち6つの規範は過度の状況

48）Kouzes, J. & Posner, B.（1993）（岩下貢訳 1995）。

になると傲慢，分裂，硬直，無益さ，隷属，依存心につながってしまうのであり，オープンさ，複雑さ，チャレンジ，謙虚さ，独立，行動といった防衛手段が必要なのである。例えば隷属に対する防衛手段は独立であり，大義の前に自分自身を失うことの作用に抵抗するためには，リーダーは所属する組織の外側から自身のアイデンティティを鍛えなおす必要があり，仕事の他に自分を定義する何かを見つけなければならないのである。

また強い文化はいくらか傲慢になりやすく，また内部志向となり，政治化し，官僚化しやすいし，規律と価値に関してのコンセンサスは，集団思考へと隷属させてしまうことになる。トフラー他[49)]も群集心理について述べており，群集に加わっていれば考える必要はなく，常識に従っていればだれからも非難されることもなく，間違っていたことがやがて分かっても，おろかだと思われる心配がないのだという。

すなわちこうした信頼の経営は，共通の価値観すなわち組織文化を持つことによる経営であり，組織文化による統制の具体例であると考えられる。そしてここで述べられているような規範の過度な状態は，強い組織文化の持つ逆機能であると考えられ，従来から強い組織文化を持っている日本型経営が反省すべき点である。例えばリーダーが「健全な依存」をして，企業以外に自分のアイデンティティを持つことは，集団思考やタコツボ型文化の問題を解決する１つの方向であろう。

⑷　異なる基層文化の上で

バリュー・マネジメントや，信頼の経営といった考えは，'80年代からの「メイド・イン・アメリカ」に見られたような，逆輸入の日本型経営肯定論の一種であるように思われる。しかしこの欧米の議論において基本になっているのは個人志向の文化における，全くの他者を含めた他人に対する能動的な信頼の重要性であり，日本における信頼は，同じ集団に属している内部の人間に対する受動的な信頼すなわち安心の問題である[50)]。すなわちこうした共同体的な

49）Toffler, A. & Toffler, H. (2006)（山岡洋一訳 2006, 上，235頁）。
50）山岸俊男（1998）46-47頁。

図 8-2　基層文化が異なる 2 つの経営

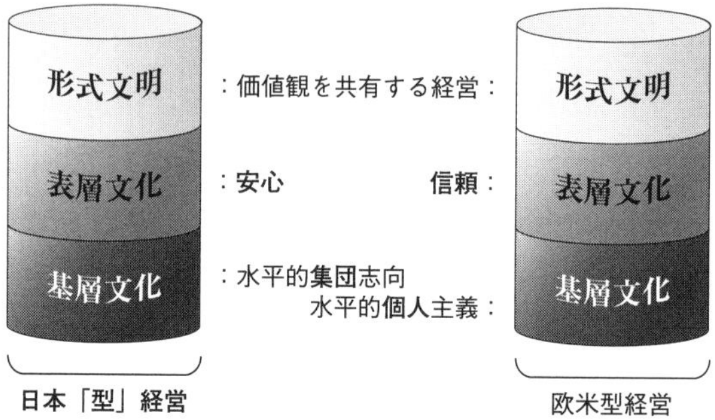

出所：筆者作成。

経営は組織文化による統制と考えることができるが，欧米においては個人志向的な人々の間でどのように組織文化を醸成していくのかが問題であり，日本においては従来から存在している組織文化を前提に，これを維持，変革させていくことこそが課題となろう。

すなわち欧米においても日本においても共同体はこれからの組織として理想的なのかもしれないが，これが単なる懐古趣味に終わらないようにするためには，それぞれの社会における基層文化の特性と表層文化の変化の方向を探り，理想的な状態を実現するためのより具体的なステップを示していく必要があるのではないだろうか。

おわりに

本章では，組織の統制メカニズムについてレビューを行った。ウェーバーの権力と権威の議論においては，伝統的，カリスマ的，合理的－合法的の 3 つの支配形態があり，そこから官僚制組織の議論が出ている。ウィリアムソンは市場と官僚制について議論し，マクレガーの X 理論，Y 理論と合わせて，オオウチの Z 型企業の議論における市場，官僚制，クランという 3 つの統制メカニズムとなった。これを組織文化の次元と組み合わせると，権力格差についての水平的－垂直的の次元において垂直的なほど官僚制が有効であり，個人志向が強いと市場メカニズムが，集団志向が強いと組織文化による統制がより有効である。垂直的集団主義であった日本「的」経営では官僚制と，クランすなわち強い組織文化の組み合わせが有効であったが，水平的集団志向の新しい日本「型」経営，すなわち「新・日本的経営」では，組織文化による統制のみが有効となる。欧米での議論は水平的個人主義を前提としていかに組織文化を醸成するのかが問題であり，水平的集団志向の日本においては，強い組織文化を前提に，いかにこれを維持，変革していくかが課題となるのである。

第9章

実証2：革新性×集団志向×権力格差

水平的－垂直的，集団的－個人的は，組織文化の内部統合機能に関連する次元であり，組織文化の管理的側面としての特徴を表していると考えられる。まずはこの2つの次元を掛け合わせて組織文化を分類した研究について見てみたい。

第1節　個人調査による実証分析2

1．権力格差の次元

(1)　経営文化の国際比較

経営学分野における研究では，全般に「日本」対「外国」といった二分法的視点で捉えられているものが多く，文化相対主義による多文化論的な研究はあまり多くない。そうした中で最も広く知られている多文化論的研究は，ホフステード（Hofstede）[1)]のものである。彼は社会心理学の博士号を持つオランダの組織人類学ならびに国際経営論の教授であり，人類学者のクラックホーン（Kluckhohn）による文化の定義を引用しながら，「1つの人間集団の成員を他の集団の成員から区別することができる人間心理の集合的プログラミング」として文化を定義しており，これは狭義の組織文化を機能的側面から定義したも

1）Hofstede, G. (1980)（萬成博・安藤文四郎監訳 1984, 12頁）。Hofstede, G. (1991)（岩井紀子・岩井八郎訳 1995, 149-194頁）。

のといえよう。

彼は1980年にIBMの全世界50カ国以上の社員に対する調査データから，国の文化を表す4つの次元を見いだした。①権力の格差，②集団主義対個人主義，③女性らしさ対男性らしさ，④不確実性の回避の各次元である。そして文化をメンタル・ソフトウェアと呼び，例えば人は組織がどうあるべきかについて暗黙の組織モデルを持っており，組織構造と人間関係の問題については，これに沿って反応すると考えている。組織については，権力格差と不確実性の回避という2つの次元から考え，この2軸を使った4象限をそれぞれ家族，村の市場，油をよくさした機械，ピラミッド型組織の4つの組織モデルに対応させている。

そして経営学者もまた特定の文化のもとに生まれた人間であり，それぞれの象限に対応した経営学者が存在するという。また経営学者や経営者だけでなく，会計士や会計学者，その他の専門家たちもまた人間として文化に拘束されており，それぞれの社会の文化において特有の役割を果たしているというのである。また国家レベルでの文化の違いはほとんどが価値観の違いによるところであり，逆に組織レベルでの文化の違いはほとんどが慣行の違いから生じているとしている。これは同じ「文化」という言葉を使っても，その文化集合の大きさによってその意味するところが異なってくることを表しており，マクロ的な研究の成果がそのままミクロ的に当てはまるかどうか，十分な検討が必要とされることを示している。

さらにホフステード自身によるその後の研究で注目されるのは，国民文化の違いを表す第五の次元の発見である。これは長期志向対短期志向の軸であり，これは中国人の志向に基づいた調査票を使って発見されたものである。彼も述べているように，彼自身，また4つの軸を理論的に説明した他の研究者の中にも「西洋的な文化的偏見」があったのだという[2)]。文化研究者であっても，その心の中に自分が所属する社会の文化的枠組みがプログラムされていることに常に注意を払わなければならないのである。

2）Hofstede, G. (1991)（岩井紀子・岩井八郎訳 1995, 15頁）。

⑵ 異文化の波

ホフステードの研究以降，これを基に多くの国際意識調査が行われており[3]その後出てきた議論が，多文化主義の発想に基づいた異文化マネジメント論である。トロンペナールス（Trompenaars）他[4]は国際企業に所属するマネージャーを対象とした55カ国，約3万サンプルの調査を基に，因子分析によって抽出した国民文化の7つの次元を挙げて異文化マネジメントを論じている。

まずそもそも会社自体を社会的集団であると考えるか，それともシステムであると考えるかという点について見てみると，日本では61％の人が社会的集団であると考え，アメリカでは56％の人がシステムであると考えている。こうした違いによって経営管理が組織に与える影響が異なってくるのである。また何がその社会において基本的仮定になっているかは，質問が回答者に混乱やいらだちを引き起こしたときに分かるという。さらに気を付けなければならないのは，こうした行動に関して極端で誇張された形式であるステレオタイプを用いるのではなく，正規分布としての文化を考えることである。すなわちそれぞれの文化の中で規範や価値観は，平均を中心として幅広く広がっていると考えることができるのである。

そして彼らは国民文化のうち，人間が他者とどのように関係を持つかに関連した5つの次元を挙げている。まず①普遍主義対個別主義（規則対人間関係）の次元について見ると，多くの項目で日本に比べてアメリカでは普遍主義の水準が相対的に高い傾向にある。②共同体主義対個人主義（集団対個人）の次元では，日本はより共同体主義的であり，③感情中立的対感情表出的（感情表出の範囲）の次元では，日本は感情表出を最も受け入れない国の1つとされている。④関与特定的対関与拡散的（関与の範囲）の次元では，アメリカの方がずっと関与特定的であり，例えば仕事とプライベートがより明確に分かれている。⑤達成型地位対属性型地位（地位が付与される方法）の次元では，日本はより属性型地位でアメリカはより達成型地位であり，前者では社内の教育訓練に力を入れると同時に年長者，勤続年数，部下の数が重視され，尊敬さ

3）高橋伸夫（1997）28頁。
4）Trompenaars, F. & Hampden-Turner, C.（1997）（須貝栄訳 2001）。

れることが重要となる。

次に時間に関する次元として ⑥ 長期志向対短期志向について見てみると，アメリカの方が短期志向であり，そして最後に人が自然環境に与える役割として ⑦ 内的コントロール対外的コントロールの次元について見ると，アメリカの方がより自然をコントロールすることに価値があるとする内的コントロール志向の傾向が見られた。

彼らによれば企業の文化を診断するためにはさらに2つの次元が重要であり，それは ① 平等主義－階層制と ② 人間志向－課業志向である。そして平等主義で人間志向が「自己実現志向的文化」，平等主義で課業志向が「プロジェクト志向的文化」，階層制で人間志向が「権力志向的文化」，階層制で課業志向が「役割志向的文化」であるとして（図 9-1），日本の企業は階層制で人間志向の家族型である権力志向的文化を持つというのである

そしてここでいう平等主義－階層制の次元が，ホフステードの言う権力の格差の次元であり，本論でいう水平的－垂直的の次元である。そして共同体主義対個人主義（集団対個人）の次元が本論でいう集団的－個人的の次元となる。

それではこうした文化の違いは何から生じているのだろうか。もちろんその原因は多岐にわたるが，その1つとして，基層文化としての宗教の役割を考え

図 9-1　企業文化の4タイプ

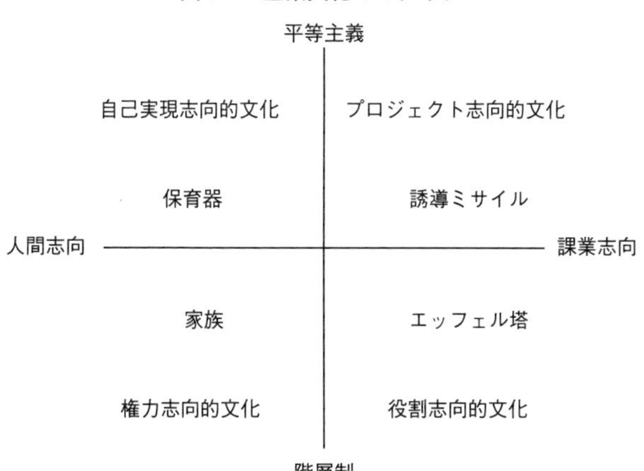

出所：Trompenaars, F. & Hampden-Turner, C. (1997)（須貝栄訳 2001, 274 頁）。

ることができる。トロンペナールス他は前述の７つの次元について，その違いの潜在的な要因をデータマイニングすると，すべての次元で国の次に産業，仕事などが上位に来るが，それらに次いで宗教が重要な要因となっているという。そして普遍主義や個人主義はプロテスタントの文化であり，個別主義や共同体はカトリックの文化であるという。また達成型地位の典型がプロテスタントであり，属性型地位がカトリック，ヒンズー教，仏教などの宗教を持つ国で多く見られるが，現在高い成長率を挙げているのは仏教と儒教が影響を与えた国であるというのである。

従来，上述のような次元の中で日本を分析する際には，権力の格差と集団－個人の次元とがよく用いられており[5]，この２つの次元は本論における水平的－垂直的，集団的－個人的の次元を表していると考えられる。ホフステード[6]も述べているように国のレベルで調査した場合，一般にこれら２つの次元は相関が高く，垂直的集団主義と水平的個人主義が世界の中で「典型的な」パターンであると考えられる。そしてこれ以外にも多くの次元があり，国の文化を比較する際には有効になるものと思われるが，ここでは日本の組織を分析するための２つの次元として，水平的－垂直的，集団的－個人的の２つの次元に注目したい。

２．仮説と分析方法

それでは前述の革新的－保守的と，集団的－個人的の２つの次元に，さらに権力格差の次元を組み合わせ，組織文化を８つに分類すると，その組織のパフォーマンスはどのようになるのであろうか。まず個人を対象としたミクロなデータを用いて確かめてみたい。

(1)　仮説

組織のパフォーマンスの良さはその有効性によって測定可能である。古川[7]

5）工藤力・Matsumoto, D.（1996）156頁，石井敏他編（1997）39頁。

6）Hofstede, G.（1980）（萬成博・安藤文四郎監訳 1984）。

7）古川靖洋（2006）79, 127-129頁。

は，ホワイトカラーの生産性調査において，組織の有効性を測定する指標として，1）アイディア創出度，2）他部門との情報交換度，3）従業員モラールの3つを挙げている。そこでまず，これらの指標が組織文化の分類によって異なるかどうかを確かめてみたい。

仮説1：組織の有効性指標は，組織文化の分類によって異なる。

古川（2006）の分析において，これらの組織の有効性指標に影響を及ぼす規定要因として，個人的要因としては，1）個人の革新性と，2）組織に対する個人のコミットメントを，組織的要因としては，3）コミュニケーションと信頼，および4）組織の柔軟性を導出している。そこでこうした規定要因と組織文化の関係について考えてみたい。

仮説2：規定要因の影響は，組織文化の分類によって異なる。

最後にこうした規定要因が，組織文化の分類によって異なるかどうかを確かめたい。

仮説3：有効性の規定要因は，組織文化の分類によって異なる。

(2)　調査概要

以上の仮説を検証するために，株式会社エフエム・ソリューションとの共同研究で行われた「ホワイトカラーの生産性に関するアンケート調査[8)]」のデータを用いた。調査時期は2010年11月および2012年11月，アンケート配布数は各5,000件の延べ10,000件であった。回収総数は併せて2,040件で，記述統計等を基にデータのチェックを行い，最終的な有効サンプル数は1,868件（有効回答率18.7%）となった。

まず初めに，組織文化に関する調査項目を用いてサンプルの分類を行った。「貴社の組織を全体として見たときに，同業他社と比べてどのような組織的な特徴（組織文化）が存在しますか」という6段階のSD法を用いた12の問い

8）調査の詳細は古川靖洋（2014）。

表 9-1　組織文化の次元と構成変数との相関係数

	保守的－革新的	個人的－集団的	垂直的－水平的
ア 保守的－革新的	0.785	0.301	0.363
オ 年功主義的－能力主義的	0.765	0.271	0.274
ケ 模倣的－創造的	0.715	0.360	0.421
サ 協調・独立的－競争・相互依存的	0.446	−0.167	−0.150
エ 経営戦略・目標が浸透	0.376	0.760	0.398
ウ 短期的視点－長期的視点	0.262	0.717	0.332
シ 信頼関係が強い	0.277	0.704	0.508
キ 個人的－集団的	−0.060	0.627	0.128
コ 権威・階層的－平等・調和的	0.200	0.341	0.704
カ 情報が職位を問わず共有化	0.297	0.258	0.689
ク 部門内コミュニケーション良好	0.287	0.476	0.642
イ トップダウン－ボトムアップ	0.134	0.183	0.596
α	0.626	0.653	0.565

注：すべての相関係数は5%水準で有意。同じ次元に属する変数の係数を網掛けにしている。
出所：筆者作成。

を，探索的因子分析ならびに相関分析により分類し，「保守的－革新的」，「年功主義－能力主義」，「模倣的－創造的」，「協調－競争」の4項目の平均を本論における革新性を表す革新的－保守的の次元として（α＝0.626），「個人的－集団的」，「信頼関係が弱い－信頼関係が非常に強い」，「経営戦略・目標が浸透していない－経営戦略・目標が完全に浸透」，「短期的視点・長期的視点」の4項目の平均を本論における集団志向を表す集団的－個人的の次元として（同0.653）用いることにした（表9-1）。

そして「権威・階層的－平等・調和的」，「情報が職位に応じて階層化－情報が職位を問わず共有化」，「トップダウン－ボトムアップ」，「部門内のコミュニケーションが良好ではない－部門内のコミュニケーションが極めて良好」の4項目の平均を本論における権力格差を表す水平的－垂直的の次元として（同0.565）用いることにした。それぞれの尺度を，サンプル数が約半数になるように2分割し，その3つのカテゴリ変数を用いて全サンプルを8つに分類し，佐藤（2009）などを基に組織文化の内部統合機能に関する2軸を用いてネーミングを行った（表9-2）。

表 9-2　組織文化による 8 分類（サンプル数）

保守的／革新的	集団的	個人的
垂直的	ファミリー　：199 ／ 141	ピラミッド：464 ／ 174
水平的	ネットワーク：211 ／ 331	マーケット：198 ／ 150

出所：筆者作成。

3．分析結果

(1)　組織文化と有効性

まず仮説 1 を実証するために，3 つの有効性指標の水準が組織文化の 8 分類で異なるかどうか分散分析を行った（表 9-3)。以下の表では，最大値に下線を引いている。そして分散分析が 5％水準で有意であった場合これにアスタリスクを付け，さらに等分散の検定ならびに多重比較を行って，5％水準で有意な差が見られたカテゴリのグループを同じ色で網掛けにしている。いずれの有効性指標も，分散分析は 5％水準で統計的に有意であり，多重比較の結果，全般に保守的よりも革新的な文化でその水準が高いが，階層的で個人的なピラミッドの文化で低く，水平的で集団的なネットワーク文化で高いことが分かった。また権力格差の次元である水平的－垂直的の尺度に関しては，全般に水平的なほど有効性指標が高い傾向が見られるが，革新的なピラミッドとマーケットを比較すると，水平的なマーケットの情報交換度が低く，権力格差の次元を追加することの意義があるといえる。以上により仮説 1 は実証されたといえよう。

表 9-3　有効性指標と組織文化による 8 分類

	ピラミッド		マーケット		ファミリー		ネットワーク	
	保守	革新	保守	革新	保守	革新	保守	革新
アイディア創出度	4.41	4.55	4.47	4.60	4.36	4.68	4.52	4.80*
情報交換度	3.98	4.32	4.14	4.30	4.15	4.47	4.35	4.69*
モラール	3.51	3.87	4.01	4.23	4.00	4.42	4.39	4.70*

注：アンダーラインは最大値を示す。＊がつく相関係数は 5％水準で有意。分散分析が有意であれば，等分散の検定を行った上で多重比較を行い，有意な差のあるグループを異なった色で塗り分けている。以下の分散分析結果も同様。

出所：筆者作成。

⑵ 組織文化の次元と有効性の規定要因

次に有効性の規定要因に関する36の設問を探索的因子分析によって6つに分類した。そしてそれぞれを基準化し，1）個人の革新性（7変数，$\alpha=0.819$），2）組織に対するコミットメント（7変数，同0.829），3）コミュニケーション（5変数，同0.841），4）信頼性（5変数，同0.816），5）組織の柔軟性（7変数，同0.762），6）自律性と権限委譲（5変数，同0.739）の規定要因の尺度を作成した。最後に，組織文化の3つの次元と6つの有効性の規定要因との関係を見るために，重回帰分析を行った（表9-4）。その結果，全般にコミュニケーションの説明力が高く，個人の革新性との関連は有意でないことが分かった。それに加えて集団的－個人的の次元では2）組織に対するコミットメントおよび4）信頼性，5）組織の柔軟性が，水平的－垂直的の次元では相対的に6）自律性と権限委譲の説明力が高いことが特徴となっている。したがって仮説2はおおむね実証されたといえよう。

表9-4　有効性の規定要因と組織文化の重回帰分析（ベータ）

	保守的－革新的	個人的－集団的	垂直的－水平的
1）個人の革新性	0.012	-0.025	-0.027
2）組織に対するコミットメント	0.076*	0.363*	0.222*
3）コミュニケーション	0.444*	0.372*	0.394*
4）信頼性	0.118*	0.268*	0.163*
5）組織の柔軟性	0.140*	0.266*	0.216*
6）自律性と権限委譲	0.125*	0.008	0.220*
調整済み r^2	0.251*	0.413*	0.325*

注：ベータが大きいほど濃い網掛けにしている。
出所：筆者作成。

⑶ 組織文化と有効性の規定要因

最後に仮説3を実証するために，6つの規定要因を組織文化の8分類と分散分析および多重比較にかけたところ（表9-5），1）個人の革新性以外の5つの要因で有意な結果となった。全般に革新的なほど，水平的なほど，集団的なほど有効性の規定要因の水準は高くなる傾向が見られた。4）信頼性については，個人的なピラミッド，マーケットにおいては，革新的な方がその水準が低く

表 9-5　有効性の規定要因と組織文化による8分類

	ピラミッド		マーケット		ファミリー		ネットワーク	
	保守	革新	保守	革新	保守	革新	保守	革新
1) 個人の革新性	0.079	−0.010	−0.177	0.054	−0.057	−0.046	−0.135	0.118
2) 組織に対するコミットメント	−0.318	−0.064	−0.139	−0.029	−0.011	0.260	0.285	0.297*
3) コミュニケーション	−0.313	−0.172	−0.091	0.005	−0.004	0.115	0.238	0.372*
4) 信頼性	−0.356	−0.411	−0.091	−0.161	0.211	0.276	0.316	0.386*
5) 組織の柔軟性	−0.642	0.136	−0.087	0.291	−0.139	0.333	0.181	0.579*
6) 自律性と権限委譲	−0.141	0.016	0.245	0.279*	−0.304	−0.199	−0.047	0.215

出所：筆者作成。

なっていた。一方，6）自律性と権限委譲については，垂直的なファミリー，ピラミッドで低く，水平的なマーケット，ネットワークで高くなっており，水平的－垂直的の権力格差の次元と関連が強いことが分かった。よって仮説3は実証されたといえよう。

⑷　考察

以上のように，仮説1から仮説3はおおむね実証され，組織文化による分類に，権力格差の次元を追加すると，組織の有効性やそれに対する規定要因，そして有効性と規定要因との関係性に部分的にではあるが違いがあることが分かった。すなわち組織文化が組織の有効性に影響を与えおり，革新的－保守的，集団的－個人的，水平的－垂直的の3つの次元を組み合わせて分析することに一定の効果があることが確認できた。

第2節　企業調査による実証分析2

1．仮説と分析方法

次に，革新的－保守的と，集団的－個人的，水平的－垂直的の3つの次元を組み合わせ，組織文化を8つに分類すると，その企業のパフォーマンス，すなわち業績はどのようになるのであろうか。企業を対象としたマクロなデータを用いて確かめてみたい。

(1) 仮説

企業の業績は，成長性と収益性，そして従業員モラールの高さで測定可能である[9)]。企業が維持発展していくためには，まずある程度以上の収益をあげながら成長していくことが不可欠であるからである。またそのような成長が長期に維持されていくためには，企業を支える人々のたえざる創造性の発揮が不可欠であり，その創造性を充分に発揮させるためには，従業員モラールが高くならなければならないのである。

組織文化は企業の外部適応機能と内部統合機能を果たしているので，その違いは成長性，収益性，従業員モラールといった業績指標の違いとして現れると考えられる。外部適応機能として考えた場合，革新的－保守的の次元において，革新的であるほど企業の業績は高くなると考えられる[10)]。

仮説 4：企業の業績は，組織文化が革新的なほど高くなる。

また内部統合機能として考えた場合，集団的－個人的の次元と水平的－垂直的の次元において，集団的であるほど，水平的であるほど企業の業績は高くなると考えられる[11)]。

**仮説 5：企業の業績は，組織文化が集団的なほど，水平的なほど
高くなる。**

まず組織文化の内部統合機能を考えた場合，集団志向，権力格差の２つの次元を組み合わせて，組織文化を４つに分類すると，その求められる統治方法が異なってくるため，業績や企業経営の特質は異なってくると考えられる。

9）清水龍瑩（1981）259-261 頁。
10）佐藤和（2009）277-281 頁。
11）佐藤和（2009）284-288 頁。

仮説 6：企業の業績および経営の特性は，内部統合機能による組織文化の 4 分類によって異なる。

そして革新性を加えた 3 つの次元を組み合わせ，組織文化を 8 つに分類すると，その企業の業績は異なると考えられる。さらに，組織文化はその外部適応機能，内部統合機能を通じて企業経営のあらゆる面と関連しているため，組織文化の 8 分類によっても，企業経営の特性は異なってくると考えられる。

仮説 7：企業の業績および経営の特性は，組織文化の 8 分類によって異なる。

⑵　調査概要

以上の仮説を検証するために，慶應義塾大学経営力評価グループによる「コーポレートガバナンスとマネジメント全般に関する調査 2008 年，2009 年，2010 年，2011 年，2012 年」のデータを用いた。東証一部二部上場の製造業および一部非製造業を対象とし，2008 年の調査[12]では調査対象企業数 2,035 社，有効回答数 105 社（有効回答率 5.2％），2009 年の調査[13]では調査対象企業数 1,991 社，有効回答数 172 社（有効回答率 8.6％），2010 年の調査[14]では調査対象企業数 1,963 社，有効回答数 206 社（有効回答率 10.5％），2011 年の調査[15]では調査対象企業数 1,961 社，有効回答数 159 社（有効回答率 8.1％），2012 年の調査[16]では調査対象企業数 1,961 社，有効回答数 199 社（有効回答率 10.1％）であった。そしてこれら 5 年分のデータを，証券コードを用いて統合し，最終的な延べサンプル数は 569 社となった。

次に個人調査と同様に，組織文化に関する調査項目を用いて尺度の作成を行った。「貴社の組織を全体として見たときに，同業他社と比べてどのような

12）岡本大輔他（2009）。
13）岡本大輔他（2010）。
14）岡本大輔他（2012a）。
15）岡本大輔他（2012b）。
16）岡本大輔他（2013）。

組織的な特徴（組織文化）が存在しますか」という6段階のSD法を用いた12の問いを，探索的因子分析ならびに相関分析により分類し，「保守的－革新的」，「模倣的－創造的」，「年功主義－能力主義」，「短期的視点－長期的視点」の4項目の平均を本論における革新性を表す革新的－保守的の次元として（α＝0.715），「経営戦略・目標が浸透していない－経営戦略・目標が完全に浸透」，「信頼関係が弱い－信頼関係が非常に強い」，「部門内のコミュニケーションが良好ではない－部門内のコミュニケーションが極めて良好」，「個人的－集団的」の4項目の平均を本論における集団志向を表す集団的－個人的の次元として（同0.680）用いることにした。そして「権威・階層的－平等・調和的」，「トップダウン－ボトムアップ」，「情報が職位に応じて階層化－情報が職位を問わず共有化」，「競争－協調」の4項目の平均を本論における権力格差を表す水平的－垂直的の次元として（同0.512）用いることにした（表9-6）。

表9-6　組織文化の次元と構成変数との相関係数

	保守的－革新的	個人的－集団的	垂直的－水平的
ア 保守的－革新的	0.658*	0.190*	-0.048
ケ 模倣的－創造的	0.622*	0.355*	0.067
オ 年功主義的－能力主義的	0.538*	0.234*	-0.047
ウ 短期的視点－長期的視点	0.511*	0.315*	0.125*
エ 経営戦略・目標が浸透	0.299*	0.595*	0.062
シ 信頼関係が強い	0.256*	0.577*	0.219*
ク 部門内コミュニケーション良好	0.308*	0.549*	0.226*
キ 個人的－集団的	0.116*	0.496*	-0.133*
コ 権威・階層的－平等・調和的	0.095*	0.257*	0.550*
イ トップダウン－ボトムアップ	-0.023	0.108*	0.500*
カ 情報が職位を問わず共有化	0.179*	0.185*	0.488*
サ 競争・独立的－協調・相互依存的	-0.220*	0.068	0.439*
α	0.715	0.680	0.512

注：＊がつく相関係数は5％水準で有意。同じ次元に属する変数の係数を網掛けにしている。
出所：筆者作成。

２．分析結果

⑴　組織文化の次元と企業業績

仮説を実証するために，相関分析を行った。各調査時点での 1）４年間移動平均売上高伸び率を基準化して 0〜5 点とした成長性，2）売上高経常利益率を基準化して 0〜5 点とした収益性，3）アンケートより基準化して０から５点とした従業員モラール，の３つの業績変数との相関係数を計算した（表 9-7）。

その結果，革新性の次元は成長性，収益性，モラールというすべての業績変数と正の相関があり，集団志向の次元は相対的にモラールと高い正の相関があることが分かった。よって仮説 4，5 は実証されたといえよう。

表 9-7　組織文化の次元と業績の相関係数

	保守的－革新的	個人的－集団的	垂直的－水平的
成長性	0.094*	-0.001	-0.031
収益性	0.204*	0.146*	0.019
従業員モラール	0.391*	0.478*	0.194*

注：相関係数が大きいほど濃い網掛けにしている。
出所：筆者作成。

⑵　組織文化の４分類と企業業績

まず初めに，組織文化の内部統合機能に関する集団的－個人的，水平的－垂直的の２つの次元の尺度を用いて，それぞれをサンプル数が約半数となるように２分割し，この２つのカテゴリ変数を用いて全サンプルを４つに分類した（表 9-8）。

表 9-8　組織文化による 4 分類（サンプル数）

	集団的	個人的
垂直的	ファミリー　：105	ピラミッド：191
水平的	ネットワーク：163	マーケット：111

出所：筆者作成。

表 9-9　収益性と同じ傾向の要因

	ピラミッド	マーケット	ファミリー	ネットワーク
収益性	2.33	2.32	2.54	2.56*
Q20 企業の地域貢献・社会貢献に対する考え方	3.17	3.16	3.43	3.53*
Q3004 MBO（目標管理制度）を導入すべき r	1.53	1.60*	1.53	1.40

注：記号は設問番号。r は 1 ほど強い内容となる逆転項目。以下も同様。
出所：筆者作成。

そして組織文化の 4 分類と業績との関係を見るために，成長性，収益性，従業員モラールとの分散分析と多重比較を行った。その結果，収益性と従業員モラールで有意な結果となった。収益性はマーケットで低く，ネットワークで高かった（表 9-9）。個人的な文化の中では，垂直的であると収益性が低く，水平的であると収益性が高くなっているようである。次いで同アンケートのトップ，信頼，社会性，経営課題に関する要因と，組織文化の 4 分類との関係を見るために分散分析と多重比較を行った。その結果が収益性と同じ傾向の要因を見ると，企業の地域貢献・社会貢献に対する考え方が，営利企業には不要である（カテゴリ 1）とする企業より，戦略的目標の 1 つと考え，長期的継続を目指している（4）とする企業で収益性が高く，MBO（目標管理制度）をグループ全体で導入すべきと考えていない企業（カテゴリ 2）より考えている企業（1）の収益性が高いことが分かった。

一方，従業員モラールは個人的なピラミッド，マーケットで低く，集団的なファミリー，ネットワークで高く，集団志向の次元と関連が強いと考えられる（表 9-10）。多重比較の結果が，集団志向と関連する従業員モラールと同じ傾向の要因を見ると，企業倫理やコンプライアンスに関する活動の種類が多く，株主，労働組合，地域社会との信頼関係が高く，倫理綱領や行動基準，行動指針が活用されているほど，従業員モラールが高くなっている。こうした企業においては，集団志向が強いことがステークホルダーの信頼関係と関係し，倫理的な行動が導かれているのでないだろうか。

表 9-10　従業員モラールと同じ傾向の要因

	ピラミッド	マーケット	ファミリー	ネットワーク
従業員モラール	4.13	4.29	4.78	4.85*
集団志向 r	3.45*	3.38	2.45	2.43
Q22c 企業倫理やコンプライアンス（数）	6.12	6.64	6.96	7.54*
Q24a 株主との信頼関係 r	2.64*	2.60	2.19	2.19
Q24e 労働組合との信頼関係 r	3.12*	2.90	2.52	2.46
Q24f 地域社会との信頼関係 r	2.79*	2.60	2.23	2.22
Q29 倫理綱領や行動基準，行動指針の活用状況	3.95	3.96	4.77*	4.55

出所：筆者作成。

(3)　組織文化の 4 分類と企業経営

多重比較の結果が，ファミリーやピラミッドといった権力格差の次元において垂直的な文化で特徴的な要因を見ると（表 9-11），設立年度や上場年度が最近であり，従業員や取締役の平均年齢は低いが，社長および取締役の平均在職期間が長く，最高意思決定機関における社長の運営方針が，「多数の構成メン

表 9-11　権力格差と同じ傾向の要因

	ピラミッド	マーケット	ファミリー	ネットワーク
権力格差	3.89*	3.04	3.87	2.92
設立年度	1955	1947	1958*	1948
上場年度	1980	1970	1982*	1974
従業員平均年齢 r	39.7	40.6*	38.9	40.1
Q0402 取締役（平均年齢）r	58.2	58.8	58.1	59.5*
Q0404 社長（平均在職期間）	8.24	5.65	9.26*	6.25
Q0405 取締役（平均在職期間）	6.52	5.03	6.88*	5.81
Q07 最高意思決定機関における社長の運営方針 r	2.37	2.77	2.29	2.79*
Q3015 グローバルな管理会計制度を導入すべき	1.73*	1.61	1.73	1.56
Q31313 新しい顧客（取引先）の開拓：最大危機への対応策 r	1.74	1.92*	1.70	1.83

出所：筆者作成。

バーの意見を中心に議論し，多数意見を尊重し社長がこれを決定する（カテゴリ 4)」のではなく，「役員の意見も参考にするが，社長がもっぱら決定する(1)」傾向があり，グローバルな管理会計制度の導入を考えておらず，最大の危機への対応策が新しい顧客（取引先）の開拓であった企業が，垂直的な文化を持つ傾向が見られた。

社長の出身地位と組織文化の 4 分類のクロス集計を行うと，χ 二乗検定が 5% 水準で有意であった（表 9-12)。垂直的なピラミッドやファミリーでは，創業者あるいは二代目等の社長が，水平的なマーケットやネットワークでは生え抜きの社長が相対的に多くなっていることが分かった。創業者あるいは二代目社長のいる若い企業は，トップのカリスマ性を生かして，より垂直的な管理を行っている傾向があると考えられよう。

そして多重比較の結果が，集団志向と権力格差の両方の次元に関連があり，個人的で垂直的なピラミッドで低く，集団的で水平的なネットワークで高い要因を見ると（表 9-13)，監査役の人数が多く，企業倫理，コンプライアンス，CSR に関する教育・研修を行っており，全世界共通の組織文化形成を目指し，本社主導による人事異動を行い，プロジェクト・チームやタスクフォースを積極的に活用し，タコツボ組織の防止に積極的に取り組み，グループ全体で導入すべきマネジメント施策も多く，これまでの最大危機への対応策は，有能な人材の導入・育成ではなく，不採算部門からの撤退であり，将来世代を意識に入れた事業展開を行っている企業であることが分かった。集団志向が強く，権力格差が小さいほど，社会性の向上に積極的であり，人や組織を生かした経営を

表 9-12　組織文化による 4 分類と社長の出身地位

	ピラミッド	マーケット	ファミリー	ネットワーク
創業者社長	16.0%	2.4%	13.5%	2.5%
二代目等	21.4%	23.2%	28.4%	17.2%
生え抜き	37.4%	54.9%	37.8%	57.4%
他の機関等から	25.2%	19.5%	20.3%	23.0%
合計	100.0%	100.0%	100.0%	100.0%

注：比率が相対的に高いほど濃い網掛けにしている。
出所：筆者作成。

表9-13　2つの次元に関連する要因

	ピラミッド	マーケット	ファミリー	ネットワーク
Q0412 監査役（人数）	3.71	3.82	3.80	3.96*
Q2207 企業倫理, コンプライアンス, CSR に関する教育・研修を実施 r	1.26*	1.21	1.15	1.13
Q3014 全世界共通の組織文化形成を導入すべき r	1.90*	1.86	1.82	1.73
Q3020 本社主導による人事異動 r	1.60*	1.50	1.47	1.42
Q3024 プロジェクト・チームやタスクフォースの積極的活用 r	1.58*	1.51	1.39	1.35
Q30c2 タコツボ組織防止策（数）	2.20	2.51	2.88	3.12*
Q3028 タコツボ組織防止策：特に必要な仕組みはない	1.83	1.91	1.96*	1.95
Q30c1 グループ全体で導入すべきマネジメントの内容（数）	3.68	3.91	4.20	5.03*
Q31301 有能な人材の導入・育成：最大危機への対応策	1.73	1.88	1.77	1.91*
Q31309 不採算部門からの撤退：最大危機への対応策 r	1.71*	1.52	1.59	1.47
Q32 将来世代を意識に入れた事業展開 r	3.36*	3.19	3.15	2.86

出所：筆者作成。

目指し，将来を見据えた事業展開を行っているといえるであろう。

以上の分析を通じて，仮説6はほぼ実証されたといえよう。

(4)　組織文化の8分類と企業業績

次に，内部統合機能である集団的－個人的，水平的－垂直的の2次元に加えて，外部適応機能を表す革新的－保守的の尺度についてもサンプル数が約半数になるように2分割し，これら3つのカテゴリ変数を用いて全サンプルを8つに分類した（表9-14）。

そして組織文化の8分類と業績との関係を見るために，成長性，収益性，従業員モラールとの分散分析と多重比較を行った。その結果，4分類の場合と同様に，収益性と従業員モラールで有意な結果となった（表9-15）。全般に革新的なほど業績が高い傾向が見られ，収益性は保守的なマーケットで低く，革新

表 9-14　組織文化による 8 分類（サンプル数）

保守的／革新的	集団的	個人的
垂直的	ファミリー　：33／72	ピラミッド：115／76
水平的	ネットワーク：64／99	マーケット：77／33

出所：筆者作成。

表 9-15　業績と組織文化による 8 分類

	ピラミッド		マーケット		ファミリー		ネットワーク	
	保守	革新	保守	革新	保守	革新	保守	革新
収益性	2.30	2.39	2.24	2.50	2.55	2.53	2.37	2.68
従業員モラール	4.03	4.29	4.15	4.64	4.62	4.85	4.70	4.94

出所：筆者作成。

的ネットワークで高かった。また従業員モラールは，保守的なピラミッドで低く，革新的なファミリー，ネットワークで高いことが分かった。

⑸　組織文化の 8 分類と企業経営

最後に，同アンケートのトップ，信頼，社会性，経営課題に関する要因と，組織文化の 8 分類との関係を見るために，クロス集計の χ 二乗検定ならびに分散分析と多重比較を行った。その結果，まず社長の出身地位と組織文化の 8 分類のクロス集計で，χ 二乗検定が 5% 水準で有意であった（表 9-16）。4 分類のときと同様に，創業者社長は垂直的な文化で多く，生え抜きは水平的な文化で多く見られる。

一方，二代目等は革新的なマーケットと，保守的なファミリーで多い傾向が見られた。同じマーケットであっても，二代目等が社長であると革新的であるが，生え抜きだと保守的な傾向が見られ，同様に同じファミリーであっても，創業者社長だと革新的であるが，二代目等であると保守的な傾向が見られるのである。

全般に革新的であるほど水準が高い傾向が見られるが，分散分析ならびに多重比較で有意な差が見られ，同じ内部統合機能の文化であっても，革新的である方が水準の低い，すなわち革新性の次元を入れることによって新たに説明で

表9-16 組織文化による8分類と社長の出身地位

	ピラミッド		マーケット		ファミリー		ネットワーク	
	保守	革新	保守	革新	保守	革新	保守	革新
創業者社長	14.1%	18.9%	0.0%	7.1%	4.8%	17.0%	2.1%	2.7%
二代目等	19.2%	24.5%	19.2%	32.1%	38.1%	24.5%	8.5%	22.7%
生え抜き	41.0%	32.1%	63.5%	39.3%	33.3%	39.6%	66.0%	52.0%
他の機関等から	25.6%	24.5%	17.3%	21.4%	23.8%	18.9%	23.4%	22.7%
合計	100.0%	100.0%	100.0%	100.0%	100.0%	100.0%	100.0%	100.0%

注：比率が相対的に高いほど濃い網掛けにしている。
出所：筆者作成。

表9-17 組織文化による8分類と企業経営

	ピラミッド		マーケット		ファミリー		ネットワーク	
	保守	革新	保守	革新	保守	革新	保守	革新
Q2215 CSR 報告書を発行している r	1.74	1.86*	1.66	1.68	1.60	1.70	1.53	1.47
Q22c 企業倫理やコンプライアンスに関する活動（数）	6.15	6.08	6.87	6.07	7.10	6.89	7.21	7.76*
Q07 最高意思決定機関における社長の運営方針 r	2.37	2.37	2.76	2.85*	2.45	2.21	2.70	2.85
Q31306 海外への工場進出 r	1.98	1.88	1.94	2.00*	1.94	1.84	1.76	1.95
Q24a 株主との信頼関係 r	2.70	2.54	2.70*	2.33	2.11	2.23	2.34	2.10
Q24e 労働組合との信頼関係 r	3.10	3.15*	2.97	2.79	2.43	2.57	2.64	2.36
Q29 倫理綱領や行動基準，行動指針の活用状況	3.85	4.09	3.95	3.97*	4.85	4.74	4.41	4.64

出所：筆者作成。

きるようになる要因について取り上げると表のようになった（表9-17）。

まず垂直的で個人的なピラミッドにおいては前述のように創業者社長が多いが，保守的な方がCSR報告書を発行していることが分かった。また水平的で個人的なマーケットにおいては，二代目等より生え抜き社長の多い保守的な方が，企業倫理やコンプライアンスに関する活動数が多く，最高意思決定機関において社長がもっぱら決断するのではなく，多数の構成メンバーの意見を中心に議論し，最大の危機への対応策が海外への工場進出である企業が多かった。

垂直的で集団的なファミリーにおいては，創業者より二代目等の社長が多い保守的な方が，株主，労働組合との信頼関係が構築され維持されており，倫理綱領や行動基準，行動指針を積極的に活用している企業が多かった。そして水平的で集団的なネットワークでは生え抜き社長が多いが，保守的な方が最高意思決定機関において社長がもっぱら決断するのではなく，多数の構成メンバーの意見を中心に議論し，最大の危機への対応策が海外への工場進出である企業が多かった。

すなわち組織文化や社長の出身地位に伴い，CSR やコンプライアンスに関する活動や，役員意見参考型の意思決定，ステークホルダーとの信頼関係構築などが，保守的な方がより高い水準で行われるのである。

以上の分析によって，仮説 7 はほぼ実証されたといえよう。

(6)　考察

こうして見てきたように，集団志向を表す集団的－個人的，権力格差を表す水平的－垂直的の次元に，さらに革新性を表す革新的－保守的の次元を加えると，組織文化の性格がより明確になることが分かった。各次元の測定尺度等はまだまだ試行的なものであり，今後さらなる改良が必要であると考えられるが，組織文化を分類する次元としてこの 3 つの次元が有効であることは，ある程度証明されたといえるのではないだろうか。

おわりに

本章では，第 II 部で見た革新性を表す革新的－保守的の次元と，集団志向を表す集団的－個人的の次元に，さらにこの第 III 部で見てきた内部統合機能である権力格差を表す水平的－垂直的の次元を掛け合わせて，組織文化の分類と組織の有効性や業績，企業経営の特性と関係について実証分析を行った。まず個人を対象としたミクロなデータによる実証では，組織文化による分類に権力格差の次元を追加すると，組織の有効性やそれに対する規定要因，そして組織文化と有効性，規定要因との関係性には部分的にではあるが違いがあることが分かった。さらに企業を対象としたマクロなデータにより実証を行うと，組織文化は従業員モラールを通じて収益性に貢献しており，トップ，信頼，社会性，経営課題に関する要因と関連があることが分かった。組織文化を分類する次元として，この 3 つが有効であることは，ある程度証明されたといえるのではないだろうか。

第Ⅲ部　表層文化：「権力格差」のまとめ

第Ⅲ部では，日本的経営の三種の神器のもう１つである，年功序列制を支えてきた，日本の表層文化である，権力格差の次元と，組織の統制メカニズムについてレビューを行い，第Ⅱ部で見た集団志向，革新性の２つの次元とを掛け合わせて個人データ，企業データによる実証分析を行った。

第７章では，日本の表層的文化であるタテ社会の変化についてレビューを行った。まず従来の日本「的」経営を支えたのは高い権力格差を伴う垂直的集団主義であったと考えられる。しかしこれを支えた家の論理は，戦後の家庭の変化や近代家父長制家族の解体，結婚に関する意識の変化などから影響を受け，柔らかい個人主義の議論でもいわれたように，組織内での上下の意識が希薄化し，仲間と楽しく働きたいという人が増えてきている。こうした変化を受けて現れてきたのが水平的集団志向であり，年功序列制から能力主義への変化，すなわち垂直的な価値観から水平的な価値観への変化が見られる。これまで垂直的な管理を行ってきた日本企業には，これに対応した新しい日本「型」経営，すなわち「新・日本的経営」が求められているのである。

第８章では，組織の統制メカニズムについてレビューを行った。ウェーバーの権力と権威の議論においては，伝統的，カリスマ的，合理的－合法的の３つの支配形態があり，そこから官僚制組織の議論が出ている。ウィリアムソンは市場と官僚制について議論し，マクレガーのＸ理論，Ｙ理論と合わせて，オオウチのＺ型企業の議論における市場，官僚制，クランという３つの統制メカニズムとなった。これを組織文化の次元と組み合わせると，権力格差についての水平的－垂直的の次元において垂直的なほど官僚制が有効であり，個人志向が強いと市場メカニズムが，集団志向が強いと組織文化による統制がより有効である。垂直的集団主義であった日本「的」経営では官僚制と，クランすなわち強い組織文化の組み合わせが有効であったが，水平的集団志向の新しい日本「型」経営，すなわち

「新・日本的経営」では，組織文化による統制のみが有効となる。欧米での議論は水平的個人主義を前提としていかに組織文化を醸成するのかが問題であり，水平的集団志向の日本においては，強い組織文化を前提に，いかにこれを維持，変革していくかが課題となるのである。

第9章では，第Ⅱ部で見た革新性を表す革新的－保守的の次元と，集団志向を表す集団的－個人的の次元に，さらにこの第 III 部で見てきた内部統合機能である権力格差を表す水平的－垂直的の次元を掛け合わせて，組織文化の分類と組織の有効性や業績，企業経営の特性と関係について実証分析を行った。まず個人を対象としたミクロなデータによる実証では，組織文化による分類に権力格差の次元を追加すると，組織の有効性やそれに対する規定要因，そして組織文化と有効性，規定要因との関係性には部分的にではあるが違いがあることが分かった。さらに企業を対象としたマクロなデータにより実証を行うと，組織文化は従業員モラールを通じて収益性に貢献しており，トップ，信頼，社会性，経営課題に関する要因と関連があることが分かった。組織文化を分類する次元として，この3つが有効であることは，ある程度証明されたといえるのではないだろうか。

すなわち，やや変わりやすい日本の表層文化である権力格差の次元で見ると，垂直的な価値観から水平的な価値観への変化が見られ，水平的集団志向の新しい日本「型」経営，すなわち「新・日本的経営」では，年功主義や官僚制による統制が後退し，価値観の共有を通じての組織文化による統制のみが有効となるのである。この内部統合機能を表す権力格差の次元を追加することによって，組織文化をさらに分類し，組織の有効性やモラール，様々な経営要因との関係から，これからの経営の方向性をより具体的に考えることができるようになるのである。

第Ⅳ部

アジアの文化：「信頼」

第10章

信頼メカニズム

日本人は現代社会と個人との関係の中において，多神教的な見えない宗教に基づく基層文化として「集団志向」の傾向を持っている。そして欧米および日本の双方において，「個人志向」と「集団志向」というそれぞれの「基層文化」の上に歴史的に形づくられてきたものが，これから見ていくような「表層文化」としての「信頼の文化」である。しかし現代社会には，これを変質させていこうとする傾向が存在している。

すなわち現代社会は信頼の文化から権利の文化へと向かう傾向があるが[1)]，個人志向の欧米と集団志向の日本とでは，それぞれ対処の方法は異なると考えられる。それではこの「信頼」とは一体どのようなものなのか，また実際にどのような変化の方向が見られているのか，またそこでの解決策としてどのような議論がされているのであろうか。そこで本論では信頼についての議論の文献サーベイを行い，これからの日本企業の組織文化について考えてみたい。

第1節　信頼と現代社会

1．信頼社会日本

(1)　中間組織の発達

フクヤマ[2)]は，信頼（trust）とは，コミュニティの成員たちが共有する規範

1）佐藤和（2002）。

に基づいて規則を守り誠実に，そして協力的に振る舞うということについて，コミュニティ内部に生じる期待であるとしている。現代の経済活動は事実上すべて「個人」ではなく，高度の社会的共同を必要とする「組織」によって行われている。所有権，契約および商法はすべて近代の市場中心の経済システムを創り出すうえで欠くことのできない制度であるが，もしこれらの制度が家族や親族といった「社会関係資本」（social capital）そして「信頼」によって補完されるなら，取引費用をかなりの程度節約することができるというのである。ここで人々が互いに信頼し経済組織を築くことを可能にする「社会関係資本」の形態は数多くあるが，最も分かりやすくて自然な形態が家族であるという。しかし家族や親族関係以外に，他の形態の社会関係資本が存在した社会もある。例えば日本には，親族関係に基づかない様々な社会集団が存在したのである。

これをフクヤマは「信頼の文化」と呼んでいる。すなわちアメリカ，ドイツおよび日本が，近代の合理的に組織された専門経営者によって経営される巨大企業を発展させた最初の国々であるのは決して偶然ではなく，ビジネス組織がかなり急速に家族の枠を越え，親族関係に基づかない様々な新しい自発的社会集団である中間組織を創り出すことを可能にするために，そもそもこれらの国々における文化には，親族関係のない個人間に高度の信頼があり，これが家族を超えた中間組織という新しい社会関係資本のための堅固な土台としてすでに存在していたというのである。すなわちアメリカにおいては宗派心の強いプロテスタントの宗教的遺産[3)]があったこと，ドイツにおいてはギルドのような伝統的な共同社会的な組織が20世紀まで残されたこと，そして日本の場合には封建制度の本質的な特質と家族構造が存在したことによって，ビジネス組織が急速に家族の枠を超えることが助けられたのである。

フクヤマによれば，例えば終身雇用が日本古来の制度でないことは事実であるが，これは日本史上極めて長く続いたこうした特定の倫理的習慣を土台として築かれたものであるという。この互恵的な道徳的労働義務に基づく終身雇用

2）Fukuyama, F.（1995）pp. 26-336（加藤寛訳 1996）。
3）Weber, M.（1920）（大塚久雄訳 1989）。

制は，高度の信頼性を持つことを必要としているのであり，こうした義務感を長期にわたって維持させる何かが日本文化には存在している。そしてまた生産技術の面でも，高信頼の社会では責任と技能をより広く分散させ，テイラー主義以外の方法が生み出される傾向があるというのである。

⑵　イエと家元

フクヤマ[4)]は，日本では経済発展における比較的初期の段階で家族による経営から専門経営者による経営へと交替したが，これは「番頭」の役割が明治維新のかなり前の産業化が始まった頃から確立されていたからだとし，その原因は，日本の家族構造にあるとしている。「家」とは一般に血のつながった家族を指すが，日本の「イエ」は必ずしもそうとは限らないという。これはむしろ家の財産を信託するようなものであり，財産を家族構成員が共同で使い，家長はその主要受託者の役割を担うのである。重要なことは家が何世代も存続することであり，管理人の役割を果たしている現行の家族は，仮にその場を占めているような構造である。そしてこうした管理人の役割は必ずしも血縁者によって演じられる必要はない。中根[5)]によると，家族の規模と養子縁組みの広がりの間には関連性があるという。例えば中国では「家族」の規模が大きいため，父親と直接血のつながった息子が役に立たない場合でも，日本とは異なり血縁による大家族や親族のネットワークによって相続人の予備があったのだという。またシュー（Hsu）[6)]によると，日本の家族内の状況と類似点がある「家元」のような集団は，ビジネス組織を含む日本のほとんどすべての組織構造を形づくっているという。

フクヤマ[7)]は，イエや家元の起源を歴史的にはたどってはいないが，日本でこうした制度ができた1つの決定要因は，政治権力が地方分散的な性質を持っていたからではないかとしている。すなわち中央の権威が支配権を固めるのを失敗したことによって，小規模な団体がたくさん生まれるようなある種の自由

4）Fukuyama, F.（1995）pp. 27-172（加藤寛訳 1996）。
5）Nakane, C.（1967）, Fukuyama, F.（1995）p. 174.
6）Hsu, F.（1975）, Fukuyama, F.（1995）p. 176.
7）Fukuyama, F.（1995）p. 183（加藤寛訳 1996）。

な空間ができたというのである。また一神教であるか多神教であるかという区別も，その宗教的もしくは文化的求心力に影響を及ぼすといわれている[8)]。多神教社会の場合，それぞれの職業や地位，所属する団体などによって信仰する神が異なる場合が多いため，一神教に比べて価値観や機能が一極に集中することがないというのである。日本の場合には基層文化を特徴付けるこうした多神教的な背景もまた社会の分散的な性質を強め，結果としてイエや家元の発生を促したのではないだろうか。

(3) 信頼取引と日本の経営

それでは企業の経営にとって「信頼」とは，一体どのようなものなのであろうか。日本の企業経営における「信頼」の重要性について見ると，清水[9)]は，日本は集団主義，協調主義の「信頼（Credibility）社会」であり，そこにおける取引もまた「信頼取引」となっているという。信頼取引は短期的には経済的に非合理的な取引であっても，長期的，全体的に見て利益が出ればいいという考え方で，「カシ・カリの論理」や「そこを何とか」といった一般的慣習が典型的な例である。一方「信頼取引」は自然条件，政治，諸制度，取引相手が安定していて，不確実性要因が全くないと予想されるときに使われる方法であり，この信頼取引は細かいルールを決めないため柔軟性に富んでいるが取引社会の弱者に合理化のシワよせがくる可能性が大きく，こうした点を克服していくためには意思決定者の高い道徳観，品性が必要であるとしている。また信頼取引ゆえ日本の市場は世界に開放されていないのでは，と問題点を挙げている。そして儒教の影響を受けた資本主義体制である国々が経済成長を遂げている理由として集団主義を挙げ，現在の技術革新のもとでは個人競争より集団同士の競争の方がより効率がよいという。例えば日本の自動車産業等における成功の原因は，集団主義，協調主義による部門間の協調にあるというのである。

さらに日本人の勤勉さは，「まわり」から高い評価・信頼を得たいという欲求から生まれるという[10)]。そこでは「仕事に打ち込む」勤勉さ，「気配り」能

8）松井吉康（1999）104頁。
9）清水龍瑩（1991）。
10）清水龍瑩（1992）。

力，そして「控えめ」な態度のある人が高く評価されてきた。これらは日本人の無意識の価値観であり，例えば仕事に打ち込むのは歴史的に見て仕事が「道」や「自己修養」につながっていくという意識に基づいているのである。そして日本のような「信頼社会」では一生懸命働くと信頼される，信頼されるとまた一生懸命働くという，勤勉と信頼のレシプロカルな関係が維持強化されてきたのである。

日本企業が長期の維持発展を目的としているのは「信頼取引」の考えが基本になっており，企業構成員との信頼取引から終身雇用制や年功序列制が現れてきたのだという[11)]。さらに現代のような情報化時代においては，短期的にはカネ，中期的にはカネをもたらす情報，長期的には情報をもたらす信頼できる人間のネットワークが最も重要となる。信頼取引は外国人には理解され難いかもしれないが，歴史的なものであり短期的に消滅することはないというのである。

2．日本「的」経営の問題

⑴　タコツボ型文化

それでは日本の表層文化である従来型の「信頼の文化」と，これに基づいた日本「的」経営には，どのような問題があったのであろうか。

清水[12)]によると本来宗教は，利己主義の対極にある考えである利他主義の立場に立つが，この利他主義は同一共同体，同一システム内でのみ作用して境界の外の世界では作用せず，むしろ境界の外に対しては利己主義が強化されるという。そして石坂[13)]は，日本人の場合，個人の周りに会社あるいは学校といった集団が存在しているが，その他はすべて赤の他人になっていると指摘している。またフクヤマは[14)]，一般に共同社会を志向する社会における平等主義は，その対象がその社会を構成する均質な文化グループに限られており，グループ

11）清水龍瑩（1993a）。
12）清水龍瑩（2000b）4頁。
13）石坂泰彦（1999）575頁。
14）Fukuyama, F.（1995）p. 252（加藤寛訳 1996）。

に所属しない他人がその社会の主な文化的信条を共有していたとしてもその人までには平等主義は広がらず，道徳的コミュニティでは部内者と部外者がはっきり分かれているという。

タコツボ型とは，政治学者の丸山[15)]が，日本の社会や文化の型としてササラ型の文化と対比して提唱した概念である。共通の根元から分化した多くの細枝を持つ竹のササラ（簓）とは違い，タコツボは，それぞれに孤立したツボが1本の綱で並列的に連なっているにすぎない。日本の学問，文化や社会組織は，欧米のそれと比較するとタコツボ型であるという。共通の根を切り捨てた形で専門が分かれ，それぞれ仲間集団をつくり，相互間の意志疎通が困難だという。そしてタコツボの中に入ったタコは安心を得られるが，外側から見れば，まんまと釣られてしまうのである。

山岸[16)]は，「相手の意図に対する期待」には「安心」と「信頼」とがあり，これらを区別する必要性があると述べている。ここでいう「信頼」とは，他者一般も含めての相手の内面にある人間性や自分に対する感情などの判断によってなされる相手の意図に対する期待であるのに対し，「安心」とは，自分を搾取する行動をとる誘引が相手に存在していない，相手と自分の関係には社会的不確実性が存在していない，と判断することである。そして日本社会のような集団社会主義では「安心」が生み出されるが，「信頼」が崩壊するというのである。

清水[17)]は，日本人は集団意識が強く信頼取引の商慣習が定着しており，これをベースにした日本の資本主義体制は現在の変化の激しい時代の集団競争に強い力を発揮するという。これは信頼取引には細かいルールが決められていないので社会に柔軟性が保たれるからであり，これが日本における信頼取引社会のメリットであるとしている。しかし同時にその信頼取引の社会にいったん強者が現れると，ルールがないためにその横暴を抑えられないという大きなデメリットもあるというのである。

15）丸山真男（1961）129頁。
16）山岸俊男（1998）46-47頁。
17）清水龍瑩（1993b）44-45頁。

⑵　チェックシステム

津田[18]は，これからの日本は西の世界の経営論理が開発した合理的近代「経営」を選択した上で，日本人の「人間関係」をロゴスの対話として改造しなければ，近代「経営」の具体化は不可能であるという。すなわち日本の「法人共同体」において，それが持つ器官がそれぞれ論理的な性質を持つように，共同体を構成する社員を「論理人」に変身させる努力をすることが1つの選択肢として勧められるというのである。

濱口[19]は，「間柄」は既存の関係の維持を図るあまりに文字通りの「腐れ縁」になりかねず，それを防ぐためには欧米のモデルから「契約」の原理というソフトウェアを導入することが必要であるとしている。逆にグローバリゼーションの進展において，社会生活の機能化・合理化によって欧米のモデルによる人間関係が増加するだろうが，ここに日本のモデルから「思いやり」の原理というソフトウェアを取り入れなければならないだろうという。

加護野[20]は，経営のエッセンスは，人を通じて仕事を成し遂げることにあり，そのためには最低限，人を信頼するということが必要だという。そして欧米，特にアメリカと比べると日本企業は独特の信頼チェックシステムを持っているという。そして組織の中で信頼が重要になる最大の理由は，公式的なコントロールシステムではチェックできないところに企業の活動を支える重要なポイントが隠されているからであるとしている。しかし従来の日本的チェックシステムには，システムそのものの欠陥のような大きなチェックが抜けてしまうという問題点が存在するのである。

⑶　自己疑問不況

前出の調査[21]によると，日本のナショナリズムにおける2つの要素のうち「自国への自信」としての対外的優越感は，1983年をピークに低落傾向にあり1998年の調査では最低値を記録している。そしてもう1つの要素である「自

18）津田眞澂（1994）278-279頁。
19）濱口恵俊（1996b）108頁。
20）加護野忠男（1997）270-280頁。
21）NHK放送文化研究所（2004）。

国への愛着心」は2/3以上の人に保持される非常に強いものであり，いつの時代にも変わらずに日本人の意識の中に埋め込まれている。しかしその内訳を見てみると「日本に生まれてよかったという気持ち」だけが若い人々の間で増えており，これは日本に住んでいれば暮らしもまあ豊かだし，自由も満喫できるという私的な理由を基にしたものであるかもしれないという。

フクヤマ[22)]は，従来アメリカには従業員を温情主義的に扱う企業が多く，IBMが終身雇用制を断念したのは，1980年代後半，つまり存亡の危機に立たされたときだった。そして1995年の時点では日本の大企業の大半はまだ終身雇用を捨てていないが，これは単にIBMと同程度の危機にまだ直面していないからに過ぎないからだと述べていた。そして加護野[23)]は，伊丹がバブル後の不況を「自己疑問不況」と名づけたのを引用し，これは自分たちのやり方に疑問を持ったために出てきた不況だという意味であり，自分のやり方に疑問を持ちときには反省することはよいことであるが，それが行き過ぎてしまうのは問題であるというのである。

第2節　近代化と権利の文化

1．アメリカにおける信頼

(1)　アメリカにおける自発的社交性

フクヤマ[24)]は，近年書かれた競争力に関する文献の多くでは，日本が「集団志向（group oriented）」型社会であるのに対して，アメリカはその対極にある典型的な「個人主義（individualistic）」社会であり，そこでは人々は進んで共同したり支えあったりしないという見方をしてきたが，このような二分法は世界における社会関係資本の分布状態を非常にゆがめて伝えることになり，日本と特にアメリカについての大きな誤解を表しているという。

22）Fukuyama, F.（1995）p. 278（加藤寛訳 1996）。
23）伊丹敬之（1996），加護野忠男（1997）51頁。
24）Fukuyama, F.（1995）pp. 28-273（加藤寛訳 1996）。

アメリカは建国のときから，大抵のアメリカ人がそう思っているような個人主義社会だったことは一度もなく，それどころかアメリカにはいつも自発的団体とコミュニティ構造の豊かなネットワークが存在したのだという。すなわち人をばらばらに細分化する個人主義的な傾向と同時にアメリカ人は団体を組織することを好み，またそれ以外の形態の集団活動にも参加することを好む強い傾向が常にあったのである。一般にアメリカ人は個人主義者と思われているが，歴史的に見れば異常なほどに「団体好き」といえるのである。

アメリカの個人主義は権利を基本とした政治理論に深く埋め込まれており，この理論が独立宣言や憲法の基礎になっている。この憲法・法律構造は，アメリカ文明の「ゲゼルシャフト（利益社会)」的側面を象徴しているといえる。だが他方でアメリカには宗教，文化に端を発する長い共同社会的な伝統があり，それが「ゲマインシャフト（共同社会)」的側面の土台になっている。そして従来アメリカでは様々な分野で個人主義的傾向が支配的になってくると，この共同社会の伝統が緩衝材として機能し，個人主義の衝動を押しとどめてきた。つまりアメリカの民主主義と経済が成功を収めたのは個人主義，または集団志向的なコミュニティ主義のどちらか一方が単独で機能したからではなく，この対立する2者が相互作用を起こしたからだというのである。

小野[25]は，一般に市民社会と近代国家の組み合わせは，アメリカはもちろん西欧でも歴史的に見るとごく最近になって実現したものであり，どの近代国家においても国民意識を覚醒させるために民族の伝統文化要素や宗教が動員されていたという。一方で社会契約論的な民主主義の象徴体系が強調されると同時に，他方では民族の歴史と宗教共同体に根ざす伝統的な象徴体系が鼓吹されたというのである。

(2) ライフスタイルの飛び地

ベラー（Bellah）他[26]ではアメリカの状況について，本来「共同体」というものは公共的な生活と私的な生活の間の，またあらゆるコーリング（Calling）

25）小野澤正喜（1997）238頁。
26）Bellah, R. N. et al.（1985）（島薗進・中村圭志訳 1991, 85頁）。

（職業，天職）の間の相互依存関係を良しとしつつ包括的な全体であろうとするものであったという。一方「ライフスタイル」というのは根本的に断片的なものであり，類似したもの同士のナルシズムをよしとするものであって，自分とライフスタイルが合わない者とはその違いをあからさまに強調するのがふつうであり，それを「ライフスタイルの共同体」と呼ぶことはできず，「ライフスタイルの飛び地（enclave）」と呼ぶべきだとしている。そしてこの飛び地は私的な生活，特に余暇と消費をめぐる生活にしか関わらないので，個々人の中にある断片しか含み込んでおらず，またそこにはライフスタイルを共有する者しか含まれないので，さらに社会的に断片的だというのである。

フクヤマ[27)]は，アメリカではボランティア団体の加盟者数は1950年代から一貫して低下しており，'90年代までには教会に通う人の数は1/6程度に減少し，労働組合の組織率は32.5％から15.8％に，1964年には1200万人いたPTA会員も700万人足らずになり，ライオンズ・クラブなどの友愛組織もこの20年間で会員数を1/8から半分近く減らし，ボーイ・スカウトやアメリカ赤十字などでも同様の会員減少が見られるという。

他方でアメリカの公的生活においては，あらゆる種類の利益集団がどんどん増えつづけているという。ロビー活動や専門職団体，業界組織など，政治力を発揮して特定の人々の経済利益を守ろうとする団体であり，多数の会員を抱える団体も多いが，会員の大半は会費を払って機関紙を受け取るだけで相互に交流することはめったにない。そして逆に同じ価値観をもち，自分の利益よりもコミュニティの大きな目的を優先させるような成員によって構成されるような道徳的コミュニティは大変少なくなったという。しかし組織の効率を高める上で非常に重要な社会的な信頼を生み出すことができるのは，むしろこうした道徳的コミュニティなのである。

(3)「権利の文化」

フクヤマ[28)]によれば，アメリカにおいてはここ20～30年で，個人主義と集

27）Fukuyama, F.（1995）p. 309（加藤寛訳 1996）。
28）Fukuyama, F.（1995）pp. 256–314（加藤寛訳 1996）。

団志向のバランスが個人主義に急激に傾いていることは事実であるが，歴史的に個人主義だけしか見ない人々は，こうして見てきたようなアメリカ社会史の決定的に重要な部分をないがしろにしているという。

すなわちアメリカは工業化の初期段階を通じて，比較的高度の信頼関係が存在する社会だったという。また20世紀中頃の評論家の大半は，アメリカ社会，特に企業社会を評して過剰なほど体制順応的で均質であると言っていたのである。今日会社を辞めて事業を興すことはアメリカ的な個人主義の現れだと見なされることが多いが，実際には起業家が純粋に個人で行動することはめったにない。新興企業でよく見られるように，企業を長命な組織に転化させる人物が，創業者とは別にいる場合もまた多いのである。

また彼はテイラー主義が自動車産業に導入されたとき，当初抵抗があったにもかかわらず導入に成功したのは，20世紀はじめの20年間における大量の移民労働者というデトロイト労働市場の特殊条件のためであり，アメリカで発明され世界に輸出された産業組織のテイラー主義的モデルは，実際にはアメリカ文化の典型的かつ必然的な結果ではないのだという。そして今日，従来のテイラー主義的モデルがより共同体志向のカンバン方式によって置き換えられることによって，アメリカは異なった，しかし本物の文化のルーツに戻されたと考えることもできるというのである。

一方で過去2世代の間に，アメリカの自発的社交性は重要な点で弱まりを見せているという。最も基本的である家族生活の劣化が1960年代以降顕著であり，離婚とひとり親家族の割合が上昇している。また家族の枠を越えた近所づきあい，教会，職場といった古くからのコミュニティの崩壊が絶え間なく進行し，極端な相互不信と非社会的個人主義の傾向がはっきりと現れているのである。そしてアメリカ人が主張する「権利」の数とその範囲が急拡大し「権利の文化」が形成されていることが，社会的病理という点で深刻な問題なのである。

1982年に*Corporate Cultures*[29)]を書いて企業文化論ブームに先鞭をつけたディールとケネディは，1999年に*The New Corporate Cultures*[30)]を書くにあ

---

29) Deal, T. E. & Kennedy, A. A. (1982)（城山三郎訳 1983）。

図 10-1　欧米型経営の揺り戻し

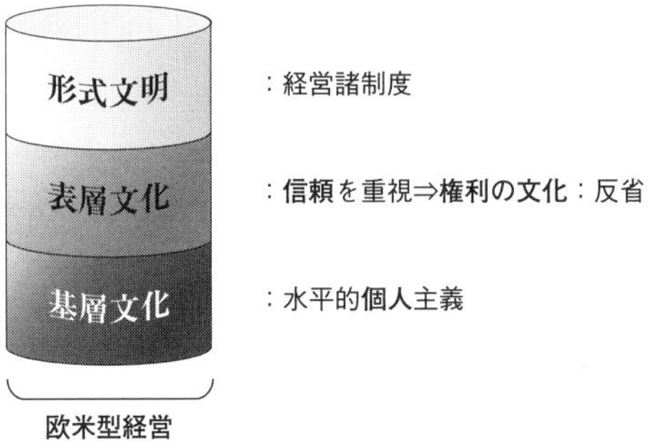

出所：筆者作成。

たり，その間に企業文化という概念は広く受け入れられるようになったが，一方で企業文化は混乱の中に置かれているという。企業文化の危機を招いた要因として，株主価値の向上だけを目指した短期業績主義，行き過ぎた合理化と省力化，アウトソーシング，M&A の流行，IT 化，国際化の進展を挙げ，こうした要因によって拒絶の文化，不安の文化，皮肉の文化，自己利益の文化，混乱の文化や見えない部門文化が蔓延しており，今日，結合力のある企業文化への再構築が必要だというのである。

このようにアメリカ社会においてその中心であった「信頼の文化」は，近代化と資本主義経済の発展により，「権利の文化」へと変貌を遂げつつあるのである。

2．近代化

(1)　資本主義の未来

ベラー[31)]は，伝統的な社会では労働者の主人は彼自身であったという。自作農民にしろ職人にしろ，彼らの労働の形態は自分以外には主人のいないもので

30）Deal, T. E. & Kennedy, A. A. (1999).
31）Bellah, R. N. (1975)（松本滋・中川徹子訳 1983, 220 頁）。

あったというのである。農民たちは自然条件に左右され，絶えず災害の発生に気を配り作物の育成状況や天候に応じた農作業を間断なくこなしてゆかなければならなかったが，それをどういう順序でいつやるのかの判断は彼自身の意思にかかっていた。また職人たちも出入りの客や馴染みの顧客の注文に依存していたが，注文の品をどうつくるかは彼ら自身の裁量に委ねられていたのである[32)]。しかしその後訪れた近代経済社会は小規模の農場や店舗を基礎としては成り立たず，各人が自己の主人であるということを強調するアメリカ的あり方とは，全く相容れないような規模にまで向かう傾向を本来的に持っていたのである。

日置[33)]は近代の大量生産において，不特定の時間・場所・消費者に対して生産が行われ，「生産」自体が価値を生じるようになってきているという。つまり生産が消費によって制御されることなく独自の論理を主張しはじめ，これが様々な現代社会における病理の発生につながっているというのである。生産者が「消費」を確保せずに生産を行うということは，従来は基本的に社会全体が高度化したということであると考えられてきたが，このような判断が妥当であるためには，生産された商品の「使用」が保証されていることが必要であり，「生産」と「消費」が分離され，富が実現する瞬間として「販売」の段階で生産が完結すると考えることは，病理的状態ではないかと考えることも必要なのだという。

サロー（Thurow）[34)]は，社会が成功を収めるためには，長い生命を持つイデオロギーが必要であり，それに基づく力強い筋書を中心に社会が統一されていなければならないとしている。そして共産主義や宗教は，こうした力強い筋書を持っているが，果たして「資本主義」が社会の統一をもたらすどのような筋書を社会に対して提供できるのかどうかは分からないという。

そして，だれが若者にどのような価値観を教えるかを決めるべきなのか，資本主義は答えを持っていないという。現代社会において，価値観とは個々人の好みの問題であり，それ自体で超越した地位を持つものではなく，価値観をそ

32）武田晴人（1999）172頁。
33）日置弘一郎（1994）294-295頁。
34）Thurow, L. C.（1996）（山岡洋一・仁平和夫訳 1996, 331-355頁）。

れぞれ自分で選択できるようにして，個人の満足を最大限に高めることが資本主義社会では目標になっている。各個人は自らの行動の結果を最もよく判断でき，何をすれば自分の厚生を高められるのかを最もよく判断できるとされており，これを仮定すれば個人が最適な行動をとり，自由な交換が行われ市場が機能さえすれば，社会が選択すべきことはほとんど残らないはずであり，正直，厚生といった社会の理想の出番はない。しかしながら人類は，かなりの数の個人が単独行動をとって生きていくという状態を，これまで経験したことがないのである。

⑵　宗教と近代化

それではここで近代化を文化的な側面から見てみると，どうなるであろうか。

比較文化心理学の分野では，個人の「近代的」価値や態度にはある程度の共通性が見られ，それは伝統からの独立，科学の効力についての信念，個人の向上心と達成動機，将来志向などの要素から構成されているという[35)]。そして宗教学的に見ると[36)]，そもそも宗教と倫理・道徳を明確に区別するという観念は，近世ヨーロッパという時代に地理的にもごく限られた範囲で成立したもので，人類の長い時代を振り返ってみればほとんどの時代，ほとんどの民族において宗教と倫理との間には明確な区別は設けられていなかったという。宗教と倫理とを区別する立場が確立したのは，17世紀以降のヨーロッパにおいて，近代的な数学的自然科学が急速に発展したのと軌を一にしてのことであったのである。

近代化とともに，事実によって立証できない理論は単なる主観的な世界観に過ぎないとされ，宗教は次第に社会的権威を失って個人の内面という局限された領域に閉じ込められていった。そして科学的世界観は，宗教の相違を超えて全人類が普遍的に共有する「理性」というものに対する信頼を人々に植え付けたのである。そして今日，我々は絶対的な信頼を置くことができるものを既成

35）Segall, M. H. et al.（1990）（田中國夫・谷川賀苗訳 1995, 137頁）。
36）仲原孝（1999）。

宗教以外の領域に求めており，そしてこの要求にこたえるのは多くの場合，科学者なのである。現代社会における「無神論者」は厳密な意味での「無宗教者」ではなく，じつは科学信仰の熱烈な信者である場合が多いのである。

ここで宗教の近代化プロセスにおける「内面化」とは「宗教は心の問題を扱う」ということであるが，逆に言えば「宗教は現実の世界を説明するものではない」ということを意味している。すなわち我々を取り巻く世界を説明するのはあくまでも科学であり，宗教ではないというのである[37)]。

3．情報化社会

(1)　マスメディアの持つ性格

現代社会においては，マスコミもまた伝統的な価値観を打ち破る方向性を持っている。例えばベラー[38)]は，「物質の無制限な獲得によって幸福が達成される」ということは，あらゆる宗教や哲学が否定している所であるが，アメリカ中のテレビはそのことを絶えず説いているのだという。モノを獲得する資力を持つアメリカ国民の大多数に対してテレビが行っていることは相当程度悪いことであり，これは人々の心に失望と欲求不満を惹き起こして，抑制のきかない暴力に走らす可能性を持っているという。そしてこのテレビという社会の中心的な制度の１つが抑制なしの貪欲さをあおり立てているような社会は，余り長続きするとは考えられないというのである。

河合[39)]は日本では多くの場合，一般に父性原理を優位とするのは女性であり，男性は日本的集団に帰属している限り母性原理を相当身に付けているという。男性は自分の意見があってもめったに自分から言い出したりしないし，自分の考えというよりはまず集団の傾向を察知し，それに同調していく中で自分の考えを生かすことを試み，全体のバランスを考える「和」の精神が先行するのである。そしてこれに対して日本においてもマスコミを通じて流れる評論には，むしろ父性原理に頼るものが多いという。これは父性原理の方が論理的に

37）松井吉康（1999）92頁。
38）Bellah, R. N.（1975）（松本滋・中川徹子訳 1983, 242頁）。
39）河合隼雄（2000）148-149頁。

強いしまた切り口も鮮やかであり，現状を批判したりするのには最も適しているからである。しかしながら現実には，こうした評論は実情に合いにくいことが多いのである。

サロー[40]は，今日メディアは世俗的な宗教となり共有する歴史や民族文化，ほんとうの宗教，家族，友人に代わって，現実認識を創り出すための最大の力になっているという。そして特定の個人や集団がメディアを支配しているのではないが，メディアは売れるものを売り，金儲けになるものなら何でも売る。そしてその売っているものは「刺激と興奮」なのだという。そして価値観というものは従来のように家庭や家族，教会，学校などの社会組織によって教えられているのではなく，こうした電子メディアとビジュアルメディアによって教えられているという。しかしメディアは興奮を売って金儲けしており，また社会の規範を破るのは興奮である。すなわちメディアは興奮を売り物にしている以上，社会の基本的な価値観をさらに破壊していく必要があるとさえいえるのである。

⑵　情報化と文化

一方，今日の情報化の進展は，本来的には「信頼の文化」の存続を必要としている。例えばフクヤマ[41]は，コンピュータ・ネットワークがより効率的に作用するためには，その土台としてネットワークのメンバーの間に高度の信頼と共通の倫理的な行動規範が存在しなければならないとしている。少なくとも初期のインターネットは物理的なネットワークであると同時に，ある意味において価値を共有するコミュニティでもあったという。しかしながらこうしたサイバースペース上のバーチャルコミュニティは，倫理的習慣に及ぼす影響力の点で，価値を共有する従来の道徳的コミュニティ，すなわち従来の「共同体」の後継者となることはできないという。

またショー（Shaw）[42]は，信頼と親密さは正比例し，知らないものを信頼することはできないという。信頼が成立するためには，原理原則と問題意識の共

40）Thurow, L. C.（1996）（山岡洋一・仁平和夫訳 1996, 116, 357頁）。
41）Fukuyama, F.（1995）p. 195（加藤寛訳 1996）。
42）Shaw, R. B.（1997）（上田惇生訳 1998, 145-147頁）。

有を確認するための「接触」が必要なのである。そして互いに知りあうためには接触が容易でなければならないが，経済のグローバル化にともない企業活動の厳しさが増す一方，人の接触がますます難しくなっているという。そしてこのことは特に重要な意味を持つとして，Fortune誌からSan Microsystems社のBill Raduchel氏の発言を引用し，「現実の会話がなければバーチャルな会話もありえない。インターネットに不可欠の補完技術はボーイング747（による出張）なのである」としている。

常盤[43]は，人の送り出す情報には，それぞれ独自の「波長」のようなものがあるのではないかという。受け手はラジオやトランシーバーのようなものであり，自分に合った波長しか受信できない。そして発信した情報の波長と受信する側の波長とが共振したときにのみ，情報が伝わるというのである。すなわち「情報の共有」と称していくら情報を発信しても，その背後に「価値観の共有」がなければ情報は受け手の中で共振しない。つまり情報は伝わらないのである。情報は受け手の中で共振することによって「体化」されたとき，はじめてその人の「知」となるのである。そしてほとんどの情報は共振を起こすことなく，単なる情報として受け手の頭を通り過ぎてしまうというのである。

このように既存の価値観の崩壊にマスメディアが拍車をかける一方で，情報化の進展は「信頼の文化」の継続を求めているのである。

第3節　信頼と日本型経営

1．会社への信頼

(1)　企業内労働組合

アベグレン[44]による日本「的」経営の特徴の3つ目が企業内労働組合である。欧米の労働組合は産業別または職業別であり，どこで働こうと同一労働同

43）常盤文克（2000）98頁。
44）Abegglen, C.（1958）（山岡洋一訳 2004）。

一賃金の原則に立った企業横断な賃金率が成立している。これに対して日本の労働組合は企業内労働組合として組織され，労働者は特定の会社の社員となってはじめて組合員となる。組合も会社あってのものだから，労使協調路線を取らざるを得ない。こうした労働組合の形態の違いは，日本と欧米との経営の大きな違いと相互作用の関係が見られるのである[45)]。

しかし労働組合の組織率は戦後50％を超えていた時期もあったが，1970年代半ばから一貫して低下傾向であり，近年では20％を下回っている。その原因は非正社員の増加や春闘・ベアなどの縮小による労働組合の存在意義の低下である。すなわち企業内労働組合自体は，依然として日本に存在しており，終身雇用制や年功序列制のように，大きく変化，消滅ということはないものの，その存在自体が縮小傾向にあるといえよう[46)]。

⑵　意識の変化

NHKの調査[47)]によれば，憲法によって認められている労働組合を作るという団結権に対する認知度は，1973年には39％であったが，2018年には18％まで減少している。さらに結社・闘争性について聞くと，対立を避ける人が増えているという。「職場」について，新しくできた会社に雇われ，労働条件に強い不満が起きた場合，1973年の時点ですでにしばらく事態を見守るという①静観が最も多く37％であったが2018年には51％にまで増えている。1973年には上役に取りはからってもらうという②依頼24％より，みんなで労働組合を作り，労働条件が良くなるように活動するという③活動32％の方が多かったが，徐々に減少し2018年には16％にまで減少している。

これは「職場」だけでなく，「政治」や「地域」の状況でも同じ傾向である。和を大切にすることが日本人の特質といわれてきたが，現代人はますます対立を避けようとする傾向を強めている。その長期的な要因としては，「なにかにつけて相談したり，たすけ合えたりするようなつきあい」を望む人が減少したことが影響しているという。何らかの活動をするためには，他人と積極的に交

45）池内秀己（2018）243-245頁。
46）岡本大輔・古川靖洋・佐藤和・馬場杉夫（2012）16-17頁。
47）NHK放送文化研究所（2020）82-93頁。

流し，考えの異なる人とも話し合う必要がある。しかし密着した人間関係を嫌うため，自分の周囲で問題が発生しても，その解決に取り組まなくなったのではないかというのである。

(3)　会社は誰のものか

一方，日本「的」経営においては株主の力は相対的に弱く，株主の立場ではなく企業自体の立場で従業員主体の経営が行われていた。長く続いてきた終身雇用制の考えからも，従業員にとって会社は単なる労働の場ではなく，生活の場であるといえる。企業は誰のものかと考えたとき，アメリカでは株主のものという考え方が一般的であるのに対し，日本企業は従業員のもの，と考える人も多いのが現実である。そして終身雇用制が主流ではないものの存続している背景には，新規学卒一括採用といった雇用慣行が挙げられる[48)]。ここで企業と従業員の関係について，欧米は契約型，日本は所属型と対比することができる。この対比は，近年ではジョブ型対メンバーシップ型として論じられている。日本では従業員は会社と盛衰を同じくする運命共同体の一員であり，無限定職務，無制限労働時間の滅私奉公的な特徴を持つことになったのである[49)]。

(4)　社会関係資本

社会関係資本（Social Capital）とは，パットナム（Putnam）[50)]によればお互いの利益のための協力を促進する社会組織のことである。彼は教会やボランティアといったコミュニティへの参加が政治的社会化を通じて政治参加をも促進させると論じ，組織化された社会集団が健全な民主主義の機能に重要であることを強調した。社会関係資本の議論はよく組織された社会的ネットワークへの参加が政治的にもプラスに作用するのというものであり，日本でも，多くの社会集団に属している個人ほど政治参加行動が増える傾向にあるという[51)]。

さらに自己利害に終始しない共同作業を通じて，人々は他者に対する信頼感

---

48) 岡本大輔・古川靖洋・佐藤和・馬場杉夫（2012）26頁。
49) 池内秀己（2018）231-233頁。
50) Putnam, R. D. (1995).
51) 池田謙一（2002）。

を持つようになると考えられる。ここで重要なのは，特定の個人に対する信頼感ではなく一般的信頼である。一般的信頼とは，相手に対する情報がないときに相手をどの程度信頼するかという他者一般に対する信頼である[52)]。総合的社会調査であるJGSSの2000年のデータによれば，一般的に人は信頼できると思いますか，という質問に，21.2％が①はい，14.7％が②いいえ，63.5％が③場合による，と答えている。そして同じ調査において，コミュニティの参加が一般的信頼を増加させたのか検証すると，所属団体の数と一般的信頼の間に相関関係が見られるというのである[53)]。

2．ハイブリッドとしての解決方向

(1)　信頼と共同体の復権

こうして見てきたように，従来の日本「的」経営には，例えば行き過ぎた「集団主義」によって，いわゆるタコツボ型の論理が働き，チェック機能が十分に働かないという問題点があった。しかしこうした点は，健全な「集団志向」の広まりによって従業員が職場への過度の依存をやめることによって改善され，また「形式文明」である諸制度を導入することによって，解決することができるであろう。

すなわち日本型の経営の行き着く先は欧米における経営そのものではなく，日本人の集団志向的な「基層文化」の上に，これに対応する形で新しい行動様式である「表層文化」として新しい「信頼の文化」が創られ，さらに従来の日本「的」経営の弱点を補強する形で，「形式文明」としての諸制度が導入され，これらの各層が相互に影響しあうプロセスの中でこそ，全体として新しい日本「型」経営が構築されていくのではないだろうか。

ハイブリッド・モデルとしてみると，時代とともに変わる可能性がある表層文化が，「信頼の文化」である。日本においても近代化とともに伝統的な価値観が後退し，信頼の文化が弱まる傾向が見られる。しかし欧米の議論において

52）山岸俊男（1998）。
53）岩井紀子・佐藤博樹編（2002）191-193頁。

基本になっているのは個人志向の文化における全くの他者を含めた他人に対する能動的な信頼の重要性であり，日本における信頼は同じ集団に属している内部の人間に対する受動的な信頼の問題である。すなわち共同体的な経営は組織文化を重視した経営と考えることができるが，欧米においては個人志向的な人々の間でどのように組織文化を醸成していくのかが主な問題であり，日本においては従来から存在している組織文化を前提にこれを維持，変革させていくことこそが課題となろう。

(2)「新・日本的経営」へ

従来集団的ながら階層的な組織を運営してきた日本企業にとって，これからの共同体的な水平的集団主義の組織におけるトップあるいは管理職の新しいあり方が問われることになる。企業規模が大きくなると垂直的，保守的な組織になる傾向は否めないが，これを最小限にとどめ，地位や肩書きといった垂直的なインセンティブだけで動機付けを行うのではなく，企業の目標や標榜する価値観を明確にして組織文化を維持していくことで水平的な集団意識を満足させると同時に，常に革新的な組織文化を創り上げていくことで「信頼の文化」が持つ効率的な側面を維持していくことが可能となるのである。

すなわち信頼が現代企業経営において再び重要な要因となってきており，水平的で集団的なほど革新的な組織文化となっている。そしてこれが企業の長期の維持発展を促しているのであり，ここでは日本人の水平的集団志向に対応した新しい企業経営が求められている。欧米においても日本においても共同体はこれからの組織として理想的なのかもしれないが，それが単なる懐古趣味に終わらないようにするためには，それぞれの社会をハイブリッド・モデルとして捉えて，基層文化の特性と表層文化の変化の方向性を探り，理想的な状態を実現するためのより具体的なステップを示していく必要があるのではないだろうか。

経営学は，企業行動における個人と組織の間の様々な関係のあり方を探究する学問である。今回の「日本論」のサーベイを通じて，経営学が「文化」をよい，悪いと判断したり，日本「的」経営を特殊性や普遍性としてだけ議論したりするだけではなく，「文化」を経営の基礎条件として受け入れ，その上で様々な経営手法について考えていくという，新しい日本「型」経営についての議論の必要性を痛感したのである。

おわりに

日本の集団志向の基層文化の上に，表層的な文化として信頼の文化がつくられてきた。歴史的にはイエや家元を背景として考えることができ，信頼取引が行われ，日本人の勤勉さも「まわり」からの評価を得たいという欲求から説明できる。そこではタコツボ型の問題があり，システムそのものの欠陥のような大きなチェックが抜けてしまう。アメリカにおいてもプロテスタントの伝統から信頼の文化がつくられてきたが，近年，権利の文化に変わりつつあり，反省がなされている。資本主義や近代化，マスメディアは伝統的な価値観を打ち破る方向性を持っているが，本来情報化は信頼の文化の存続を必要としているのである。日本「的」経営の３つ目の神器である企業内労働組合は，その存在意義が低下してきているが，新規学卒一括採用といった雇用慣行が維持され，依然として会社は従業員のものであると多くの人が考えている。日米は同じ信頼の文化に向かっているが，それぞれの基層文化は異なっており，水平的個人主義の米国では信頼の醸成が求められている一方，水平的集団志向の日本では，行き過ぎた集団主義の弊害を防ぐことや，垂直的なインセンティブが有効でない中で価値観を共有するような，新しい日本「型」経営，すなわち「新・日本的経営」が求められているのである。

第11章

アジアの企業文化

今日グローバル化が進展し，日本と特に関連の深いアジアの国々における企業文化に関心が集まっている。しかし文化相対主義的な視点から，これらを整理した研究は少ないように思われる。そこで本論ではアジアの国々における企業文化の違いを表す次元について考察し，日本型経営の姿を明らかにするための手掛かりとしていきたい。

従来の日本的経営論でよく見られた研究スタイルは，欧米と日本を比較してその違いについて考えるタイプのものである。しかしこうした2項対立による比較は，どちらか一方を正しい，あるいは進んでいる，そしてもう一方を間違っている，あるいは遅れているとするようなエスノセントリズム（自文化中心主義）[1)]の考え，あるいは日本の場合は逆に何でも欧米の方が進んでいるとする欧米文化中心主義に陥りがちである。言葉を変えていえば，そうした見方は国対国の比較という意味で国際的，インターナショナルではあるが，多国間で考えるグローバルな見方であるとはいえない。すなわち文化を相対的に捉えていないのである。

1）佐藤和（2009）110-113頁。

第1節　日本における企業文化の特徴

1．欧米とアジアを分ける次元

(1)　個人志向と集団志向

第7章で述べたように，新しい日本「型」経営，すなわち「新・日本的経営」は，水平的集団志向の基層文化に基づいている[2)]。トリアンディス[3)]は個人主義と集団主義を構成する普遍的概念として，① 自己に関する定義が集団主義では相互依存性として，個人主義では独立性として示される，② 個人と共同社会の目標は，集団主義ではかなり関連しているが，個人主義では全く関連していない，③ 集団主義文化では，規範，責務，義務に焦点を当てた認知が行われ，個人主義文化では，態度，個人の欲求，権利，契約に焦点が当てられる，④ 集団主義文化ではたとえ不利益をこうむっても関係性が重視されるが，個人主義文化では合理的判断が重視される，という4つを挙げている。

図 11-1　水平的集団志向へ（再掲）

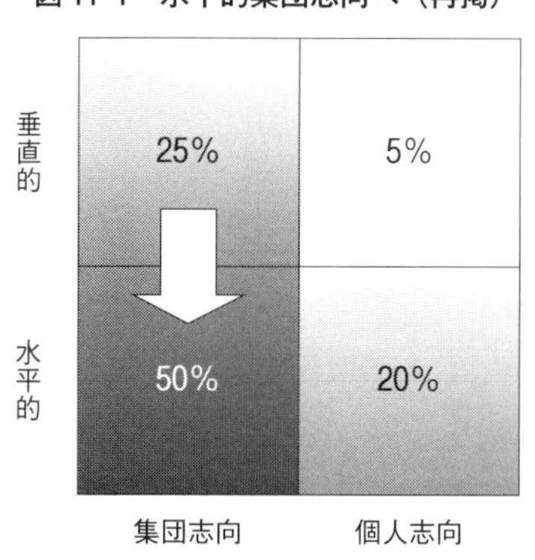

出所：図 7-3 と同じ。

2）佐藤和（2009）。
3）Triandis, H. C. (1995)（神山貴弥・藤原武弘編訳 2002, 45-136 頁）。

さらに同一か異質かという観点があり，そこから水平的－垂直的の次元を考えることができる。ホフステード[4]も述べているように，国レベルで分析した場合この個人主義－集団主義と水平的－垂直的という2つの次元は相関が高く，対角線上にある垂直的集団主義と水平的個人主義が世界の中での典型的なパターンとなる。ここで日本人を分類してみると，垂直的集団主義が5割，水平的集団主義が25%，水平的個人主義が20%，垂直的個人主義が5%というプロファイルを示し，アメリカ人では水平的個人主義が4割，垂直的個人主義が3割，水平的集団主義が2割，垂直的集団主義が1割というプロファイルが得られるかもしれないとトリアンディスはいう。

戦後日本において集団主義が変容したとすれば，大きな動きとしては個人主義への方向というよりも，儒教的な意識に基づいた垂直的集団主義から，より共同体的な水平的集団志向への方向である[5]。トリアンディスは垂直的集団主義がまだ50%あり，水平的集団主義が1/4であるとしているが，今日の世代交代の様子からすれば，水平的集団志向への移行はさらに進んでいると考えられる。

(2)　ホフステードの5つの次元

従来の経営学における研究では，全般に日本対欧米といった二分法的視点で捉えられているものが多く，文化相対主義による多文化論的な研究はあまり多くない。そうした中で最も広く知られている多文化論的研究は，ホフステード[6]のものである。彼は1980年にIBMの全世界50カ国以上の社員に対する調査データから，国の文化を表す4つの次元を見いだした。①権力の格差（水平的－垂直的），②集団・個人（集団主義－個人主義），③性別役割（女性らしさ－男性らしさ），④不確実性の回避，の各次元である。

ホフステード自身によるその後の研究で注目されるのは，国民文化の違いを表す第5の次元の発見である。これは⑤長期志向対短期志向の次元であり，中国人の志向に基づいた調査票を使って発見されたものである。彼も述べてい

4）Hofstede, G. (1980)（萬成博・安藤文四郎監訳 1984）。
5）佐藤和（2009）234頁。
6）Hofstede, G. (1980)（萬成博・安藤文四郎監訳 1984, 12頁）。

表 11-1　ホフステードの 5 つの次元

	米国	日本	台湾	韓国	タイ	中国本土
権力格差	水平 40	垂直 54	垂直 58	垂直 60	垂直 64	垂直 80
集団・個人	個人 91	集団 46	集団 17	集団 18	集団 20	集団 20
性別役割	明確 62	明確 95	不明確 45	不明確 39	不明確 34	明確 66
不確実性	寛容 46	回避 92	回避 69	回避 85	回避 64	寛容 30
長期・短期	短期 26	長期 88	長期 93	長期 100	短期 32	長期 87

注：値が大きいほど濃い網掛けにしている。
出所：Hofstede, G., Hofsted, G. J. & Minkov, M. (2010)（岩井八郎・岩井紀子訳 2013）より作成。

るように，彼自身，また 4 つの軸を理論的に説明した他の研究者の中にも西洋的な文化的偏見があったのだという[7)]。文化研究者であっても，その心の中に自分が所属する社会の文化的枠組みがプログラムされていることに常に注意を払わなければならない。すなわち最初の 4 つの次元は，欧米の国々の間における文化の違いを明らかにするためには有効であったが，アジアの国々を含めた違いを十分に示すものではなかったのである。それではこれらの次元を使って，欧米対アジアだけではなく，さらにアジアの国々の間にある違いについて説明することはできるのであろうか。

権力格差および集団・個人の次元について見ると，米国は水平的個人主義，中国は垂直的集団主義という典型的なパターンに分けられるが，日本を含めた他の国や地域はすべてやや垂直的な集団主義ということになってしまい，十分にこれらを区別することはできていない。また前述の通り，日本は 2000 年代に入って戦前戦中世代が引退し，戦後の教育を受けた世代に急速に世代交代が進んでいるため，今日の日本はこの数字の時点と比べて，より水平的な集団主義の社会になってきている。さらに性別役割の次元は，ジェンダーによる男女の社会的役割の区別の明確さを表しているが，この次元も日本では今日の世代交代と共に，より性別役割が不明確な方向へと変化しているのではないかと考えられる。

不確実性の回避に関する違いは，おそらく文化の多様性，同質性によってあ

7）Hofstede, G., Hofsted, G. J. & Minkov, M. (2010)（岩井八郎・岩井紀子訳 2013, 34 頁）。

図 11-2　欧米とアジアを分ける次元

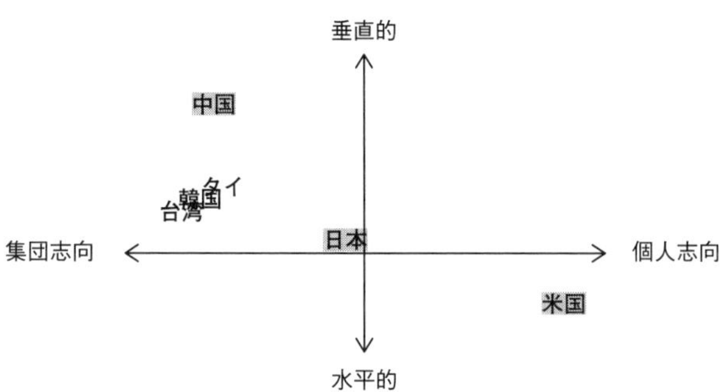

出所：Hofstede, G., Hofsted, G. J. & Minkov, M. (2010)（岩井八郎・岩井紀子訳 2013）より作成。

る程度説明できるであろう。米国や中国本土は文化的な多様性が高いため，不確実性の存在に寛容な文化が育まれ，これに比べると日本，台湾，韓国，タイでは，文化がより同質的なため，価値観や社会的なルールがより深く共有されるとともに，不確実性も回避する方向が見られるのではないだろうか。

長期・短期の次元は前述の中国人の志向に基づいた調査票を使って発見されたものである。日本，台湾，韓国，中国本土で長期的思考が高くなっているが，これはホフステードも述べている通り，儒教の影響ではないかと考えられる。またタイが短期志向的となっているのは，南伝の上座部仏教における，輪廻転生の思想に基づいた円環的な時間観念[8)]と関連しているのではないだろうか。

このようにホフステードの５つの次元は，それぞれいくつかの国の特徴を表してはいるものの，基本的に欧米間，そして欧米とアジアを区別するために考え出された次元であり，アジアの国々を分類していくのにはこれだけでは十分とはいえない。

⑶　異文化理解力

定量的な研究ではないが，マイヤー（Meyer）[9)]は組織行動論の立場から国

8）石井米雄（1991）109 頁，松井吉康（1999）108 頁。
9）Meyer, E. (2014)（田岡恵監訳 2015）。

の文化の違いがビジネスに与える影響を分析し，異文化コミュニケーションに必要な文化を評価する8つの次元について述べている。まず①コミュニケーションの次元として，シンプル，冗長で明確な低コンテクストか，インタラクションにおける豊かで深い意味を持つ高コンテクストを挙げている。これはホール[10)]が挙げた次元と同じものであり，日本は高コンテクストに分類される。次に②評価の次元として否定的なフィードバックをするとき，直接与えるのか，それとも間接的で目立たないことを好むのかを挙げている。日本は後者の間接的なネガティブ・フィードバックの文化に分類されている。③説得の次元では，原理優先の演繹的思考が好きか，それとも応用優先の機能的思考を好むかを挙げている。日本は応用優先に分類されている。④リード（リーダーシップ）の次元では，グループの人々が平等主義的か，それとも階層主義的かを挙げている。日本は階層主義として分類されているが，これはホフステードにおける権力格差の次元，本論における水平的－垂直的の次元である。

⑤決断の次元では，決定がコンセンサスで行われる合意志向か，トップダウン式かを挙げている。これはホフステードおよび本論における集団志向－個人志向の次元に近く，ここでは日本は合意志向に分類されている。⑥信頼の次元では，人々は信頼を，どれだけうまく連携しているかというタスクベースで築いているか，それともお互いをどれだけよく知っているかという関係ベースで築いているかを挙げている。これは山岸[11)]の言う全くの他者を含めた能動的な「信頼」と，同じ集団に属している内部の人間に対する受動的な信頼である「安心」の違いに近いものであり，ここでは日本は関係ベースに分類されている。⑦見解の相違の次元では，意見の相違に直接対処する対立型か，それとも人々が対立を避けたいと思う対立回避型かを挙げている。日本は対立回避型に分類されている。そして⑧スケジューリングの次元では，絶対的な線型ポイントとして認識される直線的な時間か，柔軟な範囲として見なされる柔軟な時間かを挙げている。これはホフステードの言う不確実性回避の次元に近いものであり，日本は直線的な時間であるという。

10）Hall, E. T. (1976)（岩田慶治・谷泰訳 1979, 102 頁）。
11）山岸俊男（1998）。

これらの次元を用いて26余りの国が分類されているが，日本，韓国，中国，シンガポール，インドネシア，タイ，インドといったアジアの国々は，①高コンテクスト，②間接的なフィードバック，④階層主義的，⑥関係ベースの信頼，⑦対立回避型にすべて分類されている。そして中国と日本を比較し⑤決断の次元で中国はトップダウン式だが，日本は合意志向，すなわち集団志向であり，⑧スケジューリングの次元で中国は柔軟な時間だが，日本は直線的な時間，すなわち不確実性の回避が高いと述べられている。

こうした8つの次元は西洋の国々同士の文化の違いを明らかにし，また東洋と西洋を分類することには成功しているが，この研究もまたアジアを分類する次元としては不十分であるといえよう。それではアジアの国々の文化を分類するためには，どのような次元を加えていくことが有効なのであろうか。

2．信頼とその範囲

(1)　社会関係資本と経済発展

前章でも述べたように，日本型企業文化における，基層文化よりもやや変化しやすい表層的な文化として，信頼の重視が挙げられる[12)]。それではアジアの国々において，どのような信頼メカニズムが働いているのかを考えることで，アジアを分ける次元を考えていくことができるのではないだろうか。

フクヤマ[13)]は，信頼とはコミュニティの成員たちが共有する規範に基づいて，規則を守り誠実にそして協力的に振る舞うということについて，コミュニティ内部に生じる期待であるとしている。現代の経済活動は事実上すべて個人ではなく，高度の社会的共同を必要とする組織によって行われている。所有権，契約および商法はすべて近代の市場中心の経済システムを創り出すうえで欠く事のできない制度であるが，もしこれらの制度が家族や親族といった社会関係資本，そして信頼によって補完されるなら，取引費用をかなりの程度節約することができる。ここで人々が互いに信頼し経済組織を築くことを可能にす

12）佐藤和（2009）。
13）Fukuyama, F.（1995）pp. 26-48, 151（加藤寛訳 1996）。

る社会関係資本の形態は数多くあるが，最も分かりやすくて自然な形態が家族であるという。しかし家族や親族関係以外に，他の形態の社会関係資本が存在した社会もある。例えば日本には，親族関係に基づかない様々な社会集団すなわち中間組織が存在したのである。

アメリカ，ドイツおよび日本が，近代の合理的に組織された専門経営者によって経営される巨大企業を発展させた最初の国々であるのは決して偶然ではないという。ビジネス組織がかなり急速に家族の枠を越え，親族関係に基づかない様々な新しい自発的社会集団を創り出すためには，そもそもこれらの国々における文化に親族関係のない個人間に高度の信頼がある必要があった。このような信頼関係が家族を越えた自発的社会集団，すなわち中間組織という新しい社会関係資本のための堅固な土台としてすでに存在していたのである。すなわちアメリカにおいては宗派心の強いプロテスタントの宗教的遺産があったこと，ドイツにおいてはギルドのような伝統的で共同社会的な組織が20世紀まで残されたこと，そして日本の場合には封建制度の本質的な特質と家族構造が存在したことによって，ビジネス組織が急速に家族の枠を越えることが可能となったのである。

そしてこうした社会関係資本のある高信頼社会においては，例えばファミリービジネスとして始まった企業が家族の範囲を越えて規模を拡大し，中堅企業，大企業となる可能性があるため，全体として非常に多くの中小企業や中堅企業に支えられたピラミッド型の産業構造をとることになる。一方，社会関係資本の少ない低信頼社会では，ファミリービジネスによる零細企業と，政府主導で誘導された財閥などの巨大企業という，中堅企業の少ない二極分化した産業構造をとることになるのである。

(2)　「日本的経営」の特徴

それでは高度成長を支えたこうした日本の企業文化の特徴を，「日本的経営」論の代表的な論者はどのように捉えていたのであろうか。岩田[14]は日本的経営に対して文化的な面からアプローチし，日本人のムラ意識を重視した。日本人

14）岩田龍子（1977）。

の心理的な特徴として集団への帰属意識の強さを挙げ，個人主義に対する集団主義＝ムラ意識を日本的経営の基になるものと考えた。戦後，大企業の最上部は，イエ意識のもとに恩情主義的な家族経営を行っていた。一方，中・下層においてはムラ意識が絡み合っており，これに根差した集団主義が生まれたとするのである。そしてこれが①ウチとソトの意識，②特定集団に対する定着志向，③特定集団内の地位を重視する特徴，④責任と権限の曖昧さ，といった日本的経営における人々の行動特性につながっていると考えるのである。

津田[15]は，日本的経営の特徴は共同生活体を求めるという人間の本源的な行動が，企業に表れたところにあると考えた。西欧における経営の社会的性格は，人は家庭と共に社会生活の場としての共同生活体を持ち，それに対する企業との雇用労働を通じて生活手段を売り報酬を得ている（図11-3）。

一方，日本における企業経営の生活は，人は企業と共に社会生活の場としての共同生活体を持ち，それに対する家庭との間で雇用労働を通じて生活手段と報酬の交換を行うのであり，これが日本的経営の基本であると考えた（図11-4）。すなわち，西欧ではまず家庭の周りに社会生活の場としての共同生活体が広がっており，ここから企業へと出ていくのに対し，日本ではそもそも企業の周りに社会生活の場としての共同生活体が広がっており，ここへ家庭から入ってくるというのである。

図11-3　企業経営の社会的性格（西欧）

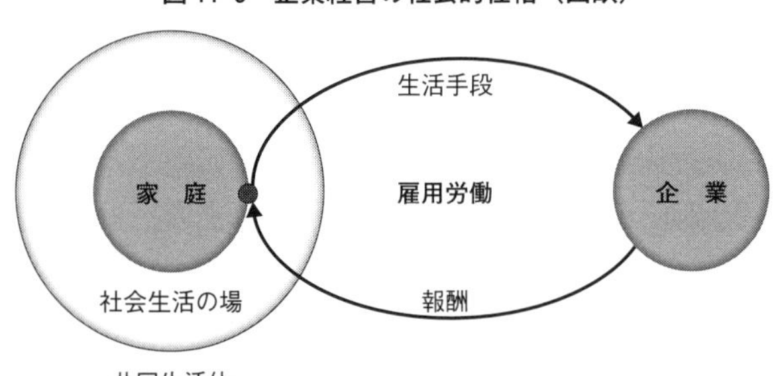

出所：津田眞澂（1977）199頁。

15）津田眞澂（1977）。

図 11-4　日本「的」経営の社会的性格（'70 年代）

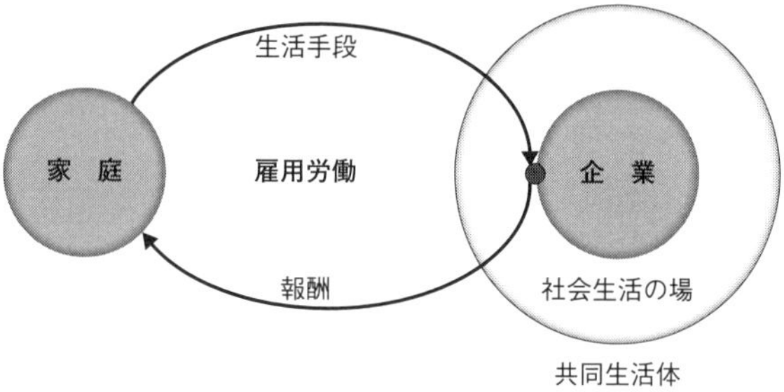

出所：津田眞澂（1977）204 頁。

⑶　サード・プレイス

こうした津田の考えは，ドイツの社会学者テンニエス[16]によるゲゼルシャフト，ゲマインシャフトの議論を拡張したものと考えられる。テンニエスは人間社会が近代化すると共に，地縁や血縁，友情で深く結びつき，人間関係が重視される自然発生的なゲマインシャフト（共同体組織）とは別に，利益や機能を第一に追求するために人為的なゲゼルシャフト（機能体組織，利益社会）が形成されると考えた。津田の言う西欧における家庭の周りに存在する社会生活の場としての共同生活体がゲマインシャフトであり，企業組織はゲゼルシャフトということになる。一方日本では，本来ゲゼルシャフトである企業組織そのものが社会生活の場となっており，ゲマインシャフト的な性格を持っているのである。

一方，上野[17]によれば，家族がゲマインシャフト的なものである，という言説には留保をつける必要があるという。テンニエスは産業化によって生じた新しい社会形態を説明するためにゲゼルシャフトという概念を発明し，それと対比の上でただ「ゲゼルシャフトでないもの」をゲマインシャフトと呼んだに過ぎなかったというのである。

さらに上野[18]は，ゲゼルシャフトに対応する「社縁」とは，血縁・地縁を除

16）テンニエス，F．著，杉之原寿一訳（1957）。
17）上野千鶴子（2009）80 頁。
18）上野千鶴子（2020）427-447 頁。

く，すべての人間関係を指す名称であるという。そしてこの「社縁」を細分化する動きが都市社会学者の中から現れ，これを基に家族や近隣からなる「第一空間」，学校や社会のような「第二空間」が選べない縁を基にしているのに対して，選べる縁，すなわち「選択縁」としての「第三空間」を考えることができるという。この「選択縁」は，自由で開放的な関係であり，メディア媒介的な性質を持ち，過社会化された役割からの離脱であるという。そして「選択縁」の社会は，伝統的なタテ社会と異なり，ヨコ型人間関係のモデルとなりうるという。タテ社会の原理に支配された「イエ」型でも，ウチ／ソトの排他性に基づいた「ムラ」型でもない，より緩やかで柔軟なヨコ型社会の可能性を暗示しているというのである。

こうした議論はオルデンバーグ（Oldenburg）[19]の言う，「サード・プレイス」に通じるものがある。そこではファースト・プレイスをその人が自宅で生活を営む場所，セカンド・プレイスを職場としたときに，義務や必要性に縛られるのではなく，自ら進んで向かう場所としてのサード・プレイスを考えることができるというのである。

第2節　アジアの企業文化

1．アジア文化間の違いを考える

(1)　中国，韓国における信頼

フクヤマ[20]は中国，イタリア，フランス，韓国を挙げ，こうした国ではファミリービジネスが盛んであるが，アメリカ，ドイツ，日本といった高信頼国家と異なり，家族や親族の枠を越えて他人を信頼することが難しいという。すなわち民間企業部門が自力で大企業を生み出すことが難しいという意味で低信頼国家であり，こうした国々では，多くの中小企業と，国営あるいは国の後押し

19）Oldenburg, R.（1989）（忠平美幸訳 2013）。
20）Fukuyama, F.（1995）p. 30（加藤寛訳 1996）。

によって育成された巨大企業という二極分化した産業構造になっているのである。

それではアジアの成長を支えてきた中国系の社会では，どういった信頼関係が結ばれているのであろうか。中国系のビジネスにおける行動様式として指摘されるものの１つに，「グワンシ（関係）」がある[21]。これは親族や血縁関係を核とした人間関係であり，これから構成される人脈が関係ネットワーク（関係網）となる。これは中国ビジネスの強みであり，一方でコネや賄賂といった面で批判されることがある。

ツェ（Tse）に[22]よれば，グワンシを形成するものは①血縁，②出身地，出身大学といったルーツ，③将来に向けての志の３つであり，日本では組織と組織が信頼するのに対し，グワンシではあくまでも個人と個人の間の関係がベースになって信頼関係が築かれていくという。すなわち日本はより集団的で，「公」は自分自身の外にある家や共同のものを意味するのに対し，中国では家族と個人がベースとなり，中国人にとっての「公」とは個人が集まったものなのである[23]。

中国人は自分という個人を中心として，その次に家族，そして親戚，さらに同郷の人というように，信頼関係が同心円状に広がっていく。そしてこのグワンシの中では①互恵，相互的な助け合い，分配の義務，②地域が移れば移転

図 11-5　中国の「関係（グワンシ）」

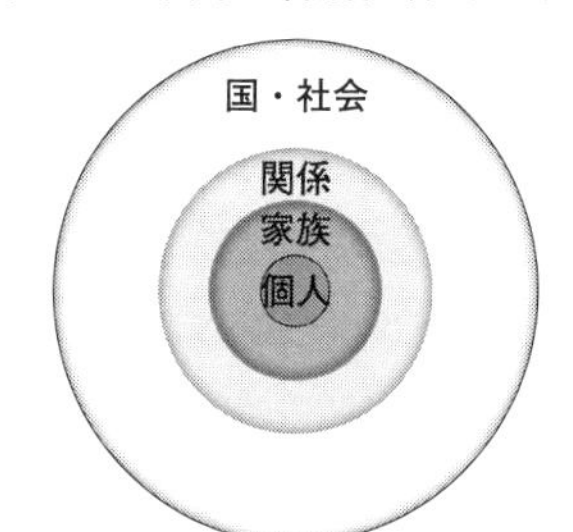

出所：ツェ，D.・吉田茂美（2011）。

21）高久保豊（2009）86-87 頁.
22）ツェ，D.・吉田茂美（2011）56-58, 78-83 頁。
23）溝口雄三（1995）80 頁。

表11-2　アジア文化間の違いを考えるための追加的次元

	米国	日本	台湾	韓国	タイ	中国本土
文化の多様性	多様	同質	同質	同質	階層	多様
社会関係資本	高	高	低	低	低	低
信頼	個人	組織	グワンシ	ウリ	グワンシ，親族	グワンシ

注：同じカテゴリを同じ色で網掛けしている。
出所：筆者作成。

や拡大が可能，③関係の維持，構築に投資が必要であるが，構築された関係を用いて利益を得てよい，といったルールがあるという。そして日本では自分の所属している組織の中がウチ，それ以外がソトとなるが，グワンシでは自分を中心に信頼のおけるウチが「自己人」，ソトが「外人」といわれるのである。

一方韓国では，このウチとソトに関する概念として「ウリ」と「ナム」[24]がある。ウリはやはり自分を中心に血縁，学縁，地縁，知人と広がりを見せ，その外側が他人であるナムとなる。そしてグワンシと比較すると，ウリの血縁，親族を超えての広がりは相対的に小さいのではないかといわれている。

それではここで，日本と，欧米の代表としての米国を比較対象としながら，台湾，韓国，タイ，中国本土における企業文化の特性について考えてみたい。これまで見てきたようなホフステードの次元と信頼メカニズムをもとに，アジア文化間の違いを考えるための追加的な次元が次の表11-2のように仮説として導出された。ここで導かれたのは，文化の多様性，社会関係資本，そして誰を信頼するかという次元である。

⑵　日本における企業文化

まず今日の日本の企業文化の基本は，水平的集団主義として捉えることができる。前述のように日本的経営における垂直的な権力格差や，性別役割の強さという'80年代の特徴は，21世紀に入ってからの戦後世代への世代交代によって，弱まってきていると考えられる。また日本は家族や親族を超えて他人を信頼するという点で高信頼社会であり，その基礎は各人が特定の組織に所属する

24）大崎正留（2008）110-117頁。

図 11-6　日本「型」経営の社会的性格

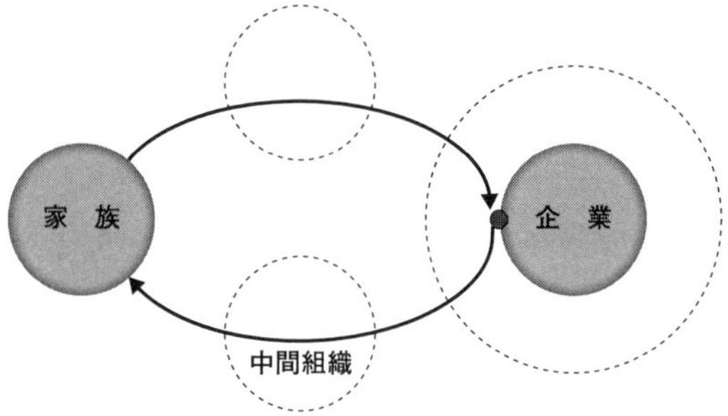

出所：筆者作成。

ところにある。これらは相対的に文化的多様性が低いために可能となっており，不確実性の回避の度合いを高くしている。

そして高度成長期の日本「的」経営でいわれていた企業が共同体的な側面を持つという点は，少なくとも大企業，正規従業員といった枠組みの中では維持されている。すなわち企業組織がウチなのである。またこの枠の外であっても，家族以外にも第一空間である地域，第二空間である職場，第三空間である趣味といった様々な中間組織に所属することで個人がアイデンティティを保つ，すなわち中間組織がウチとなる構造は，単なる個人主義とは異なるという点で，大きくは変化していないと思われる。

(3)　米国における企業文化

一方，米国における企業文化の基本は，水平的個人主義として捉えることができる。米国も高信頼社会であるが，その基礎が個人である点が異なっている。その背景にはプロテスタントの伝統と，米国の文化的多様性の高さがあるのではないだろうか。基本的にはゲマインシャフトである家族を中心として，そこからとゲゼルシャフトとしての企業に出ていくという構図の中で，個人の周りに家族を越えて様々な地域，職場，趣味といった中間組織が存在することになる。しかし集団主義である日本と異なるのは，単にそうした組織に所属しているから信頼するというのではなく，個人主義の社会にあって，赤の他人であっても個人対個人として信頼関係を結んでいくという点である[25]。

図11-7　米国における企業と個人

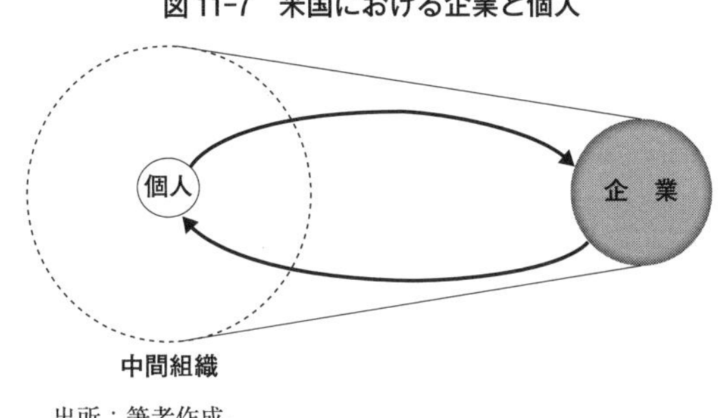

出所：筆者作成。

2．アジアの企業文化とは

(1)　中国本土における企業文化

中国本土における企業文化の基本は垂直的集団主義と捉えられる。この背景には儒教の影響から権力格差が是認され，個人を中心とした関係ネットワークを重視しているという点が挙げられる。また大陸国としての歴史的，民族的状況から，文化的多様性が高い中で価値観が育まれ，企業内ではゲゼルシャフト的な個人主義の傾向も見られるという[26)]。そして家族や親族以外をなかなか信用しないという点では低信頼社会であり，大企業の多くは国営，あるいは海外

図11-8　中国本土における企業と個人

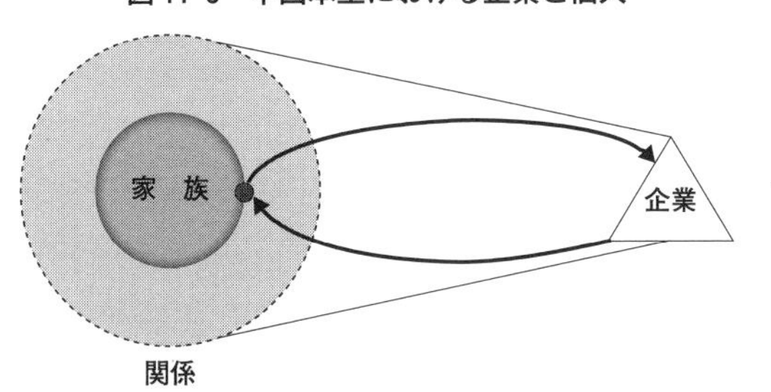

出所：筆者作成。

25）山岸俊男（1998）。
26）王少鋒（2000）204-206頁。

との合資企業としての歴史を持ち，一方で個人を出発点として家族を中心としたグワンシ，関係ネットワークがファミリービジネスの中で重要となっているのである。

⑵　台湾における企業文化

台湾における企業文化の基本は，ホフステードによればやや垂直的な集団主義と捉えられる。中国本土と異なり，文化的同質性が相対的に高い点や，歴史的な側面として日本統治時代の影響や国民党政権の考え方[27]などから，権力格差の次元で見ると，より水平性が高まっていると考えられる。一方で低信頼社会の特徴から，個人を出発点として家族を中心としたグワンシ，関係ネットワークがファミリービジネスの中で重要となっている点は，中国本土と類似していると考えられる。

図 11-9　台湾における企業と個人

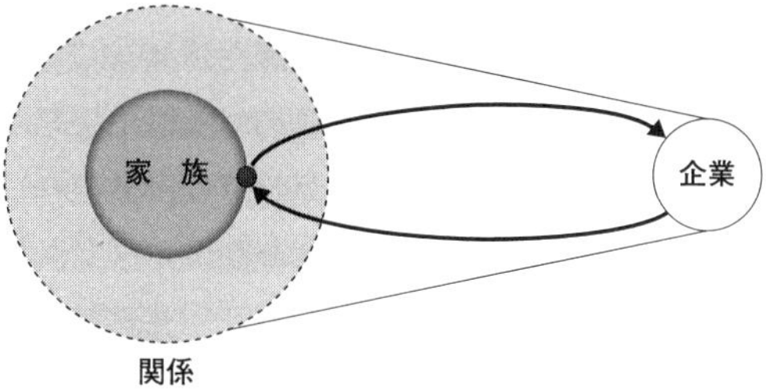

家　族

企業

関係

出所：筆者作成。

⑶　韓国における企業文化

韓国における企業文化の基本は垂直的な集団主義と捉えられる。そして低信頼社会の特徴から，国が経済政策によって誘導した財閥としてのチェボル[28]と，ウリの関係を基本としたファミリービジネスが経済の中心となろう。また組織運営としては垂直的な面が強調される。これは儒教の影響が中国や日本よ

27）ヴォーゲル，E. F.（1993）49-59 頁。
28）柳町功（2009）30-35 頁。

図 11-10　韓国における企業と個人

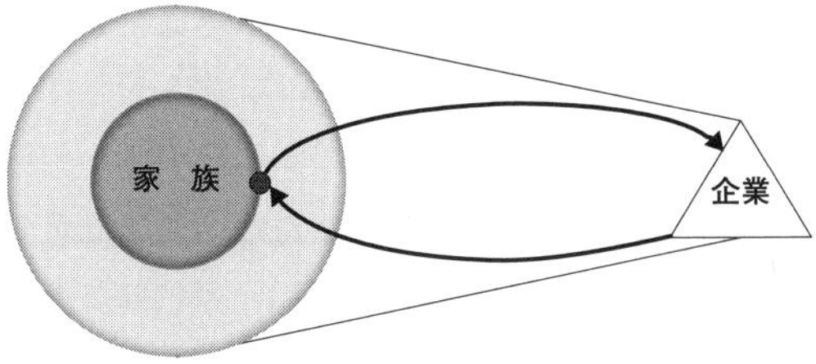

家　族
企業
国

出所：筆者作成。

り強く残っている点や，徴兵制度によって上下の人間関係を重視する文化が再生産されているためであろう。そして今日，米国文化やキリスト教文化の影響によって，水平的で個人主義的な価値観を持つ人たちも増えている可能性がある[29]。

(4)　タイにおける企業文化

そしてタイにおける企業組織の基本は垂直的な集団主義であるが，特徴とし

図 11-11　タイにおける企業と個人

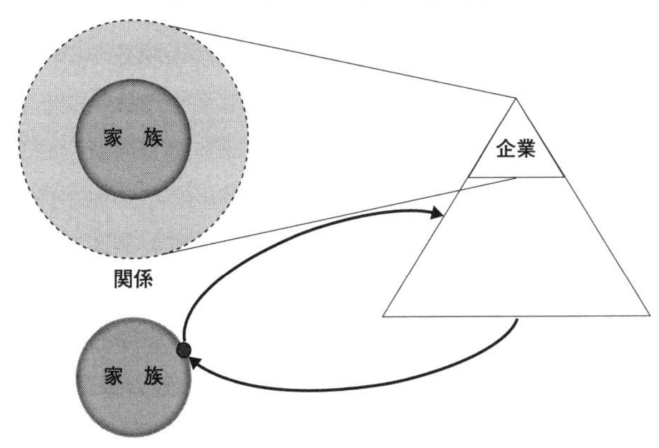

出所：筆者作成。

29）佐藤和（2009）187-188 頁。

ては経営者と労働者との間での文化の多様性[30)]が見られる点であろう。すなわち経営者側はファミリービジネスとしての中国系の文化が強く残っており，これに対する労働者側は仏教国として伝統的なアジアの多神教の文化なのである。中国系の文化ではグワンシによる信頼関係を望むが，労働者側は家族や血縁を重視し，全体としては中間組織が育ちにくいという意味で低信頼社会の状況なのではないだろうか。

3．結論に代えて

⑴　信頼と企業経営

さて，垂直的な組織では官僚主義的な支配が有効に，そして水平的な個人主義の組織では市場原理が有効となるが，水平的集団主義の組織では強い文化による組織統合が有効な手段となる。しかしどの支配メカニズムであっても，信頼が存在すればこれを補完し，より有効な組織とすることができる。そうした意味でグローバルに社会を比較していく際の議論においては，社会関係資本がどのくらい存在するかという量の問題だけではなく，だれを信頼するのかという質の問題を議論していくことが重要となる。これが企業の外に対しては契約や戦略的提携，ネットワーク組織における信頼の問題となり，企業の中に対しては組織管理や動機づけ，帰属意識をどう高めていくかという議論になるのである。

日本型経営においては，水平的集団主義において強い企業文化による統合がなされており，高信頼社会の特徴から企業と企業，企業と従業員の間に信頼関係が生まれている。こうした中，強すぎる企業文化は組織間でのコミュニケーションの問題や，変化に対する抵抗，仲間内による不祥事等の問題を生みがちである。また非正規雇用の割合が３割を超えた今日，こうした人々にいかに帰属意識を持たせ，動機づけていくかは新たな課題となろう。そしてこうした水平的集団主義で組織を信頼するという特徴は，他国ではあまり見られない組み合わせであり，日本企業がグローバルに展開していく際には，現地の文化と新

30）木村友里（2009）129-132頁。

たなハイブリッドを作っていかなくてはならないのである。

(2)　さらなる研究に向けて

本論では日本や米国との比較から追加的な次元を仮説として導いた。しかし言うまでもなくホフステードの研究は今や古典であり，その後，新たな次元について様々な議論がなされている[31)]。単純なほどよい理論であるとすれば，少ない次元で多くの国を説明できる方がより普遍的な理論であり，そうした点で次元を追加するという本研究のアプローチには限界がある。日本を含めたアジアの経営の特徴を明らかにするために，最小限どの次元が必要なのかについてより慎重な議論が必要であろう。

またそれぞれの国や地域における違いをもたらしている社会的，文化的背景についての本論における理論サーベイは，全くもって不十分であり，これからさらに様々な文献をあたって議論を深めていく必要がある。また国の文化という場合，1つの国や地域の中での文化の同質性，多様性といった点にもより慎重な検討が求められる。さらにアジア全体を見て今回分析の対象とならなかった国や地域を加えると，文化的多様性はさらに大きい。東南アジア諸国を見ただけでも，宗教的背景が異なったり，植民地時代の宗主国の影響が異なったり，華僑の文化の融合の仕方が異なったりしており，それぞれ違った雑種，ハイブリッドを形成していると思われる。

文化を相対的に見ていくためには，個別の特徴からスタートするイーミックな研究をもとに，より普遍的なエティックな次元を考えていくというアプローチ[32)]が重要となる。すなわちそれぞれの文化を深く見た上で，その共通点や相違点を考えていく必要があるのである。今回は米国と，日本を含めた4つの東アジアの国や地域，東南アジアではタイだけが分析の対象となったが，これはそれぞれの文化を深く見ていくという方法論自体が持つ研究能力的制約から来ているものである。これからもアジアのそれぞれの文化を深く知ると同時に，様々な国の研究者と交流することを通じて，アジアにおける企業文化の研究を

31）Trompenaars, F. & Hampden-Turner, C.（1997）（須貝栄訳 2001）。

32）杉本良太（1996）31頁。

さらに深めていきたい。

おわりに

新しい日本「型」企業文化，すなわち「新・日本的経営」は水平的集団志向の基層文化に基づくと考えられるが，こうした次元を含むホフステードの研究による５つの次元は，必ずしもアジアの国々の違いを考えるのに十分とはいえない。表層的な文化としての信頼を考えると，米国や日本は社会関係資本があるために中間組織が発達しやすい信頼社会であり，さらに日本においては企業自体が社会生活の場としてゲマインシャフト（共同体組織）となっているところに特徴がある。また中国系の社会では，血縁を中心としたグワンシ（関係）による信頼関係が重要となる。こうした点を含めると，アジアにおける企業文化を比較していくためには，文化の多様性，社会関係資本の存在，誰を信頼するのか，といった次元が重要となろう。

第12章

家父長型リーダーシップ

リーダーシップ研究は，20世紀から盛んに行われてきたものであるが，近年，アジアでよく見られるリーダーシップ・スタイルとして，家父長型リーダーシップ（Paternalistic Leadership）に関する研究が増えてきている。家父長型リーダーシップには様々な定義があるが，一般的には強い規律と権威を父親のような博愛心（Fatherly Benevolence）とを組み合わせたスタイルとして定義され，博愛主義（Benevolence），権威主義（Authoritarianism），道徳性（Morality）といった要素で特徴づけられている[1)]。

家父長型リーダーシップ研究はアジアを中心としてなされているものの，日本企業における家父長型リーダーシップの実態についての研究は始まったばかりである。そこで，我々はグローバルな調査プロジェクトの一環として，家父長型リーダーシップと変革型リーダーシップ等の欧米的リーダーシップ・スタイルとの関係，リーダーシップ・スタイルに影響を与える要因とその成果などの実態を明らかにするため，郵送質問票調査を実施した[2)]。

本論では，その調査結果に基づいて，家父長型リーダーシップの構成要素とその関係，家父長型リーダーシップと欧米的リーダーシップ（変革型リーダーシップ，倫理的リーダーシップ）との異同，および成果（情緒的組織コミットメントや組織市民行動，ワーク・ファミリー・コンフリクト，業績）との関係，そしてこれらと組織文化との関係を探索的に明らかにしたい。

本論では，まず文献レビューに基づいて調査枠組みを提示する。そのうえ

1）Chen, B. et al. (2014), Pellegrini, E. K. & Scandura, T. A. (2008).

2）本調査の詳細については，横田絵理他（2012）を参照されたい。

で，質問票調査からのデータに基づいて統計的な実証分析と考察を行った。

第1節　家父長型リーダーシップとは

1．家父長型リーダーシップとそれをめぐる諸概念

⑴　定義とその背景

家父長型リーダーシップ（Paternalistic Leadership: 以下PLと略）は，主としてアジア社会におけるリーダーシップとして最近20年ほどの中で研究が進められているリーダーシップ・スタイルである。Westwood & Chan[3]は家父長主義を「強い権威と（部下への）関心や配慮が結びついた父性的なリーダーシップ・スタイル」と定義している。また，Farh & Cheng[4]は「強い規律や権威が父性的リーダーシップ・スタイルである」と定義している。またRedding et al.[5]によれば，家父長主義とはアジアから生まれた，マックス・ウェーバーによる純粋な権威主義的見方とは異なるものとされており，PLを，部下に対して支援と保護，世話を提供するものであるとしている。

PLの由来（Antecedent）について，Martínez[6]はフィールド・インタビューを通じて，PLは社会階層の重視の程度，家族的な組織風土の存在，意思決定者との高頻度の相互作用の有無，個人的な関係性への関心の程度，限定した従業員による意思決定の程度によって影響を受けることを明らかにしている。

PLについての多くの研究が，その構成要素の妥当性やPLの効果に集中している。例えばUhl-Bien et al.[7]やAycan et al.[8]は，家父長性を一次元で捉え，様々な成果変数（職務満足，恩義，目標設定等）と家父長性の程度との間に正の相関があることを見出している。

3）Westwood, R. & Chan, A. (1992).
4）Farh, J. L. & Cheng, B. S. (2000).
5）Redding, S. G., Norman, A. & Schlander, A. (1994).
6）Martínez, P. G. (2003).
7）Uhl-Bien, M. et al. (1990).
8）Aycan, Z., Kanungo, R. N. & Shinha, J. B. P. (1999).

PLは儒教のような固有の心理に根差すことから，集団主義や権力格差（Power-distance）が高い文化と整合的であると考えられている[9]。Farh & Cheng[10]の指摘によれば，PLはアジアに特有のリーダーシップとも考えられるが，Aycan et al.[11]の異文化間研究によれば，家父長型リーダーは，カナダ，ドイツ，イスラエルよりも，中国，パキスタン，インド，トルコ，米国においてより高い頻度で見られるという。そして日本でも高い頻度で観察され[12]，マレーシアでも同様である[13]。そのほか，メキシコにおいてもPLに非常に高い価値がおかれていることが明らかにされている[14]。

(2)　PLの構成要素

先の定義から，PLは，いくつかの要素からなる複合的リーダーシップ概念として捉えられることが分かる。

初期のPLに関する研究は，家父長性を一次元で捉えていたが[15]，Cheng et al.[16]では，主としてFarh & Cheng[17]のフレームワークに基づいてPLを3つの要素により分析している。①権威主義的リーダーシップ（Authoritarianism Leadership），②博愛主義的リーダーシップ（Benevolent Leadership），そして③道徳的リーダーシップ（Moral Leadership）である。①権威主義的リーダーシップとは，部下への絶対権威とコントロールを行うことであり，②博愛主義的リーダーシップとは個人としての神格的行動をとること，そして③道徳的リーダーシップとは自分勝手ではなく，自分を律するリーダーシップのことである。またChen et al.[18]も，PLとしてこの3つの要素を活用している。

9）Farh, J. L. & Cheng, B. S. (2000), Aycan, Z. (2006).
10）Farh, J. L. & Cheng, B. S. (2000).
11）Aycan, Z. et al. (2000).
12）Uhl-Bien, M. et al. (1990).
13）Ansari, M. A., Ahmad, Z. A. & Aafaqi, R. (2004).
14）Martínez, P. G. (2003, 2005).
15）Uhl-Bien, M. et al. (1990), Aycan, Z., Kanungo, R. N. & Shinha, J. B. P. (1999).
16）Cheng, B. S., Jiang, D. Y. & Reily, J. (2003).
17）Farh, J. L. & Cheng, B. S. (2000).
18）Chen, B. et al. (2014).

これに対して Aycan et al.[19]は，PL を次の要素で定義づけている。① 家族のような環境を作る，② 個人的な関係を部下との間に構築する，③ 従業員の仕事以外の生活にも介入する，④ ロイヤリティと服従を期待する，⑤ 階層上の権威とステータスを維持する，の５つである。これらの研究からも PL がいくつかの要素の組み合わせから成り立っていることが推察される。

⑶　変革型リーダーシップおよび倫理的リーダーシップとの違い

家父長型リーダーシップと同様に比較的新しいリーダーシップの概念として，変革型リーダーシップと倫理的リーダーシップの２つを挙げることができる。

変革型リーダーシップとは交換型リーダーシップと対比される概念であり，「フォロワーの目標を高め，明示的もしくは暗黙的な交換関係に基づいた期待を超えた業績を上げることができる，という自信を彼らに与えることにより，彼らに対して影響を及ぼすリーダーシップ[20]」である。変革型リーダーシップには ① 理想化された影響力，② モチベーションの鼓舞，③ 知的刺激，④ 個別配慮，という４つの下位概念がある[21]。そしてこれに対比される交換型リーダーシップとは「目標設定，成果の明確化，フィードバック，および達成に対する報酬によって，フォロワーに対して影響を及ぼすリーダーシップ[22]」のことである[23]。

一方，倫理的リーダーシップについては，Brown et al.[24]が社会的学習理論に基づき定義を行い，その調査項目についても提唱している。倫理的リーダーシップは従来からあるカリスマ的リーダーシップや変革型リーダーシップにもその要素がふくまれてはいるが，明確には区別されていなかったという。Brown et al. は倫理的リーダーシップを「意思決定，強化，双方向コミュニ

19）Aycan, Z. et al. (2013).
20）石川淳（2009）99 頁。
21）石川淳（2009）99 頁，横田絵理他（2012）123 頁。
22）石川淳（2009）99 頁。
23）石川淳（2009）による交換型リーダーシップと変革型リーダーシップの定義は，Dvir, T. et al. (2002) に基づくものである。
24）Brown, M. E., Treviño, L. K. & Harrison, D. A. (2005).

ケーションを通して，部下を導く活動や個人的な活動，人間関係によって規範的に適切な行為を示すものである」としている。そして具体的には①倫理的な方向に人生を導く，②結果だけでなく，プロセスで成功を定義する，③倫理的基準に従業員を導く，④従業員とビジネス倫理や価値を話し合う，⑤倫理的に正しいことの例を示す，⑥何が正しい行いかを求めて意思決定を行う，などの項目により倫理的リーダーシップの測定尺度を提示している。

しかしCheng et al.[25)]は，リーダーシップは文化に根差したものであり，その意味で家父長型リーダーシップは中華思想に基づいたものであると見なしている。欧米的なリーダーシップでは公平性，平等性に価値を見出すのに対して，権威主義的，博愛主義的リーダーシップはそもそも絶対的な力の差が前提となっているという主張である。

そうした意味でChen et al.[26)]は，PLは変革型リーダーシップのような要素的なリーダーシップ理論とは区別されるとしている。なぜならPLの基になっているのは孔子の思想であり，それはエンパワーメントのコンセプトではなく，意思決定が集権化され，重要なことはリーダーが意思決定することが期待されているからである。そして目標は，システムの中でというよりも文化的価値観の中でコミュニケーションをとりつつ達成されるというのである。

Aycan et al.[27)]は，PLを前述のように5つの特徴から提示している一方，変革型リーダーシップについては①慈しみのあるリーダーシップ，②参加型リーダーシップ，③権威的リーダーシップ，④垂直的集権主義の4つで定義付け，PLと変革型リーダーシップの要素間の関係を分析している。結果として，中国やトルコ，パキスタンにおいて権威主義的リーダーシップを伴ったPLではより大きな権力格差と集団主義に特徴づけられるという仮説が支持されたが，アメリカでは支持されなかった。またPLは参加型リーダーシップとも関連性が高いとし，さらに権力格差が小さい場合には，PLと権威主義的リーダーシップや参加型リーダーシップとの結びつきは低いとされた。

---

25) Cheng, B. S., Jiang, D. Y. & Reily, J. (2003).
26) Chen, B. et al. (2014).
27) Aycan, Z. et al. (2013).

⑷　PL の測定

家父長型リーダーシップに関する実証研究は，様々な観点から数多く展開されてきているが，その結果は必ずしも整合的ではない。その理由としては，測定尺度が十分に検討されず調査によって尺度が同一ではないこと，分析対象とするサンプルの属性が異なっていることなどが挙げられる。

例えば博愛主義的リーダーシップについて見ると，共有された尺度はいまだ確立されているとはいえない。前述したように Cheng et al.[28)] は PL を権威主義，博愛主義，道徳的の三次元モデルで捉えたが，その後の研究で，権威主義は他の 2 つの次元と負の相関があり，各々の次元が全体としての PL のサブ要素になっているというよりもむしろ，それぞれ独自のリーダーシップ・スタイルを表しているのではないかという疑問も提起されている。

とはいえ，Cheng et al. を基に変革型リーダーシップと PL を測定し，それらの部下に対する効果を検討するために台湾で行われた研究では，Silin[29)] の研究をベースにして，権威主義，博愛主義および道徳的の 3 つの次元で PL を捉えている。その結果，PL を構成する各リーダーシップのうち，権威主義的リーダーシップは権威志向を持つ部下に対しては効果があるということが発見されている。

この研究は後の Cheng et al.（2014）の研究につながっている。そこでは様々な東アジアの国においても，PL がこれら 3 つのリーダーシップ要素から成り立っているのかということを検討している。そこでの測定においては権威主義ならびに博愛主義の測定項目は Cheng et al.（2003）と同じものを活用しているが，道徳性については新たな 5 つの項目を設けている。結果として，各国において程度は異なるが，同じ 3 つの構成要素によって PL が構成されていることが明らかになった。

28）Cheng, B. S., Chou, L. F. & Farh, J. L.（2000）.
29）Silin, R.（1976）.

2．リーダーシップ・スタイルの成果

リーダーシップ・スタイルの成果は，様々な観点から捉えられてきた。例えば，上司に対する忠誠心（Loyalty to Supervisor），仕事の喜びや仕事への意欲（Enjoyment and Drive of Work），組織コミットメント（Organizational Commitment），組織市民行動（Organizational Citizenship Behavior），ワーク・ファミリー・コンフリクト（Work and Family Conflict）などが挙げられる。さらに，仕事の最終的な成果としての創造性業績（Creativity Performance）や職務業績（Job Performance）などが主要なリーダーシップ・スタイルの成果として取り上げられてきた。

⑴　部下の忠誠心と仕事への喜び・意欲

まずリーダーシップ・スタイルは，上司に対する部下の忠誠心に影響を与えるとする研究がある。Cheng et al.[30)]によれば，この忠誠心には「上司に対する情緒的な忠誠心」（Affective Loyalty to Supervisor）と「上司に対する行動的な忠誠心」（Behavioral Loyalty to Supervisor）の2つの要素が含まれている。そして部下が抱く仕事への喜びや仕事への意欲もまた，リーダーシップ・スタイルによって左右される[31)]。これらの要素はいずれも，労働に対する部下の態度に関係するものであり，次に挙げる組織コミットメントや組織市民行動といった成果に対して，媒介変数として影響を及ぼすと考えられる。

⑵　組織コミットメント

組織コミットメントは，「組織の目標・規範・価値観の受け入れ，組織のために働きたいとする積極的意欲，組織に留まりたいという強い願望によって特徴づけられる情緒的な愛着」と定義される[32)]。またMowday et al.[33)]は，組織コミットメントを「特定の組織における個人の同一化と関与の強さ」と定義

30）Cheng, B. S., Jiang, D. Y. & Reily, J. (2003).
31）Spence, J. T. & Robbins, A. S. (1992).
32）Porter, L. W. et al. (1974).
33）Mowday, R. T., Steers, R. M. & Porter, L. W. (1979).

し，その要素として①組織メンバーが組織の目標や価値観を受け入れ信じること，②組織のためにできる限り努力するという意志を持つこと，③その組織内のメンバーであることを強く望むこと，の3つを挙げている。

このMowdayらの情緒的要素の考え方を引き継ぎ，さらに発展させたのがAllen & Meyer[34]である。彼らは組織コミットメントを「個人を組織へ結びつける心理的な状態」と定義し，情緒的要素とは別に，継続的，規範的という2つの心理的要素を取り上げた。ここでまず①情緒的組織コミットメント（Affective Organizational Commitment）とは，組織に対して情緒的・感情的な愛着や一体感を感じる程度のことである。そして②継続的組織コミットメント（Continuance Organizational Commitment）とは，組織を離れる際のリスクや組織を離れた際の代替組織の有無に関連している。また③規範的組織コミットメント（Normative Organizational Commitment）とは，組織に対する忠誠心や義務感を強調したものである。

Allen & Meyerは，これら情緒的・継続的・規範的の3つの区分に基づいて24項目からなる組織コミットメント尺度を開発し，その信頼性・妥当性を検証した。その後Meyer et al.[35]は24項目を18項目に圧縮した尺度を提案した。この18項目の尺度も信頼性・妥当性が確立されており，組織コミットメントを測る指標として現在最も多く用いられている[36]。

⑶　組織市民行動

組織市民行動もまた，リーダーシップ・スタイルの成果としてしばしば取り上げられる要素である。Organ[37]によれば，組織市民行動とは「従業員が行う任意の行動のうち，彼らにとって正式な職務の必要条件ではないが，それによって組織の効果的機能を促進する行動である。しかもその行動は，強制的に任されたものではなく，正式な給与体系よって保証されるものでもない」と定義される。つまり，それは従業員による自発的で，見返りを求めない，組織に

34）Allen, N. J. & Meyer, J. P. (1990).
35）Meyer, J. P., Allen, N. J. & Smith, C. A. (1993).
36）能美清子他（2011）。
37）Organ, D. W. (1988).

有用な行動を指す。この組織市民行動は様々な要因によって影響を受けるが，上司によるリーダーシップ・スタイルはその要因の1つである[38)]。

この組織市民行動について，Smith et al.[39)]は次の2つの次元を持つとした。1つは利他主義（Altruism）であり，他の1つは組織的迎合性（Compliance）である。前者は，個人に対する市民行動（Organizational Citizenship Behavior Targeted at Individuals）であるのに対して，後者は，組織に対する市民行動（Organizational Citizenship Behavior Targeted at the Organization）と見ることができる。Williams & Anderson[40)]は，これらをそれぞれOCB-IおよびOCB-Oとして区別した。またFarh et al.[41)]は，組織市民行動を①同僚に対する利他主義（Altruism toward Colleagues），②会社との一体感（Identification with the Company），③誠実さ（Conscientiousness），④個人間の調和（Interpersonal Harmony），⑤企業の資源の保護（Protecting Company Resources）の5つの要素から捉えている。

(4)　ワーク・ファミリー・コンフリクト

ワーク・ファミリー・コンフリクト（仕事と家庭との葛藤）は，いわゆる「ワーク・ライフ・バランス」という言葉で捉えられる概念に類似している。Carlson et al.[42)]によれば，それは1）時間なのかストレスなのかという観点と2）仕事と家庭の関係なのか仕事と自らの趣味やレジャー等との関係なのか，という2つの軸から分類される。つまり①時間の観点から見た仕事と家庭との葛藤，②時間の観点から見た仕事とレジャー・趣味・友人関係との葛藤，③ストレスの観点から見た仕事と家庭との葛藤，④ストレスの観点から見た仕事とレジャー・趣味・友人関係との葛藤，の4つである。これらの葛藤に対する認識も，リーダーシップ・スタイルによって一定の影響を受けるものと考えることができる。

38）Bateman, T. S. & Organ, D. W. (1983), Organ, D. W. (1988).
39）Smith, C. A., Organ, D. W. & Near J. P. (1983).
40）Williams, L J. & Anderson, S. E. (1991).
41）Farh, J. L., Earley, P. C. & Lin, S. C. (1997).
42）Carlson, D. S., Kacmar, K. M. & Williams, L. J. (2000).

(5) 創造的業績，職務業績

創造的業績や職務業績は，リーダーシップ・スタイルがもたらす成果の最終的な尺度である。

創造的業績は，例えばTierney et al.[43]やFarmer et al.(2003)[44]などによって取り上げられている。Tierney et al.は，創造性をAmabile[45]が定義する「新規性があり，有用なアイディアの生産」と捉え，化学企業における研究開発者を対象にした調査を通じて創造性に影響を与える要因について分析した。実際の創造性の測定に際しては，Ettlie & O'Keefe[46]が挙げた「仕事において独自性を発揮した」「既存の手法や装置の新しい使い方を見出した」「他社には困難な問題を解決した」「問題に対して新しい発想や接近方法を試した」などを含む多様な項目を利用している。またFarmer et al.は創造的業績の尺度として①最初に新しいアイディアや方法を試みた，②問題を解決するための新しいアイディアや方法を模索した，③関連領域におけるパイオニア的な発想を生み出した，④創造性を代表するよいロールモデルとなった，という4つの項目を提示している。

一方Campbell[47]によれば，職務業績とは「組織的目標に関連した，従業員がコントロール可能な行動で，組織によって設定された目標の達成度合いによって測定されるもの」と定義される。この定義には①組織的目標の達成度合い，②従業員がコントロール可能な行動，という2つの要素が含まれている点に特徴がある。Farh et al.[48]では，この職務業績を「質の高い仕事を時間通りにこなしている」「仕事について，完璧でミスがなく，正確な成果を出している」等の項目によって補足することができるとした。

このように，組織においてリーダーシップ・スタイルがもたらす成果には様々なものがある。本論では，これらのうち，組織コミットメント（特に情緒的組織コミットメント），組織市民行動，および創造的業績と職務業績に焦点

43) Tierney, P., Farmer, S. M. & Graen, G. B. (1999).
44) Farmer, S. M., Tierney, P. & Kung-McIntyre, K. (2003).
45) Amabile, T. M. (1988).
46) Ettlie, J. E. & O'Keefe, R. D. (1982).
47) Campbell, J. P. (1999).
48) Farh, J. L., Dobbins, G. H. & Cheng, B. S. (1991).

を当て，家父長型リーダーシップ・スタイルがこれら成果変数にどのような影響を持つのかを日本企業を対象とした調査データに基づいて検討する。

第2節　職場と従業員に関する調査

1．調査の概要

我々は，国立台湾大学のBor-Shiuan Cheng教授をリーダーとして世界10カ国以上で実施された，家父長型リーダーシップに関するグローバルな調査プロジェクト"Paternalistic Leadership Cross-cultural Project"の一環として，日本企業を対象とした郵送質問票調査を実施した。

東証一部上場企業を対象に，2009年8月に「職場と従業員に関する国際比較調査」という質問票を合計3,000部送付した。質問項目は各国共通の項目（英語）を日本語に翻訳したものに，一部日本独自の項目を追加したものである。最終的に545名からの回答（回収率18.2%）があった[49)]。

(1)　上司のリーダーシップ・スタイル

本調査では家父長型リーダーシップを博愛主義的リーダーシップ（Benevolent Leadership），権威主義的リーダーシップ（Authoritarian Leadership），道徳的リーダーシップ（Moral Leadership）の3つの側面を有しているものと定義し，それぞれ5つの質問項目に関する頻度を6点尺度で測定した。なお，ここでの測定尺度はCheng et al.[50)]に基づいている。

変革型リーダーシップ（Transformational Leadership）については，Bass & Avolio[51)]に基づき①理想化された影響力（属性）（Idealized Influence (Attributed)），②理想化された影響力（行動）(Idealized Influence (Behavior))，③モチベーションの鼓舞（Inspirational Motivation），④知的刺激（Intellec-

49）郵送質問票調査の詳細は，横田絵理他（2012）を参照されたい。また以下の測定尺度についての記述は，同論文からの抜粋となっている。

50）Cheng, B. S. et al. (2013).

tual Stimulation)，⑤個別配慮（Individual consideration）の5つについて，それぞれ4つの質問項目に関する頻度を6点尺度で測定した。一方，倫理的リーダーシップ（Ethical leadership）については，Brown et al.[52]に基づき，6つの質問項目に関する頻度を6点尺度で測定した。

(2) リーダーシップの成果

次に，リーダーシップの成果変数については，以下のように測定を行った。まず，情緒的組織コミットメント（Affective Organizational Commitment）は，Meyer et al.[53]に基づき，6つの質問項目に該当する程度を6点尺度で測定した。また，ワーク・ファミリー・コンフリクト（Work-Family Conflict）は，Carlson et al. (2000)[54]に基づき①時間に基づく仕事から家庭への葛藤（Time-based Work Interference with Family)，②ストレス反応に基づく仕事から家庭への葛藤（Strain-based Work Interference with Family)，③時間に基づく仕事からレジャー・趣味・友人関係への葛藤（Time-based Work Interference with Leisure/Interest/Friendship)，④ストレス反応に基づく仕事からレジャー・趣味・友人関係への葛藤（Strain-based Work Interference with Leisure/Interest/ Friendship）の4つについて，それぞれ3つの質問項目に該当する程度を6点尺度で測定した。

組織市民行動については，Farh et al.[55]に基づき①OCB-O（会社との一体感（Identification with the Company)），②OCB-O（誠実さ（Conscientiousness)），③OCB-I（同僚に対する利他主義（Altruism toward Colleagues)）の3つについて，それぞれ4つの質問項目に該当する程度を6点尺度で測定した。

最後に，部下の創造的業績（Creativity Performance）と職務業績（Job Performance）について，前者はTierney et al.[56]，後者はFarh et al.[57]に基づいて，それぞれ9つと3つの質問項目に該当する程度を6点尺度で測定した。

---

51) Bass, B. M. & Avolio, B. J. (1995).
52) Brown, M. E., Treviño, L. K. & Harrison, D. A. (2005).
53) Meyer, J. P., Allen, N. J. & Smith, C. A. (1993).
54) Carlson, D. S. et al. (2000).
55) Farh, J. L., Earley, P. C. & Lin, S. C. (1997).
56) Tierney, P., Farmer, S. M. & Graen, G. B. (1999).

図12-1　調査枠組み（変数とその関係）

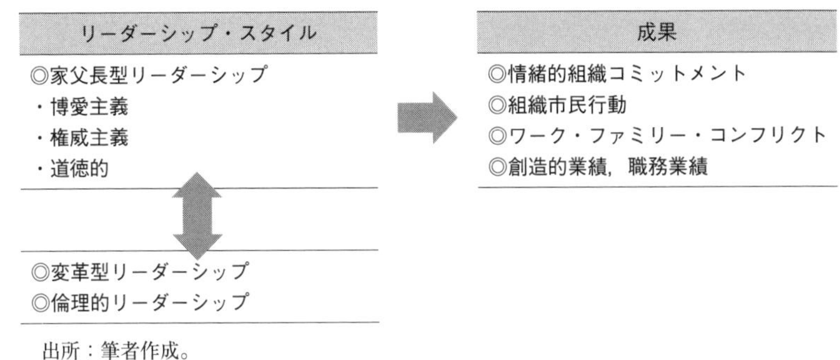

出所：筆者作成。

以上，ここでの調査・分析の骨格となる，リーダーシップ・スタイルとその成果との関係を表した調査枠組みを図12-1に示す。

2．構成要素と関係

(1)　家父長型リーダーシップの構成要素

本調査ではCheng et al.[58]におけるGlobal Paternalistic Leadership Scaleの15項目の質問を用いて家父長型リーダーシップの3つの次元を測定している。そこでまず，当該サンプルにおいてもこの3次元が成立しているかどうかを確認するために，探索的因子分析を行った。

15項目に対して主因子法による因子抽出を試みたところ，固有値1以上の因子が3つ抽出された。次元間には相関があることが想定されるため，これにプロマックス回転をかけたところ，回転後の解が表12-1のようになった。結果として，3つの次元を構成すると想定される5つずつの項目から3つの因子が抽出され，それぞれ博愛主義的，権威主義的，道徳的の3つの次元を表していることが示された。

これによって本調査においても3つの次元が存在することが確認できた。

57）Farh, J. L., Dobbins, G. H. & Cheng, B. S. (1991).

58）Cheng, B. S. et al. (2014).

表 12-1　因子分析結果

	因子		
	博愛主義的	権威主義的	道徳的
・私の業績が満足のいかないものである真の原因について，明らかにしようとしてくれる	.782	.069	.073
・頻繁に自分に関心を示してくれる	.754	.006	-.176
・仕事で困難に直面しているときには，励ましてくれる	.750	-.099	.063
・私の期待通りに，私の好みを把握している	.746	-.062	-.152
・私に仕事で要求される能力が欠けているときは，教育や指導をしてくれる	.719	.081	.095
・一緒に仕事をすると，強い圧力をかけてくる	-.004	.771	-.140
・部下に対し，非常に厳しい	.060	.753	.136
・部下の前では威圧的に見える	-.112	.751	-.054
・自分の方針に反することには厳しい	-.130	.692	.101
・私が目標を達成できなかったときは，説教をする	.179	.669	-.060
・職務に対して責任を負っている	-.177	.020	.867
・職務に対し責任を負い，決して自分の義務を回避しない	-.148	-.003	.778
・他人に要求する前に，自分をきちんと規律づけている	.137	-.088	.641
・困難な業務に対処するにあたって，部下を見守るのではなく，先導していく	.228	.048	.593
・あらゆる面で手本を示してくれる	.399	.010	.477
初期の固有値	5.240	3.156	1.347
分散の％	34.935	21.037	8.980
累積％	34.935	55.972	64.953
回転後の負荷量平方和	4.360	2.706	3.990

注：同じ次元に属する変数の係数を網掛けにしている。
出所：筆者作成。

(2)　構成要素間の関係

次に確認された3つの側面と他の変数との関係を測定するために，それぞれの合成変数を作成した。まず権威主義的リーダーシップ，博愛主義的リーダーシップ，道徳的リーダーシップのそれぞれを構成する5つずつの項目の一貫性を見るために，クロンバッハのαを計算した。それぞれ0.844，0.858，0.846と一般に基準とされる0.7を上回っており一貫性が確認されたため，構成する5つの項目を平均することで合成変数を作成することとした。

表 12-2　家父長型リーダーシップ内の相関係数（n=528）

	権威主義的リーダーシップ	博愛主義的リーダーシップ	道徳的リーダーシップ
権威主義的リーダーシップ	-	.040	-.053
博愛主義的リーダーシップ	.040	-	.620*
道徳的リーダーシップ	-.053	.620*	-

注：＊は5%水準で統計的に有意。以下も同様。
出所：筆者作成。

探索的因子分析においてもプロマックス回転をかけたように，3つの構成要素には相関関係があることが想定されるので，作成した3つの尺度同士の相関係数を算出した（表12-2：以下＊は5%水準で統計的に有意）。結果として，権威主義的リーダーシップは他の2つから独立しているが，博愛主義的リーダーシップと道徳的リーダーシップの間には有意な相関が見られることが分かった。

(3)　変革型リーダーシップおよび倫理的リーダーシップとの関係

家父長型リーダーシップと他の2種類の西欧的リーダーシップとの関係について，相関分析を行った。まず変革型リーダーシップを構成する5つの要因と，家父長型リーダーシップの3つの要素の間の相関係数を算出した（表12-3）。ここで変革型リーダーシップを構成する5つの要因におけるクロンバッハのαは，それぞれ0.814，0.847，0.820，0.930，0.864であった。

表 12-3　家父長型リーダーシップと変革型リーダーシップの相関係数（n=519）

	権威主義的リーダーシップ	博愛主義的リーダーシップ	道徳的リーダーシップ
理想化された影響力（属性）	.001	.651*	.779*
理想化された影響力（行動）	.194*	.543*	.582*
モチベーションの鼓舞	.155*	.500*	.556*
知的刺激	.016	.595*	.725*
個別配慮	-.050	.705*	.695*

出所：筆者作成。

その結果，権威主義的リーダーシップについては，理想化された行動への影響力とモチベーションの鼓舞に対して低い相関が見られた。一方，博愛主義的リーダーシップと道徳的リーダーシップについては，変革型リーダーシップのすべての要素に対して強い相関が見られた。

次に倫理的リーダーシップと家父長型リーダーシップの3つの要素の間の相関係数を算出した（表12-4）。倫理的リーダーシップの測定尺度におけるクロンバッハのαは0.833であった。その結果，博愛主義的リーダーシップと道徳的リーダーシップの2つについて，倫理的リーダーシップとの相関が見られた。

表12-4　家父長型リーダーシップと倫理的リーダーシップの相関係数（n=515）

	権威主義的リーダーシップ	博愛主義的リーダーシップ	道徳的リーダーシップ
倫理的リーダーシップ	.022	.578*	.702*

出所：筆者作成。

以上の結果から，3つの要素の内，特に博愛主義的リーダーシップと道徳的リーダーシップの2つは，革新的リーダーシップと倫理的リーダーシップに関連が強いことが分かった。

3．成果との関係

(1)　組織コミットメントに与える影響

次に成果変数である情緒的組織コミットメントと家父長型リーダーシップの3つの要素の間の相関係数を算出した（表12-5）。情緒的組織コミットメントの測定尺度におけるクロンバッハのαは0.886であった。その結果，情緒的組織コミットメントと，家父長型リーダーシップの3つの要素の間にはそれぞれ相関関係が見られ，家父長型リーダーシップが情緒的組織コミットメントを導いていることが分かった。

表 12-5　家父長型リーダーシップと情緒的組織コミットメントの相関係数（n=528）

	権威主義的リーダーシップ	博愛主義的リーダーシップ	道徳的リーダーシップ
情緒的組織コミットメント	.113*	.337*	.348*

出所：筆者作成。

(2) 組織市民行動に与える影響

成果変数である組織市民行動と家父長型リーダーシップの3つの要素の間の相関係数を算出した（表12-6)。組織市民行動は，回答者自身による自己評価と，回答者の上司による上司評価の2つの面から測定している。またこれらを構成する各要素のクロンバッハの α は0.817，0.874，0.621，0.733，0.860，0.904であった。

その結果，博愛主義的リーダーシップと道徳的リーダーシップの2つについては，組織市民行動の各要素と相関があり，権威主義的リーダーシップは，自己評価の会社との一体感には弱い正の相関があるが，上司評価の誠実さや同僚に対する利他主義については弱い負の相関があることが分かった。

表 12-6　家父長型リーダーシップと組織市民行動の相関係数（n=518）

	権威主義的リーダーシップ	博愛主義的リーダーシップ	道徳的リーダーシップ
「自己評価」OCB-O（会社との一体感）	.113*	.291*	.208*
「上司評価」OCB-O（会社との一体感）	-.043	.159*	.141*
「自己評価」OCB-O（誠実さ）	.042	.130*	.137*
「上司評価」OCB-O（誠実さ）	-.111*	.145*	.168*
「自己評価」OCB-I（同僚に対する利他主義）	.029	.266*	.167*
「上司評価」OCB-I（同僚に対する利他主義）	-.106*	.172*	.147*

出所：筆者作成。

権威主義的リーダーシップについては考察が必要であるが，博愛主義的リーダーシップと道徳的リーダーシップについては組織市民行動を導いているといえるだろう。

(3) ワーク・ファミリー・コンフリクトに与える影響

成果変数であるワーク・ファミリー・コンフリクトと家父長型リーダーシップの3つの要素の間の相関係数を算出した（表12-7）。なお，ワーク・ファミリー・コンフリクトを構成する各要素のクロンバッハのαは0.924，0.851，0.961，0.950であった。

表12-7　家父長型リーダーシップとワーク・ファミリー・コンフリクトの相関係数（n＝525）

	権威主義的リーダーシップ	博愛主義的リーダーシップ	道徳的リーダーシップ
・時間に基づく，仕事から家庭への葛藤	.261*	−.033	−.066
・ストレス反応に基づく，仕事から家庭への葛藤	.225*	−.196*	−.216*
・時間に基づく，仕事からレジャー・趣味・友人関係への葛藤	.244*	−.158*	−.188*
・ストレス反応に基づく，仕事からレジャー・趣味・友人関係への葛藤	.222*	−.265*	−.274*

出所：筆者作成。

その結果，博愛主義的リーダーシップと道徳的リーダーシップの2つについては，ワーク・ファミリー・コンフリクトの3つの要素と負の相関があり，権威主義的リーダーシップは，すべての要素について正の相関があることが分かった。

博愛主義的リーダーシップと道徳的リーダーシップはワーク・ファミリー・コンフリクトを減少させるが，権威主義的リーダーシップはコンフリクトを増長させる傾向にあるといえるだろう。

(4) 創造的業績，職務業績に与える影響

最後に，成果変数である創造的業績および職務業績と家父長型リーダーシッ

プの3つの要素の間の相関係数を算出した（表12-8）。業績についても，回答者自身による自己評価と，回答者の上司による上司評価の2つの面から測定している。これらを構成する各要素のクロンバッハのαは0.931，0.948，0.871，0.927であった。

その結果，博愛主義的リーダーシップでは3つの要素について弱い相関が見られ，道徳的リーダーシップについては上司評価の職務業績と弱い相関が見られた。また権威主義的リーダーシップは，自己評価，上司評価共に職務業績に対して負の弱い相関があることが分かった。

博愛主義的リーダーシップは業績と相関があるが，道徳的リーダーシップはやや弱く，権威主義的リーダーシップは職務業績に弱い負の影響があるといえるだろう。

表12-8　家父長型リーダーシップと創造的・職務業績の相関係数（n＝505）

	権威主義的リーダーシップ	博愛主義的リーダーシップ	道徳的リーダーシップ
「自己評価」創造的業績	.032	.111*	.013
「上司評価」創造的業績	−.082	.095*	.068
「自己評価」職務業績	−.093*	.034	−.011
「上司評価」職務業績	−.166*	.106*	.100*

出所：筆者作成。

4．考察

以上の結果をまとめると以下の通りである。

まず，家父長型リーダーシップを構成する3つのリーダーシップのうち，道徳的リーダーシップと博愛主義的リーダーシップは相関が高い（$r=0.62$）。また成果との関係を見ても両リーダーシップは同様の傾向を示している。しかしながら，業績に対する影響を見ると両者はやや異なる傾向を示していた。一方で，権威主義的リーダーシップは，道徳的リーダーシップと博愛主義リーダーシップと相関が見られない。また成果との関係についても，道徳・博愛とは逆の傾向を示すことが多い。

組織市民行動および職務業績との関係で，博愛主義，道徳的が正の相関，権威主義が負の相関となっているのは，Chen et al.[59]において台湾のサンプルによって示されている結果と類似している。Cheng et al.[60]にもあるように，中国において西欧化と共に権威主義的な価値観が変わりつつあるが，台湾では依然として権威志向を持つ部下は，権威主義的リーダーシップの効果が高い。Hofstede[61]によれば，中国本土，台湾，日本，米国の権力格差の指標は，80，58，54，40であり，こうした次元から見ると，台湾と日本で権威主義的リーダーシップについて同じような結果が出たことがうなずける。前章までで見てきたように，今日，日本でも権力格差の次元がますます低くなり，水平的な集団主義の社会となっている。こうした中で，権威志向を持つ部下が少なくなり，権威主義的リーダーシップの有効性も低くなってきているのではないだろうか。ただし，変革型リーダーシップとの関係では，一部，博愛主義，道徳的リーダーシップと同じ傾向を示していることは興味深い。

成果との関係についてもう１つの興味深い点は，情緒的組織コミットメントについて，権威主義的リーダーシップが，博愛主義・道徳的と同じく，有意な正の影響を示すことである。この点は，組織市民行動の会社との一体感においても同様の特徴を観察することができる。これらの点を考慮すると，権威主義リーダーシップは従業員の組織への連帯意識を高める効果があるといえるのかもしれない。

以上，本研究では，質問票調査からのデータに基づいて，家父長型リーダーシップの構成要素とその関係，家父長型リーダーシップと欧米的リーダーシップ（変革型リーダーシップ，倫理的リーダーシップ）との異同，および成果（情緒的組織コミットメントや組織市民行動，ワーク・ファミリー・コンフリクト，業績）との関係について検討した。

その結果，日本のデータにおいても，家父長型リーダーシップは３つの因子から構成されていることが確認された。そして博愛主義と道徳的リーダーシップは相関が強い一方，博愛主義および道徳的リーダーシップと，権威主義的の

59）Chen, B. et al. (2014).

60）Cheng, B. S. et al. (2003).

61）Hofstede, G. (1980)（萬成博・安藤文四郎監訳 1984), Hofstede, G., Hofsted, G. J. & Minkov, M. (2010)（岩井八郎・岩井紀子訳 2013)。

間には有意な相関が見られなかった。そして博愛主義と道徳的リーダーシップは，変革型リーダーシップの属性と相関が強い。それは，倫理的リーダーシップとの関係においても同様である。権威主義リーダーシップは，一部を除き，変革型リーダーシップとは相関が見られない。

家父長型リーダーシップの3つの因子はすべて，情緒的組織コミットメントと正の相関を持ち組織市民行動との関係では，博愛主義リーダーシップと道徳的リーダーシップが優位な正の相関を見せる一方で，権威主義リーダーシップは博愛主義および道徳的のような関係はみられない。そして創造的業績と職務業績との関係については，家父長型リーダーシップのそれぞれの因子との間に必ずしも明確な相関が見られなかった。

第3節　組織文化についての分析

1．組織文化とリーダーシップ

(1)　家父長型リーダーシップと組織文化

組織文化とリーダーシップの関係を考えるため，本論の内部統合機能の2つの次元である，集団志向の次元を表す「個人主義・集団主義」と，水平的―垂直的の次元を表す「権力格差」の2つの概念について，Dorfman & Howell[62]に基づきそれぞれ6つの質問項目に該当する程度として6段階のSD法で測定した。各測定尺度のクロンバッハのαは0.682，0.527であった。それぞれの尺度を，サンプル数が約半数になるように2分割し，その2つのカテゴリ変数を用いて全サンプルを4つに分類した（表12-9）。

62）Dorfman, P. W. & Howell, J. P. (1988).

表 12-9　組織文化による 4 分類（n＝540）

	集団志向	個人志向
垂直的	ファミリー　：139	ピラミッド：147
水平的	ネットワーク：144	マーケット：110

出所：筆者作成。

次に家父長型リーダーシップを構成する 3 つの要素が組織文化によって異なるかどうかを確かめるため，相関分析，分散分析ならびに多重比較を行った（表 12-10）。その結果，権威主義的リーダーシップの要素は有意な差が見られなかったが，博愛主義的リーダーシップの要素は，集団的（相関係数 0.228：以下いずれも 5% 有意）で水平的（同 0.111）なほど強く，道徳的な要素についても，集団的（同 0.230）なほど強いことが分かった。

表 12-10　家父長型リーダーシップと組織文化

	ピラミッド	マーケット	ファミリー	ネットワーク
権威主義的	2.54	2.45	<u>2.66</u>	2.57
博愛主義的	3.24	3.34	3.55	<u>3.73</u>*
道徳的	4.16	4.23	4.49	<u>4.52</u>*

注：アンダーラインは最大値を示す。＊は有意水準 5% で統計的に有意。分散分析が有意であれば，等分散の検定を行った上で多重比較を行い，有意な差のあるグループを異なった色で塗り分けている。以下の分散分析結果も同様。
出所：筆者作成。

⑵　変革型リーダーシップおよび倫理的リーダーシップとの関係

2 種類の西欧的リーダーシップとの関係について，同様に分散分析等を行った。まず変革型リーダーシップを構成する 5 つの要因との関係を見ると（表 12-11），すべての要因で，集団的なほど（相関係数 0.294，0.277，0.233，0258，0.305）その水準が高く，理想化された影響力（属性）と個別配慮では，水平的なほど（同 0.109，0.106）その水準が高かった。さらに分散分析と多重比較の結果，知的刺激では垂直的で集団的な日本「的」組織文化では，その水準が高くなることが分かった。

表 12-11　変革型リーダーシップと組織文化

	ピラミッド	マーケット	ファミリー	ネットワーク
影響力（属性）	3.86	3.94	4.28	4.42*
影響力（行動）	3.72	3.88	4.16	4.26*
モチベーション	3.48	3.57	3.77	3.96*
知的刺激	3.86	4.00	4.34*	4.31
個別配慮	3.70	3.79	4.13	4.25*

出所：筆者作成。

また倫理的リーダーシップとの関係を見ると（表 12-12），同様に集団的なほど（同 0.253），水平的なほど（同 0.089）高くなる傾向が見られた。

表 12-12　倫理的リーダーシップと組織文化

	ピラミッド	マーケット	ファミリー	ネットワーク
倫理的	3.58	3.75	3.94	3.99*

出所：筆者作成。

2．組織文化と成果との関係

⑴　組織コミットメントと組織文化

次に成果変数である情緒的組織コミットメントとの関係を見ると（表 12-13），集団的なほど（相関係数 0.305）高くなる傾向が見られた。

表 12-13　情緒的組織コミットメントと組織文化

	ピラミッド	マーケット	ファミリー	ネットワーク
コミットメント	3.93	4.04	4.55*	4.45

出所：筆者作成

⑵　組織市民行動と組織文化

成果変数である組織市民行動の 6 つの要素と組織文化の関係を見ると，全般に集団的なほど（相関係数 0.335，0.215，0.280，0.158，0.131，0.086）高くなる傾向が見られ，自己評価の OCB-I（同僚に対する利他意識）は水平的なほど（同 0.124）高かった。分散分析の結果，一部に垂直的な文化の方が高い傾

表 12-14　組織市民行動と組織文化

	ピラミッド	マーケット	ファミリー	ネットワーク
「自己評価」OCB-O（会社との一体感）	3.73	3.48	4.12*	4.11
「上司評価」OCB-O（会社との一体感）	4.08	3.99	4.37*	4.30
「自己評価」OCB-O（誠実さ）	4.07	4.11	4.40	4.57*
「上司評価」OCB-O（誠実さ）	4.30	4.16	4.53	4.56*
「自己評価」OCB-I（同僚に対する利他主義）	4.52	4.37	4.71*	4.61
「上司評価」OCB-I（同僚に対する利他主義）	4.42	4.37	4.57	4.64*

出所：筆者作成。

向が見られ，特に自己評価の OCB-I（同僚に対する利他意識）と上司評価の OCB-O（会社との一体感）では，垂直的で集団的な日本「的」組織文化であるファミリーにおいて高い傾向が見られた（表 12-14）。

なお成果変数であるワーク・ファミリー・コンフリクトに関しては，有意な差が見られなかった。

(3)　創造的業績，職務業績と組織文化

最後に，成果変数である創造的業績との関係を見ると，「自己評価」の職務業績以外は有意な相関が見られ，全般に集団的なほど（相関係数 0.178，0.099，0.088）業績が高くなることが分かった。また分散分析と多重比較の結果，個人志向の文化では，垂直的な方が，創造的業績が高いことが分かった（表 12-15）。

表 12-15　創造的業績，職務業績と組織文化

	ピラミッド	マーケット	ファミリー	ネットワーク
「自己評価」創造的業績	3.47	3.39	3.65	3.72*
「上司評価」創造的業績	3.68	3.52	3.75	3.88*
「自己評価」職務業績	3.66	3.54	3.77	3.67
「上司評価」職務業績	4.25	4.18	4.40	4.45

出所：筆者作成。

3．考察

家父長型リーダーシップを構成する3つの要素のうち，博愛主義的，道徳的要素について，また変革型および倫理的リーダーシップにおいても，集団的なほどその水準が高いことが分かった。集団的な組織文化はリーダーシップを促進する傾向があると考えられる。成果変数についても，情緒的組織コミットメントも組織市民行動も創造的業績も集団的なほどその水準が高いことが分かった。集団的な組織文化はこうした組織的成果を導くことになるのである。

家父長型リーダーシップの権威主義的要素は，文化による違いが見られなかった。一方，変革型リーダーシップの知的刺激，そして組織市民行動の同僚に対する利他意識や会社との一体感は，垂直的で集団的な従来型の日本「的」経営の組織文化においてその水準が高いことが分かった。また創造的業績においては，個人的な文化間の比較では垂直的な方がその水準が高いことが分かった。

権力格差の次元は，日本において権威主義という点ではその有効性を失ってきているものの，知的刺激を与えたり，組織市民行動を促したり，個人的な文化において創造的な業績を高めるためには，権力格差に基づく官僚的な統制の方が，水平的な価値共有より有効な場面もある，ということなのではないだろうか。

最後に本研究の限界と課題を述べる。本研究における分析には次のような点で限界がある。まず，家父長型リーダーシップと成果との関係の分析において，媒介変数の存在を全く考慮していない点である。同様に，従業員の年齢や職位，勤続年数等の統制変数の影響も検討されていない。家父長型リーダーシップの役割や機能をより深く理解するために，今後こうした点を課題としたさらなる分析が期待される。

さらにこうした結果を他の東アジアの国々におけるデータと比較検証することにより，家父長型リーダーシップの姿や，さらには東アジアの国々における組織文化とリーダーシップの関係について明らかにしていくことができるのではないだろうか。これからも各国の研究者との共同研究やディスカッションを通じて，こうしたアジア発のリーダーシップ・スタイルについて研究を深めていきたいと考えている。

おわりに

本論では，アジアでの研究が見られる家父長型リーダーシップについて，変革型リーダーシップ等の欧米的リーダーシップ・スタイルとの関係，リーダーシップ・スタイルに影響を与える要因とその成果などの実態を明らかにするため，郵送調査を実施した。最初に文献レビューから本論における調査枠組みを述べ，調査結果に基づいて，家父長型リーダーシップの構成要素とその関係，家父長型リーダーシップと欧米的リーダーシップ（変革型リーダーシップ，倫理的リーダーシップ）との異同，成果（情緒的組織コミットメントや組織市民行動，ワーク・ファミリー・コンフリクト，業績）および組織文化との関係を明らかにした。その結果，集団志向が組織的成果を導く一方，従来的な垂直的集団志向で高い水準となる成果もあり，また個人志向の文化では垂直的な方が，創造的業績が高いことも分かった。

第Ⅳ部　アジアの文化：「信頼」のまとめ

日本の集団志向の基層文化の上に，表層的な文化として信頼の文化がつくられてきた。歴史的にはイエや家元を背景として考えることができ，信頼取引が行われ，日本人の勤勉さも「まわり」からの評価を得たいという欲求から説明できる。そこではタコツボ型の問題があり，システムそのものの欠陥のような大きなチェックが抜けてしまう。アメリカにおいてもプロテスタントの伝統から信頼の文化がつくられてきたが，近年，権利の文化に変わりつつあり，反省がなされている。資本主義や近代化，マスメディアは伝統的な価値観を打ち破る方向性を持っているが，本来情報化は信頼の文化の存続を必要としているのである。日本「的」経営の３つ目の神器である企業内労働組合は，その存在意義が低下してきているが，新規学卒一括採用といった雇用慣行が維持され，依然として会社は従業員者のものであると多くの人が考えている。日米は同じ信頼の文化に向かっているが，それぞれの基層文化は異なっており，水平的個人主義の米国では信頼の醸成が求められている一方，水平的集団志向の日本では，行き過ぎた集団主義の弊害を防ぐことや，垂直的なインセンティブが有効でない中で価値観を共有するような，新しい日本「型」経営，すなわち「新・日本的経営」が求められているのである。

新しい日本「型」企業文化，すなわち「新・日本的経営」は水平的集団志向の基層文化に基づくと考えられるが，こうした次元を含むホフステードの研究による５つの次元は，必ずしもアジアの国々の違いを考えるのに十分とはいえない。表層的な文化としての信頼を考えると，米国や日本は社会関係資本があるために中間組織が発達しやすい信頼社会であり，さらに日本においては企業自体が社会生活の場としてゲマインシャフト（共同体組織）となっているところに特徴がある。また中国系の社会では，血縁を中心としたグワンシ（関係）による信頼関係が重要となる。こうした点を含めると，アジアにおける企業文化を比較していくためには，文化の多様性，社会関係資本の存在，誰を信頼するのか，といった次元が重要となろう。

そしてアジアでの研究が見られる家父長型リーダーシップについて，変革型リーダーシップ等の欧米的リーダーシップ・スタイルとの関係，リーダーシップ・スタイルに影響を与える要因とその成果などの実態を明らかにするため，郵送調査を実施した。最初に文献レビューから本論における調査枠組みを述べ，調査結果に基づいて，家父長型リーダーシップの構成要素とその関係，家父長型リーダーシップと欧米的リーダーシップ（変革型リーダーシップ，倫理的リーダーシップ）との異同，成果（情緒的組織コミットメントや組織市民行動，ワーク・ファミリー・コンフリクト，業績）および組織文化との関係を明らかにした。その結果，集団志向が組織的成果を導く一方，従来的な垂直的集団志向で高い水準となる成果もあり，また個人志向の文化では垂直的な方が，創造的業績が高いことも分かった。

すなわち日本「的」経営の三種の神器の１つである企業内労働組合はその存在意義が滴下してきているが，従業員は依然として企業を信頼している。同様に集団志向が高いといわれるアジアの文化においては，だれを信頼するのかが大切である。またアジアで研究が進んでいる家父長型リーダーシップは，水平的傾向の強い日本においては権威主義の次元の有効性が低くなっている。そして全般に水平的で集団的なほど成果が高いと考えられるが，求める成果によっては必ずしもそうなってはおらず，組織文化の類型ごとに，最適な方向性を考えていかなければならないのである。

第V部

企業文化：「水平的集団志向」

第13章

ファミリービジネス

今日，欧米においても日本においてもファミリービジネスに対する関心が高まっている。従来経営学というと，上場して株式を公開している大企業をそのモデルとして考える傾向があるが，実態として各国の経済を支えている企業の多くは，それとは違ったスタイルであるファミリービジネスによって特徴づけられるのではないか，という考えである。そこで本論ではこうしたファミリービジネス研究の道筋を明らかにするために文献調査を行い，日本におけるその現状を明らかにするとともに，経営的な特徴と課題を企業文化という視点から考えてみたい。

第1節　日本のファミリービジネスの現状

ファミリービジネスについては様々な定義があるが，ストックホルム・スクール・オブ・エコノミクスによれば[1)]，①3人以上のファミリーメンバーが経営に関与している，②2世代以上にわたりファミリーが支配している，③現在のファミリーオーナーが次世代のファミリーに経営権を譲渡するつもりである，という3つの特徴のうち，少なくとも1つを備えている企業であるとされ，自由経済圏における国々ではその国民総生産のおよそ50%から90%を占めているといわれている。

1）Kenyon-Rouvinez, D. & Ward, J. L. (2005)（富樫監訳 2007, 22-24頁）。

1．日本におけるファミリービジネス研究

日本におけるファミリービジネスに関する文献調査を行ってみると，そこには大きく分けて3つの研究領域があるように思われる。それは ① 財閥研究，② 上場企業のガバナンス研究，そして ③ 中小企業を含めた長寿企業研究である。

(1) 財閥研究としてのファミリービジネス

世界各国において，ファミリービジネスは歴史とともに様々な事業分野に多角化を行い，いわゆる財閥として経済的に大きな地位を占めている場合が多い。日本においても三井，三菱，住友といった多くの財閥が存在し，高度成長を支える日本の主要な経済活動の担い手であったといえよう。

しかしながら戦後，GHQ による財閥解体が行われ，さらに時代が進みバブル崩壊等による経営危機，金融ビックバンによる直接金融化と企業同士の株式持ち合いの解消，そしてグローバル化の進展等により，財閥の一部は現在でも企業グループとして存在しているものの，特定の家族が経営を支配するという意味でのファミリービジネスとしては存続しているとはいえない。こうした意味で日本では，財閥研究としてのファミリービジネスはどちらかというと経営史の領域となり，本論では積極的には取り上げないこととしたい。

(2) 上場企業のガバナンス研究

次に，上場企業のガバナンスがいかに行われているか，という議論からファミリービジネスを研究する分野がある。末廣[2)]は，Claessnens et al.（1999），Faccio & Lang（1999）を引用し，アジアおよびヨーロッパの 14 カ国における上場企業の所有形態を分類している。ここでは 20％以上を単独で所有するいかなる株主も存在しない場合を「分散所有型企業」とし，それ以外を「家族所有型」，「国家所有型」，「金融機関所有型」，「事業会社所有型」に分類している。そして「分散所有型企業」が支配的な国はイギリス（1,589 社中 68.1％），

2）末廣昭（2006）9-12 頁。

表13-1　上場企業の所有形態

	企業数	分散所有型	家族所有型
日本	1,240	79.8	9.7
ドイツ	704	10.4	64.6
フランス	607	14.0	64.8
イギリス	1,589	68.1	19.9
韓国	345	43.2	48.4
香港	330	7.0	66.7
タイ	167	6.6	61.6

出所：末広昭（2006）10頁より作成。

表13-2　広義のファミリービジネス

<table>
<tr><td colspan="2" rowspan="2">上場企業　2,515社</td><td colspan="2">個人が大株主</td></tr>
<tr><td>No</td><td>Yes</td></tr>
<tr><td rowspan="2">創業者あるいは家族がトップ</td><td>No</td><td>1,441社</td><td>119社
4.7%</td></tr>
<tr><td>Yes</td><td>30社
1.2%</td><td>925社
36.8%</td></tr>
</table>

⇒　1,074社（42.7%）

出所：倉科敏材（2003）22-23頁より作成。

日本（1部上場1,240社中79.8%），およびアメリカ（データは示されていない）の3カ国だけであり，それ以外のすべての国でファミリービジネスである「家族所有型企業」が重要な地位を占めていることを明らかにした（表13-1）。

それでは日本には世界各国に広く見られるファミリービジネスは存在しない，ということなのであろうか。ここで富士総合研究所が2000年に行った日本のファミリービジネスに関する調査[3)]を見てみよう。これによると1）経営者が限定された株式しか所有していない「専門経営者企業」ではない企業で，2）個人が最大株主である（4.7%）か，創業者または家族がトップを担っている（1.2%）か，あるいはその両方（36.8%）である「広義のファミリー企業」

3）倉科敏材（2003）22-23頁。

があわせて42.7%となり，調査対象とした1部2部上場企業の2,515社の4割近くを占めていることが分かった（表13-2）。

すなわち日本と諸外国のファミリー企業で最も異なるのは家族の持ち株比率であり，諸外国であれば上場企業といえども過半数，あるいは議決権株式の30%以上を家族が持つことが一般的であるのに対して，日本では家族の持ち株比率は3〜5%に過ぎないのである。おそらくこの違いは，後述のように日本の相続税制等が厳しく，世代交代とともに所有株式数を減少せざるを得ないという状況によって生じており，また一方，近年までは金融機関や取引先といった大株主が物言わぬ株主であったため，このように持ち株が少なくても家族が経営に大きな影響力を維持できたのではないかと思われる。

2．ファミリービジネスが抱える経営課題

(1)　中小企業を含めた長寿企業研究

ビジネス書を含めると最もたくさんの文献があるのが，中小企業を含めた長寿企業としてのファミリービジネスの研究である。後藤[4)]によれば，創業以来200年以上続く長寿企業の数について調べると，5大陸すべての57カ国に

表13-3　創業200年以上の企業

（社）

1	日本	3,113	9	スイス	130
2	ドイツ	1,563	10	チェコ	97
3	フランス	331	11	アメリカ	88
4	イギリス	315	12	ベルギー	75
5	オランダ	292	13	スウェーデン	74
6	オーストリア	255	14	スペイン	68
7	イタリア	163	15	中国	64
8	ロシア	149	16	デンマーク	62

出所：後藤俊夫（2009）91頁。

4）後藤俊夫（2009）90-92頁。

4,099社を確認することができ，そのうち日本が3,113社とその数で1位であり，以下ドイツ（1,563社），フランス（331社）と続き，日本には最も多くの長寿企業が存在しているという（表13-3）。

日本における長寿企業の数については多くの推計があるが，最も多い推計では10万社とされ，帝国データバンク[5]の企業データベースにおいては2万社が確認さている。久保田[6]は東京商工リサーチが2009年に発表した「全国創業100年超え企業の実態調査」での2万社という数字をもとに推計を行い，実際にはおよそ5万社が存在しているのではないかとしている。また後藤[7]は創業200年以上の企業が約4,000社，内300年以上が約2,000社あり，500年以上の企業も147社，さらに1,000年を超える企業が21社確認できるとし，創業200年以上の企業は上場企業の中にも29社存在するという。そしてこれらをもとに創業以来100年以上続く老舗企業を5万社程度と推定している。ちなみにこの5万社というのは，国内法人数の全体の約2%にあたる数字であり，その多くはファミリービジネスであると考えられる。

(2)　ファミリービジネスの事業継承

久保田[8]は前出の東京商工リサーチの調査により，日本の長寿企業の96%は従業員299人以下の中小企業であり，日本経済新聞に2008年に連載された「200年企業」という記事の中からデータの取れる15社をサンプルにすると経営者の在位期間が平均26.8年になるところなどから，こうした長寿企業における経営者の平均在位期間は25年から30年であろうとしている。一方，別の東京商工リサーチによる調査では，設立30年以上の企業の倒産件数が1990年の444社から2008年の4,438社へと増加しており，こうした倒産の推移から，ファミリービジネスにおいて2代目以降の経営者による倒産が増えているのではないか，と推測できる。従来，昭和の時代には会社の寿命は約30年であるとされていた[9]。これはおそらく創業者が会社を興してから，あるいは中興の

5）帝国データバンク（2009）50頁。
6）久保田章市（2010）11-12頁。
7）後藤俊夫（2009）88-92頁。
8）久保田章市（2010）22-76頁。

祖が会社を大きくしてから，そうした経営者が引退するまでの期間に近い数字であると思われる。そして今日，同様にファミリービジネスにおいても事業継承が大きな経営課題になっているのではないだろうか。

日本において事業継承のハードルが高い１つの要因は，相続税を含めた税率の高さにあるといえる。特に戦後日本は平等を重んじる社会となり，法人税率は実効税率で40％，個人においても所得税（1,800万以上）で40％，相続税(3億円以上）で50％と，諸外国に比べ高い水準にあったと考えられる。今後引き下げの方向はあるかもしれないが，ファミリービジネスにとって，次の世代に資産を残していくことが大変難しい状況になっているのである。そしてこの点が前出の上場企業のガバナンス体制において分散所有型企業が多く，個人の持ち株比率が低くなっている原因の１つであると考えられよう。

こうした中で見られる動きが，MBO（Management Buyout：経営陣による企業買収）である。MBOとは，会社の経営陣が株主から自社の株式を譲り受けたり，あるいは会社の事業部門のトップが当該事業部門の事業譲渡を受けたりすることで，オーナー企業として独立することであり，その目的としては事業分野の再構築，経営再生，非公開化，事業承継などが考えられる。そして日本では2000年頃からMBOが新聞記事をにぎわすようになり，これを利用して非公開化を実現するなど，次世代のファミリーに上手に事業を継承していこうとする企業も見られるのである。

３．中小企業の特徴

⑴　中小企業の組織

経営学の研究対象は，本来，企業規模を問わないはずであるが，学会等での活動を見ると，その多くは暗黙の内に大企業を前提とした理論，分析が多いように思われる。私が専門とする組織論や企業文化論という分野でも同じ傾向が見られるが，そもそも①共通目的と②貢献意欲，③コミュニケーションが存在している人間の集まりであれば，仮にそれが少人数であっても「組織」は

9）日経ビジネス（1989）。

成立するのである[10]。

小川[11]は中小製造業の経営形態を，自社ブランドを持つ「製品保有経営」，自ら製品の企画を行わない「下請け型経営」の2つに分けた上で，さらに事業主の生活を優先する「生業的な経営」と，リスクにも挑戦しながら収益を求める「事業的な経営」に分類している。そしてさらに今日的な経営形態として「ベンチャー企業」があるという。一方経営学の領域を，① 環境としての社会との関係，② ライバルとの関係である戦略，③ それを実現する組織，④ 投入されるヒト，モノ，カネ，情報といった資源という4つに分けて考えることができるが[12]，特に ② 戦略を考えたときに，前述の分類のうち「生業的な経営」以外であれば，経営学の研究対象になると考えることができよう。

渡辺[13]によれば，働く場としての中小企業の持つ特徴として ① 自分や企業の位置が見える世界である，② ゼネラリストが求められる，③ 個々人の行動が企業の成果に直接反映する，④ 地域とのつながりが強い，⑤ 賃金水準や労働条件において大企業と格差がある，⑥ 創業者を育成する機能がある，といった点を挙げられるという。そしてこうした独自性や問題性を持つ一方，少なくとも「日本的」雇用制度が定着していた'80年代には，「仕事のやりがい」や「自分らしく生きる」という点では大企業より高い水準を示していたのである。

高度成長期に主流であった日本「的」経営の三種の神器といえば，① 終身雇用制，② 年功序列制，③ 企業内労働組合であるが[14]，渡辺[15]は ① 終身雇用制や ② 年功序列制といった「日本的」雇用慣行といわれるものは，大企業を対象としたものであり，中途採用の比率を見ても，年齢と賃金の関係を見ても，中小企業に当てはまるものではなく，今日，大企業においてもこうした雇用慣行が崩れ，規模による差がなくなってきているという。

10）Barnard, C. I.（1938）（山本安次郎・田杉競・飯野春樹訳 1968）。
11）小川正博（2022）186-191頁。
12）岡本大輔・古川靖洋・佐藤和・馬場杉夫（2012）189頁。
13）渡辺幸男（2022a）6-19頁。
14）Abegglen, C.（1958）（山岡洋一訳 2004）。
15）渡辺幸男（2022a）22-24頁。

(2)　中小企業における経営者

中小企業経営において，経営者への依存度が大きいことは言うまでもないが，強い企業文化を志向する日本「型」経営において，経営者はどのような役割を果たすことになるのであろうか。まず小川[16)]は，企業規模が小さくなるほど，組織や従業員の能力よりも，経営者の能力への依存度が高いのが一般的であり，一般に経営者はワンマンであり，その企業家精神や経営能力が企業の経営力の大きな要素となっているという。また向山[17)]も，中小商業の成長性を決定づける大きな要素1つとして，経営者マインドを挙げ，その実態は多様であり，どの程度の企業家精神を持っているかが成長度を左右し，その成長志向の程度が様々なタイプの中小商業を存在させているという。

一方，百瀬[18)]はベンチャー企業の経営理念の内容について分析し，① 創造，挑戦，先進，革新，ニーズの先取りといった経営姿勢，② 社会に貢献，よい製品の提供などの社会的責任，③ 信頼，誠実，調和，④ 企業は人なりなどの人材の大切さ，といった4つに分類している。そして中小企業の後継者・人材育成のために必要な経営者の条件は，① やる気を起こさせる育成，② 長期的視野，③ 個性の尊重，④ 自己に厳しくあることだという。

そして渡辺[19)]によれば，中小企業の経営組織の独自性は，① 階層的な管理組織を作る必要性が極めて小さく，個人の顔が見える，② 組織的，多段階的，多面的なチェックが希薄になる一方，決定事項が迅速に浸透する，③ 大きな環境変化の中では，非階層性が経営者の迅速な意思決定を可能にし，その浸透が急速に行われ，小回りが利く経営が可能となる一方，多段階的なチェック機能が欠如しているため，その判断の適切さは経営者次第となり，場合によっては存立の問題となる，という点であるという。

それでは今日の中小企業における日本「型」経営における組織の特徴とは，いったいどういったものなのであろうか。それは大企業と同じように ① 強い企業文化を持つこと，そしてその原因として ② 集団志向の考え方が強いこと，

---

16) 小川正博（2022）195-196頁。
17) 向山雅夫（2022）266-267頁。
18) 百瀬恵夫（1996）313-317頁。
19) 渡辺幸男（2022b）73-76頁。

さらに日本が③信頼社会であり，企業組織においてもまた信頼を重視する経営が行われている点[20]である。こうした特徴を持つ中小企業経営を前提とすると，日本のファミリービジネスの持つ事業継承という課題を，①経営者による組織変革，②価値を共有する経営から考えていくことができる。

第2節　長期の維持発展に向けて

1．経営者による組織変革

(1)　企業文化の成熟期

企業の成長と共に発展していく企業文化の成長段階として，①創出期，②成長期，③成熟期の3つの段階を考えることができる[21]。①創出期は，創業者によって経営がなされている時期であり，企業文化の主な原動力は創業者および創業者が抱く基本的価値観である。②成長期では，創業者はもはや中核的な地位を占めなくなり，企業の組織自体が確立されて，様々な制度を通じて企業文化が再生産されていく。そして③成熟期には，環境変化に伴い企業文化の重要な部分が不適合を起こして革新への障害となり，またその企業が長期にわたる成功の歴史を持っている場合，これがメンバーの自尊心の源となり，企業文化を改めようという力に対して自己防衛的になってくる。

そして企業が，自らの企業文化の③成熟期に入らないようにするために，経営者は企業家精神を発揮して組織変革を行うことが必要である。しかしこれは組織の価値観，すなわち企業文化に染まった生え抜き社長には難しいことなのである。

(2)　社長の出身地位と企業家精神

企業経営を行うための能力に欠ける者が経営者になれば，たちまち経営状況

20) 岡本大輔・古川靖洋・佐藤和・馬場杉夫（2012）207頁。
21) 佐藤和（2009）47-49頁。

が悪化し，倒産してしまうこともあるだろう。経営者に求められる能力とは，「将来構想の構築と経営理念の明確化」といった経営者機能を遂行するために求められる能力のことである。ここで望ましい経営者能力とは，普遍的なものではなく状況適合的なものであり，条件的なものである。経営者能力はアクセルである企業家精神と，ブレーキである管理者精神，そしてこれらのバランスをとるリーダーシップの3つに分けられるが，条件適合的であるがゆえに，これらの能力は常に同程度必要なのではなく，企業成長の段階によって必要とされる能力のウエイトが変わるのである。さらに一人でこのバランスをとることが難しければ，トップが企業家精神を，副社長あるいは役員が管理者精神を分担するということもできる。

大企業の社長をその出身地位によって分類すると，① 創業者社長，② 三代目以降を含む二代目社長，③ 内部昇進による生え抜き社長，④ 社外からのいわゆる天下り社長の4タイプに分けられる[22)]。長期的に見ると ① 創業者社長がやや減少し，③ 生え抜き社長が増え，④ 天下り社長が減る傾向にある[23)]。社長の出身地位と企業業績の長期的な関係を統計分析手法であるQAQF（定性要因の定量分析法[24)]）を使って分析してみると，2008年頃まではほぼ一貫して ① 創業者社長のいる企業で業績が優れていた。彼らは企業家精神に秀でているため，いつでも迅速かつ積極的な意思決定を行い，企業を1つの方向へ引っ張っていこうとする。それが高業績につながっていたと考えられる。

また近年，② 二代目社長のいる企業の業績が次第に向上してきている。従来はただ世襲的に事業を継いで失敗することが多かったが，最近では，他の企業で十分に経験を積んだり，ビジネススクールなどでしっかりと専門知識をつけたりして，先代にはないオリジナリティや新しい価値観を武器に会社を引っ張ることができる二代目社長が多くなってきており，それが業績の向上に結び付いてきているのではないだろうか[25)]。

一方，最も大きなカテゴリである ③ 生え抜き社長のいる企業は，必ずしも

22）清水龍瑩（1979）45-46頁。
23）岡本大輔・古川靖洋・佐藤和・馬場杉夫（2012）61頁。
24）岡本大輔（1996）。
25）関満博（2006），吉崎誠二（2010）。

高い業績を上げているわけではない。生え抜き社長の場合，社長になるまであまり大きな失敗をせず，連続的な緊張に耐えて出世してきたというケースが多い。彼らは管理者精神に秀でているため，意思決定された戦略をうまく実行していくのは得意なのだが，その分，企業家精神をなかなか発揮できず，それが迅速で革新的な意思決定に結び付かず，業績の向上に結び付けていくことができないのであろう。

(3) 二代目社長の役割

企業の成長と共に発展していく企業文化の成長段階として，① 創出期，② 成長期，③ 成熟期の3つの段階を考えることができる。① 創出期は，創業者によって経営がなされている時期であり，企業文化の主な原動力は創業者および創業者が抱く基本的価値観である。② 成長期では，創業者はもはや中核的な地位を占めなくなり，企業の組織自体が確立されて，様々な制度を通じて企業文化が再生産されていく。そして ③ 成熟期には，環境変化に伴い企業文化の重要な部分が不適合を起こして革新への障害となり，またその企業が長期にわたる成功の歴史を持っている場合，これがメンバーの自尊心の源となり，企業文化を改めようという力に対して自己防衛的になってくる。

経営者が将来構想を構築する際に策定する「経営理念」を実効性のあるものとするためには，その経営理念が，経営者個人の哲学や価値観と，こうした企業文化との交わる部分（積集合）となっている必要がある[26)]。ちなみに企業文化の弱い企業では，トップと企業文化ではなく，トップと役員の持つ価値観の積集合として考えることもできよう。

企業文化の成長段階をこの経営理念との関係で見ると[27)]，企業文化の ① 創出期には，創業者社長の自らの哲学や考え方に賛同して集まってきた人々がそのまわりに企業文化をつくっていったので，その経営理念はそのまま経営者の哲学と一致し，大変明確である。したがって，一般的に言って創業者経営者は強力なリーダーシップを発揮している場合が多い。一方，企業文化の ② 成長

26）清水龍瑩（1995）124-126 頁。
27）岡本大輔他（2012）225-226 頁。

図 13-1　経営理念の浸透

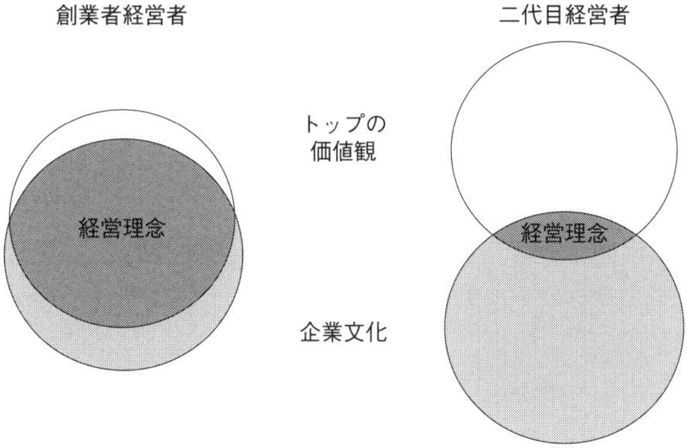

出所：清水龍瑩（1995）125 頁より作成。

期にある二代目経営者の持つ価値観や哲学は，父親ないし先代の経営者の企業文化と異なる場合が多い。したがって，二代目経営者の経営理念は不明確になりがちである（図 13-1）。

この場合多くの二代目経営者は，自らの哲学の方向に歴史的な企業文化を少しずつ変えていこうとする。しかし，二代目経営者で自らの哲学を明確に打ち出せず，創業者時代の旧い企業文化を引きずって失敗している例も数多くある。一般に創業者時代の企業文化に順応，適応してあまり大きな波風を立てないよりも，自らの哲学を明示し，やや強引と思われる方法でも旧い企業文化を変えていく二代目経営者の方がよいと考えられる。そして企業が，自らの企業文化の ③ 成熟期に入らないようにするために，経営者は企業家精神を発揮して組織変革を行うことが必要である。しかしこれは組織の価値観，すなわち企業文化に染まった生え抜き社長には難しいことなのである。

2．価値観の継承

(1)　官僚主義から価値共有へ

私は，今日の日本において垂直的集団志向が変容したとすれば，集団主義から個人主義への方向というよりも，儒教的な意識に基づいた「垂直的」集団主義から，より共同体的な「水平的」集団志向への方向であると考えている。個人の価値観は，生まれ育った環境によって大きく規定されるのであり，革命や戦争でも起こらない限り大人になってから基層的な価値観が大きく変化することは少ない。そうした意味で水平的集団志向への変化は，単にグローバル化や情報化などに伴って進展したのはなく，戦後の平等主義的な教育への変化と世代交代によってもたらされたものであると考える。

それでは今日の水平的集団志向の企業文化においては，どのような組織統合が望まれているのであろうか。ここでオオウチ[28)]による組織の支配メカニズムとしてのクラン（Clan：「一族」と訳す場合がある）という議論がある。これによれば，組織の支配メカニズムには，① 市場，② 官僚主義，③ クランの3つが存在し，それぞれが異なった条件の下で最も効率的になるという。① 市場価格による競争原理，② 官僚主義による契約関係と異なり，③ クランの場合には労働者は企業目標を共有する形で社会化されており，厳しい監督を行わなくとも自然と会社に最善を尽くすことになる。

これを先ほどの水平的集団主義の議論と合わせると，垂直的な組織ではピラミッド構造による ② 官僚主義的な支配が有効であり，欧米のような水平的な個人主義の組織では ① マーケットメカニズムによって市場原理を持ち込むことが有効となる。そして今日の日本のような水平的集団主義の組織では，強い企業文化すなわち価値共有を通じての ③ クランによる組織統合が有効な手段となる。

すなわち従来の日本「的」経営において組織は「垂直的」であり，大企業においてはピラミッド構造の組織体制や諸制度を明確にした官僚主義的な支配が，また中小企業においては家父長的な上意下達型のリーダーシップ・スタイル[29)]が有効であった。しかしこうした方法は，「水平的」な今日の日本「型」経営においては有効ではない。現代日本の経営者に残された方法は，強い企業文化の創出，つまり価値共有を通じた組織統合なのである。

28）Ouchi, W. G. (1980).

29）佐藤和他（2015）。

(2) タコツボ型文化

しかし「垂直的」であれ「水平的」であれ，「集団志向」の基層文化を持つ日本人が小規模であっても組織を作ると，何もしなければその企業文化は経営者の考えから離れ，独り歩きしてしまう可能性が高くなる。強い企業文化を創り出すために価値共有を行い，会社を共同体と捉えることは，個人にとってアイデンティティの源泉となる一方で，その信頼メカニズムは，行き過ぎたナショナリズムが持つような，いわゆる「会社人間」によるタコツボ型文化の問題を引き起こすのである。

清水[30)]は，日本人は集団意識が強く信頼取引の商慣習が定着しており，これをベースにした日本の資本主義体制は，現在の変化の激しい時代の集団競争に強い力を発揮しているという。これは信頼取引には細かいルールが決められていないので社会に柔軟性が保たれるからであり，これが日本における信頼取引社会のメリットとなるというのである。しかし同時にその信頼取引の社会にいったん「強者」が現れると，ルールがないためにその横暴を抑えられないという大きなデメリットもある。そしてこうした状況がハラスメントや下請け叩きといった問題を引き起こすのというのである。

タコツボ型文化の問題を克服するためには，まず長期に雇用している従業員に対しては，家庭や地域，趣味といった他の共同体への参加を促し，会社人間になるのではなく「健全な依存」ができるようにすることが重要である。また短期雇用の従業員や，まだ文化を共有しない中途採用者においては，OJTや非公式的なつながりを含めた共通の経験を通して信頼を醸成し，単に同じ組織にいるという「安心」ではなく，本当の「信頼」関係を育んでいくことが必要である。

今日の水平的集団主義において価値観を共有する「日本型」経営においても，高度成長期の「日本的」経営でいわれていた企業が共同体的な側面を持つという特徴は維持されており，企業組織がウチなのである。そしてこの枠の外であっても，「健全な依存」を通して家族以外にも職場，地域，趣味といった様々な中間組織に所属することで個人がアイデンティティを保つ，すなわち中

30）清水龍瑩（1993）36-37頁。

間組織がウチとなる構造は，単なる個人主義の社会とは異なり，今日でも大きくは変化していないのである。

⑶　価値観を共有する経営

中小企業であっても集団志向の日本社会においては，価値観や行動パターンが均一化された強い企業文化が生まれやすい。経営環境が安定していれば，組織の持つ文化の慣性に任せていくことは効率的かもしれないが，環境変化の激しい中では，これに対抗して企業文化を変革していく必要がある。一方，世代交代により，高度成長期に優勢であった権力格差を認める垂直的な企業文化は後退し，従来の家父長的な上意下達型のリーダーシップは通用せず，水平的な企業文化においては，経営者が現場に降りて行って，自らの価値観を浸透させていくような，価値共有型の新しい「日本型」経営が重要となってきている。

そして環境変化の激しい中で組織の慣性に逆らうために経営者によって継承されていくべき価値観とは，① 短期的利益に対して長期的維持発展と信頼，② 組織の成熟化に対して革新性，③ 経営者や企業自身の利益を重視する利己主義ではなく，多くのステークホルダーのことを考える利他主義の考え方となろう。すなわち経営者は強い企業文化を志向する「日本型」経営において，自らの哲学に基づくこうした経営理念に従って，企業文化が持つ慣性に逆らい，常に企業運営を軌道修正していくことが必要なのである。実際に，帝国データバンク[31]によると日本の老舗企業において，明文化されている（40%），口伝されている（37.6%）を合わせると，家訓・社是・社訓が77.6%の企業に存在しており，これは経営者の世代を超えて企業が守るべき価値を伝える1つの手段となっているのである（図13-2）。そして経営者は社是社訓や企業のミッションの設定にとどまらず，経営者の哲学を伝えるための現場歩きなど，あらゆる手段を使ってその浸透を図り，常にトップの価値観の方向に企業文化を変革していかなければならないのである。

31）帝国データバンク（2009）37頁。

図 13-2　家訓・社是・社訓

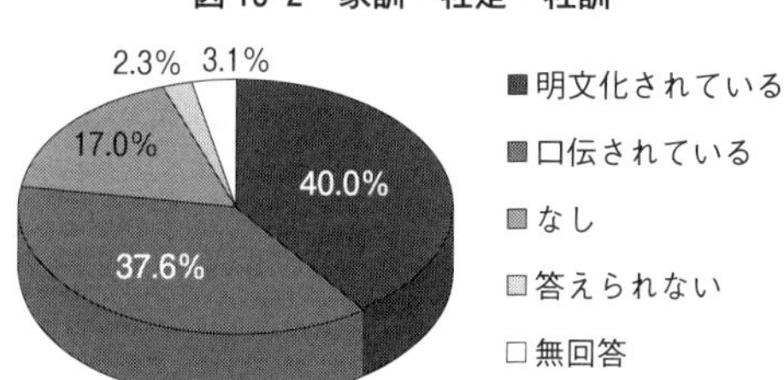

出所：帝国データバンク（2009）37 頁。

(4)　さらなる研究に向けて

日本において，大企業では持ち株比率は低いが広い意味でのファミリービジネスが多く存在し，長寿企業の多くもまたファミリービジネスであろう。こうしたファミリービジネスが経営者の世代を超えて長期に維持発展していくには，事業継承が大きな課題となる。日本の企業組織の特徴は強い企業文化であり，これを支えているのが集団志向であった。今日垂直的ではなく，水平的な集団志向に社会が変化するとともに，ヒエラルキーやピラミッド型の組織ではなく，経営者の価値観を皆が共有する水平的な経営スタイルが求められてきている。さらに日本は信頼社会であり，血縁としての家より，組織や事業が存続していくことが求められ，早くから所有と経営の分離が進んだ。そして今日ファミリービジネスも，持ち株比率が低くとも，実質的に経営に影響を及ぼすという形になっている。

企業文化の成熟化を防ぐためには，企業家精神を発揮して常に組織を変革していかなくてはならないが，これを生え抜き型の経営者に求めることは難しく，ファミリービジネスの後継者である二代目社長こそ，創業者の創った企業文化を創造的に破壊していくことができる人材だといえる。

こうした中でファミリーが示すべきものは３つの経営理念であり，これは企業文化として組織によって受け継がれていくべき価値観である。すなわち①一部のステークホルダーからの短期的な業績への過度の要求に屈しない長期的維持発展と信頼の重視，②企業文化の成熟化による組織の硬直化を防ぐ革新性，そして③多くのステークホルダーのことを考える利他主義である。創業者は企業の価値観を作る原動力であるが，これを上手に二代目以降の経営者が引き継いでいかなくてはならないのである。

今後，こうした枠組みをもとにさらなる実証研究を行っていくとともに，他の国，特にアジアの国々におけるファミリービジネスの姿とも比較していきたい。

おわりに

日本におけるファミリービジネス研究について文献調査を行うと，持ち株比率は低いものの大企業においてもファミリービジネスが多く存在し，中小の長寿企業もおそらくファミリービジネスであろう。こうしたファミリービジネスが経営者の世代を超えて長期に維持発展していくには，事業継承が大きな課題となる。日本の企業組織の特徴は強い企業文化であり，これを支えているのが集団志向である。今日垂直的ではなく，水平的な集団志向に社会が変化するとともに，ヒエラルキーやピラミッド型の組織ではなく，経営者の価値観を皆が共有する水平的な経営スタイルが求められてきている。さらに日本は信頼社会であり，血縁としての家族より，組織や事業が存続していくことが求められ，早くから所有と経営の分離が進み，ファミリービジネスもまた，持ち株比率が低くとも実質的に家族が経営に影響を及ぼすという形になっている。こうした中で家族が示すべきなのは，企業文化として組織によって受け継がれていくべき価値観である。そして創業者は企業の価値観を作る原動力であるが，後に続く世代がこれを上手に引き継いでいかなくてはならないのである。

第14章

ダイバーシティとコンプライアンス

今日，働き方改革としてもいわれているように，ダイバーシティ（多様性）を経営に生かすことが求められている。また企業の不祥事が相変わらず新聞の紙面を賑わしており，経営者は企業組織に対して，多様性を維持すると同時に不祥事が起こらないようにコンプライアンスを強化するという，ある意味相反する課題を突き付けられている。一方，組織文化が経営戦略や経営管理のあらゆる側面と関連している[1)]のであれば，企業の持つ組織文化は，こうしたダイバーシティやコンプライアンスとどういった関係にあるのか，より具体的には組織文化のどういった次元が，どのような事項と関連してくるのであろうか。本研究ではこうした組織文化とダイバーシティ，コンプライアンスとの関係を明らかにするために，探索的な実証分析[2)]を通じて，その関係性の整理を試みた。

1）佐藤和（2019）55-63頁。

2）本研究は，リソース・グローバル・プロフェッショナル・ジャパン株式会社が主催しPwCあらた有限責任監査法人とインターワイヤード株式会社の協力の下，6社の一般企業が参加しているCCSG（企業文化研究会：Corporate Culture Study Group）における調査成果を，組織文化研究の視点から改めて論じたものである。

第1節　組織文化から見たダイバーシティとコンプライアンス

1．ダイバーシティ経営

(1)　ダイバーシティとインクルージョン

経済産業省による新・ダイバーシティ経営企業100選[3)]によれば，ダイバーシティとは多様な人材のことであり，性別，年齢，人種や国籍，障がいの有無，性的指向，宗教・信条，価値観などの多様性だけでなく，キャリアや経験，働き方などの多様性も含んだ概念である。そしてダイバーシティ経営とは，この多様な人材を活かし，その能力が最大限発揮できる機会を提供することでイノベーションを生み出し，価値創造につなげている経営のことを指している。

また谷口[4)]によると，ダイバーシティを取り込むうえで企業の取りうるパラダイムとして違いを拒否する①抵抗，違いを無視し，防御的な，雇用機会均等などの②同化，違いを認め，適応的で，違いに価値を置く③分離，違いを活かし，競争優位につなげ，戦略的な④統合の4つのパラダイムがあり，広い意味ではこれら4つをダイバーシティ経営と呼ぶことができるが，狭い意味では4つ目の統合のパラダイムを目指す企業活動こそがダイバーシティ経営となる。そしてダイバーシティ経営のためには，フォーマルな組織構造だけではなく，インフォーマルな組織文化も変えていかなければならない。そしてこれらを組み合わせると，組織構造と組織文化を全く変えないのが②同化，組織構造と組織文化を変えずに特定部門だけに限定して取り入れるのが③分離，組織構造・組織文化を全面的に変えるのが④統合のパラダイムであると考えられる。

今日多くの日本企業でいわゆる「多様性尊重」という踊り場にまでしか達していないというのは，この②同化の段階にとどまっていることを指し，これ

3）経済産業省編（2016）1頁。
4）谷口真美（2005）257-259頁。

を進めて③分離から④統合の段階に持ってくることが重要な課題だといわれている。この④統合の段階を指す別の概念としてインクルージョンがある[5)]。これはもともと福祉の分野から生まれた言葉であり，ソーシャルインクルージョンは，社会的包摂と訳されており，逆の言葉が社会的排除になる。このインクルージョンとは[6)]，社会の一員であると感じること，ありのままの自分が尊重され，評価されていると感じること，自分が最善を尽くすことができるような他の人からの支持力や貢献度を感じることであるという。こうした概念を含めて今日，企業経営においても，ダイバーシティ＆インクルージョンといったことがいわれるようになってきているのである。そしてこれを実現するためには，多様な社員のすべてが職場の一員として認められていると感じている「多様性風土」の醸成[7)]とともに，求心力としての経営理念が重要となるのである。

⑵　ダイバーシティ経営と組織文化

それではこうしたダイバーシティ経営は，組織文化の視点から見ると，どのように説明することができるのであろうか。まず組織文化とはその組織の構成員によって共有されている価値観と行動パターンのことである[8)]。抵抗や同化の段階では，組織内では均一である強い組織文化が望まれ，これと違う価値観は排除されたり，同化を求められたりする。昭和の時代の大企業に見られた日本的経営は，こうした論理をもとにしていたと考えられる。一方，分離の段階となり，組織にタイバーシティが存在することを認めるということは，構成員が多様な価値観を持ち，そうした意味では強い組織文化が存在していない状態を指す。そして統合，すなわちインクルージョンの段階に進むことで，異なった価値観が相互作用を起こし，イノベーションが生まれることになる。

単一の強い文化を特徴としていた日本「的」経営がダイバーシティを受け入れていくためには，まず受け入れる側がダイバーシティに備える必要がある。

5）大久保幸夫・皆月みゆき（2017）135頁。
6）二神枝保・村木厚子編著（2017）42頁。
7）佐藤博樹・武石恵美子編（2017）1-17頁。
8）佐藤和（2009）14頁。

そのためには正規社員であっても社外の複数の共同体に所属し「健全な依存」をすることで，複数の価値観を持ち，異なった価値観を受け入れる素地を作っておく必要がある。これは組織として国際化を進展させるときに，まずは日本で内なる国際化を進めることが海外での国際化を推進することと似ている。そして多様な価値観を持っている人が集まり，新たな価値観を共有していくためには，例えば「稲森流コンパ」のようなインフォーマルなコミュニケーションが欠かせない。そして水平的な組織では昇進は価値を持たないのであり，価値観に沿った行動をとった人を，相互に明示的にほめたり表彰したりするような地道な活動を積み重ねていくことも必要となろう。

また日本人が苦手とする議論をする練習も必要である。日本「的」経営の時代の阿吽の呼吸は通じないのであり，異なる文化の間でのコミュニケーションの訓練を行う必要がある。そこでは語学力や単なるプレゼンテーション能力といった情報発信力だけではなく，互いの価値観を理解し尊重することができるようになるために，まず歴史や文化，宗教などの教養を身に付け，感情を抑え傾聴することが必要となる。すなわち相手の立場に立ってものを考えることのできる，高い人間力が求められるのである。

そしてここで大切になるのが，トップマネジメントが持つ価値観と，企業の歴史的な組織文化の交わる部分，すなわち集合論でいうところの積集合となる経営理念である[9)]。すなわち組織を統制する方法には市場原理，官僚主義と強い組織文化の３つを挙げることができる[10)]が，同化の段階では強い組織文化による組織統合が行われ，分離，統合の段階では，この強い組織文化による統合が弱まってしまう。代わりに市場原理を導入したり，官僚制機構を導入したりすることもできるが，組織文化の側面から言えば，トップマネジメントが持つ価値観と組織文化の交わる部分である，経営理念が組織に浸透していれば，それ以外の価値観や行動パターンに多様性があっても，組織を統治するうえでは問題とはならない。経営理念を共有する多様な人材が相互交流してこそ，統合の段階に進んでいくことができるのである。

9）清水龍瑩（1995）124-126頁。
10）佐藤和（2015）89頁。

イノベーションとは新結合のことであり，ダイバーシティ経営を行って統合の段階におけるインクルージョン，すなわち多様な人材の相互交流を進めることが様々な新結合を生み，結果としてイノベーションが生まれる可能性を高めることになるのである。

(3)　コンプライアンスと組織文化

一方，コンプライアンスとは，従来，法令遵守のことであるとされることが多かったが，今日では，法令のみならず社会規範も尊重する，ということが一般的な理解になっており，そのためより広い意味では企業倫理という表現が使われるようになってきている[11)]。そうしたなかで企業倫理の制度化において，法令遵守を主な目的とするコンプライアンス型とともに，価値共有型の手法が発展してくることになる[12)]。これはコンプライアンス型が陥りがちな表面的，形式的な制度化を整えたことだけでよしとする弊害を理解し，克服する方法として，倫理的価値の理解と共有を行おうとするものである。

日本企業の組織文化は，個人性より集団性が強く，また従来は垂直的であったが，今日，水平的な組織も増えてきている[13)]。まず集団性が強いということは，強い組織文化を持つということであるが，そこに信頼関係が存在しないと，組織のウチに強者がいる場合，ハラスメントやブラック企業を生む原因となる。また垂直的ということは，Hofstede（1991）の次元で言えば権力格差の次元が高いということになるが，そこにおいても上司の命令を断れない雰囲気があると，コンプライアンス的に問題を起こすことになる。

組織文化の観点からすれば，トップが倫理的価値観を持っており，組織が強い文化を持つことを前提とすると，経営理念が十分に浸透し，組織文化にトップの価値観が重なっている部分が大きければ，組織もまた倫理性を持ち価値共有化型の企業倫理が十分制度化されている状態であると考えることができる。しかし，経営理念が浸透していない，あるいは現場で重んじられている理念と，実際にトップが持っている価値観とが，例えば時間とともにずれてしま

11）髙巖（2010b）55 頁，渡邊隆彦（2016）37 頁。
12）岡本大輔他（2006）150-153 頁。
13）佐藤和（2009）299 頁。

い，結果として積集合である経営理念が小さくなってしまっていると，価値共有型の制度化が不十分な状態であることになる。

この価値共有型の企業倫理の制度化が不十分であると，例えば組織の中でトップマネジメントに対して誤った「忖度」が行われてしまうことになる。また組織が組織文化の慣性にそのまま従って従来通り繰り返してきた行動が，トップマネジメント，あるいは経営環境から見て誤った成果をもたらし，結果として不祥事となって世の中に発覚してしまうのである。こうした状態は組織文化が環境との不適合を起こしている成熟期に入ってしまっているのであり，経営者は様々な方法を駆使して組織文化変革を試みなければならないのである。

そしてダイバーシティ経営のところで述べたように組織の中に多様性を取り込むと，そのままでは組織文化は弱くなってしまい，価値共有型のコンプライアンスもうまく機能しなくなる。経営者が持つ倫理的価値観を含めた経営理念を組織に浸透していくことで，はじめて多様性を取り込みながらもコンプライアンスを高めていくことが可能となるのである。

2．仮説の設定

本研究においては組織文化と多様性およびコンプライアンスの関係性を見ることにその主眼がある。組織文化の次元については様々な議論があり，例えば佐藤（2009）では3つの次元を，Hofstede（1991）は5つの次元を取り上げている。Hofstedeは複数の国を分類する尺度としてこれらの次元を挙げているが，実際に1つの国の中で測定した場合，類似の次元と異質な次元に分かれることが想定される。そこでまず個別に測定した組織文化の次元同士の相関を見ることで，組織文化が大きくどのような次元に分類されるのかを確かめたい。

仮説1：組織文化にはいくつかの次元が存在する。

次に，本論文では結果変数としてイノベーションを取り上げたい。なぜなら多様性を組織に持ち込むことで情報の新結合が起こり，イノベーションをもたらす可能性が高まると考えるからである。一方，多様性の程度の測定にはインクルージョンの程度を用いたい。これまで述べたように多様性を同化させようとするのではイノベーションは生まれず，また日本企業も次の段階である分離，統合を目指すことが必要だと考えるからである。

仮説 2：インクルージョンとイノベーションには相関関係がある。

そのうえで，インクルージョンの程度は集団性や権威主義といった組織文化によって異なることが想定される。

仮説 3：組織文化の次元で分類すると，インクルージョンの程度が異なる。

さらに，インクルージョンやコンプライアンスを推進するためには，様々な具体的な施策が必要であるが，これらもまた組織文化と関連があると考えられる。

仮説 4：組織文化と具体的な施策，結果としてのインクルージョン，コンプライアンスとの間には相関関係がある。

そして関連の高い組織文化で企業組織を分類すると，それぞれにおいて具体的な施策やコンプライアンスの水準が異なってくると考えられるのである。

仮説 5：組織文化の次元で分類すると，具体的な施策やコンプライアンスの程度が異なる。

以上のような仮説を実証するために，以下のように2回のアンケート調査を行い探索的な分析を行った。

第2節　探索的分析1

1．ダイバーシティと組織文化に関する調査

⑴　第一回調査の概要

本研究の仮説を実証するために，インターワイヤード株式会社の協力により，同社が行っているネットリサーチのディムスドライブに登録している約19万人のモニターを利用して，Web調査「職場に関するアンケート」を行った。第一回の調査の調査期間は2017年5月24日から31日，調査方法は，上記モニター登録者のうち「組織に属して働いている」という設問にYesと答えた回答のみを集計し，1,799件の有効回答を得た。

設問の内容は，性別，職制，職種，といった回答者属性，業種や従業員規模といった企業属性，職場ならびに回答者個人のダイバーシティのインクルージョンに関する状況，その職場における組織文化，結果変数としてのイノベーションについて5段階のSD法で質問した。職場のインクルージョンについては，職場の状況を，個人のインクルージョンに関しては，もし自分だったらどうするかをそれぞれ10の状況について聞いている。また組織文化については，Hofstede（1980，1991）の文化の次元と，私のこれまでの研究（佐藤2009，2015）をもとに調査項目を設定した。

回答者の主な属性は，男性が68.0%で平均年齢は49.8歳となり20代以下の回答者は1.9%と非常に少なかった。配偶者はいる（61.3%）が同居の子供なし（55.5%）が多く，一般社員（47.2%）や管理職（17.8%）だけではなく契約社員も23.0%と多く，職種では管理系25.5%，営業系12.6%，会社での勤続年数は20年以上が34.1%，現在の職場での勤続期間も20年以上が22.8%であった。回答者の所属する企業の属性としては，業種ではメーカー・製造業が18.1%，外資系ではなく日系の企業がほとんど（93.8%）であり，従業員規模は50名未満とする回答が32.1%と最も多かったが，次いで3,000人以上の19.3%であった。

以上のような回答者属性から，大企業の正社員だけを対象としたサンプルで

表 14-1　主成分を構成する変数とα

主成分	質問項目（因子負荷量の大きい順）	α
Y1 職場のインクルージョン	Q1-5 若手社員，Q1-10 価値観の違い，Q1-6 勤続年数が短い，Q1-3 非正規社員，Q1-8 異なる部門，Q1-7 障がい者，Q1-2 生え抜き中途，Q1-9 LGBT，Q1-1 性別，Q1-4 外国人	0.922
Y2 個人のインクルージョン	Q2-6 勤続年数が短い，Q2-5 若手社員，Q2-3 非正規社員，Q2-7 障がい者，Q2-10 LGBT，Q2-8 異なる部門，Q2-4 外国人，Q2-2 生え抜き中途，Q2-1 性別，Q2-9 LGBT	0.967
C1 集団性	Q4-13 スキルや能力の発揮，Q4-5 研修・トレーニング，Q4-8 作業環境	0.803
C2 女性性	Q4-4 協調，Q4-12 上司と良い関係，Q4-10 雇用が安定，Q4-2 望ましい地域	0.845
C3 権力格差	Q5-8 上司に反対を躊躇，Q5-7 上司は権威や権力で従わせる，Q5-2 経営陣の意思決定に反対してはならい，Q5-1 上司は部下と相談せず意思決定すべき	0.797
Q4 不確実性	Q5-3 大きな利益をもたらすなら多少ルールは破ってもよい	—
C5 理念浸透	Q5-6 経営理念を意識，Q5-5 経営理念に共感	0.839
C6 信頼	Q5-9 従業員の信頼関係，Q5-10 改善点はすぐに実現される	0.814
Y3 イノベーション	Q10 新しいことに挑戦，Q9 アイディアがわく，Q11 挑戦して失敗しても評価	0.864

出所：筆者作成。

はなく，中小企業，あるいは契約社員の方の職場も含まれている点に留意して分析する必要があろう。

はじめに属性以外の設問について探索的因子分析を行い，変数のまとまりを確認した。最尤法，プロマックス回転を行い，ほぼ仮説通りの要因が抽出された。そこでこの結果と仮説をもとに，それぞれの要因を構成する変数について主成分分析を用いて合成して得点を計算し，クロンバッハのαを求めた（表14-1）。αの値はどれも十分に高く，探索的な研究としては十分な水準にあると考えられる。

⑵　相関分析

仮説 1，仮説 2 を実証するために，それぞれの要因間についてピアソンの相関係数を求め，相関分析を行った。表 14-2 では 5% 水準で相関係数が有意であった項目を表示している。組織文化については，C1集団性とC2女性性（0.822），C3権力格差とQ4不確実性（0.453），C5理念浸透とC6信頼（0.626）という3つの相関の高いまとまりがあり，3グループ相互間の相関は相対的に低いことが分かった。これで組織文化にはいくつかの次元が存在するという仮説1の実証としたい。

またY3イノベーションは，Y1職場のインクルージョン（0.551），C6信頼（0.561），C5理念浸透（0.470）との相関が高いことが分かった。さらにY1職場のインクルージョンとY2個人のインクルージョン（0.430）の相関が高いことが分かった。一方，Y1職場のインクルージョンと文化の関係を見ると，C6信頼（0.491），C5理念浸透（0.399）との相関が高いことが分かる。Y2個人のインクルージョンに関しては，C2女性性（0.266）との相関があることが分かった。これでインクルージョンとイノベーションには相関関係があるという仮説2が実証された。

表14-2　要因間の相関係数

	Y1	Y2	C1	C2	C3	Q4	C5	C6	Y3
Y1 職場のインクルージョン	–	0.430	0.181	0.171	−0.132		0.399	0.491	0.551
Y2 個人のインクルージョン	0.430	–	0.223	0.266	0.014	−0.071	0.136	0.224	0.215
C1 集団性	0.181	0.223	–	0.822	0.160	0.174	0.321	0.339	0.262
C2 女性性	0.171	0.266	0.822	–	0.120	0.103	0.278	0.312	0.208
C3 権力格差	−0.132	0.014	0.160	0.120	–	0.453	0.179		−0.120
Q4 不確実性		−0.071	0.174	0.103	0.453	–	0.206	0.158	0.094
C5 理念浸透	0.399	0.136	0.321	0.278	0.179	0.206	–	0.626	0.470
C6 信頼	0.491	0.224	0.339	0.312		0.158	0.626	–	0.561
Y3 イノベーション	0.551	0.215	0.262	0.208	−0.120	0.094	0.470	0.561	–

注：相関係数が大きいほど濃い網掛けにしている。
出所：筆者作成。

(3)　クラスター分析

仮説3を実証するために，組織文化の違いによりサンプルをグループ化して，各要因との関係を見た。組織文化のうち，インクルージョンとの相関が見られたC2女性性，C3権力格差，C6信頼の3つを選んで，非階層的クラスター分析を行った。トレーサビリティと10%以下のクラスターができないという基準に従い，サンプルを6つのクラスターに分類した（表14-3）。Y1職場のインクルージョンが高い順にクラスターの番号を付けたが，3番目のクラスターは，3つの文化の次元のすべてに特徴がなく，サンプル数も777と最も多いので，おそらく自分の職場の組織文化についてよく分からなかったか，すべて中間的な回答をしてしまったサンプルであると考えられる。

分析結果を見ると，Y3イノベーションの順位も，Y1職場のインクルージョンの順位と同じになっており高い相関があることが，またY2個人のインクルージョンは，C2女性性と関連していることが確認できた。そして3次元のクラスターを，C2女性性，C6信頼の2つの次元を中心に図にしてみると，次のようになる（図14-1）。色の濃さは権力格差の程度，番号は職場のインクルージョンの順位を表している。なお円の大きさは縦軸方向と横軸方向の標準偏差の平均を用いており，これは分布の散らばりのイメージを表している。

これを見るとC2女性性とC6信頼の両方が高い右上に行くほど，Y1職場のインクルージョンが高くなることが確認でき，また同じ象限の中では，1と2，5と6が示しているように権力格差が高いと順位が下がる，すなわちインク

表14-3　クラスターごとの要因の平均値

職場のインクルージョンの順位	1	2	3	4	5	6	全体
C2 女性性	0.44	0.92	−0.44	1.03	−1.45	−0.58	0.00
C3 権力格差	−1.18	1.20	−0.08	−0.05	−1.18	1.46	0.00
C6 信頼	1.02	1.22	−0.01	−0.61	−1.34	−1.36	0.00
サンプル数	246	235	777	270	117	154	1799
Y1 職場のインクルージョン	0.71	0.50	−0.04	−0.26	−0.48	−0.88	0.00
Y2 個人のインクルージョン	0.69	0.33	−0.30	0.07	−0.47	0.13	0.00
Y3 イノベーション	0.65	0.61	0.02	−0.31	−0.56	−1.07	0.00

注：値が大きいところを網掛けにしている。
出所：筆者作成。

ルージョンの程度が低くなることが確認できた。こうした分析により，組織文化の次元で分類すると，インクルージョンの程度が異なるという仮説3が実証された。

企業はこうした組織文化そのものを短期的に変えることは難しいので，各企業の経営者はそれぞれの文化の違いを前提として，その中でインクルージョン等を高めるための具体的な施策を考えていくことが必要となろう。

図14-1　クラスター分析の概要

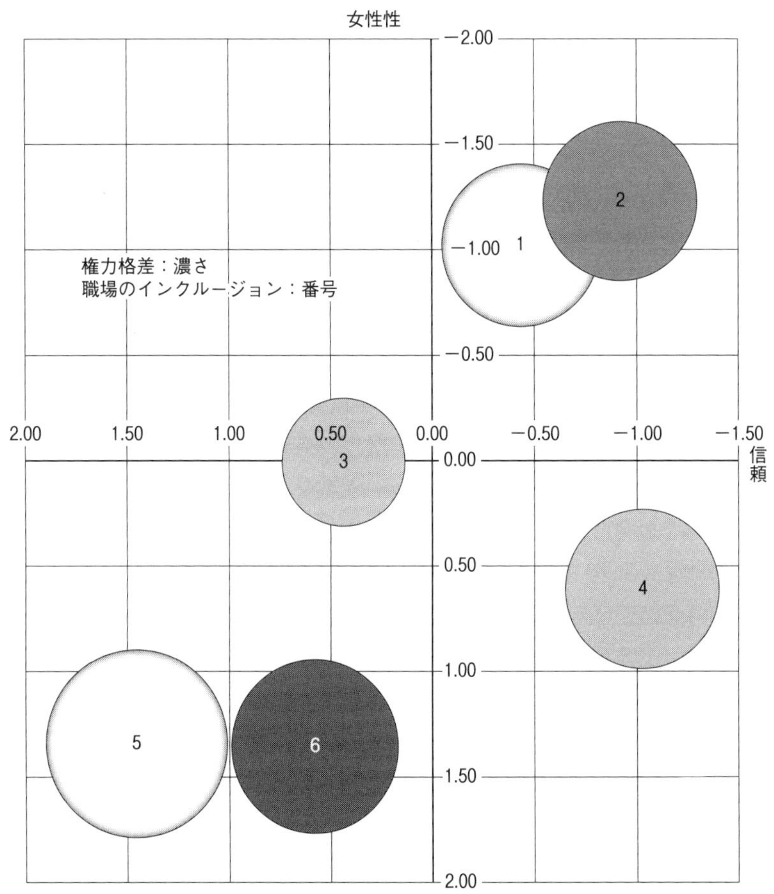

出所：筆者作成。

2．具体的な施策，コンプライアンスと組織文化に関する調査

(1)　第二回調査の概要

第一回調査と同様にインターワイヤード株式会社の協力により，同社が行っているネットリサーチのディムスドライブに登録している約19万人のモニターを利用して，Web調査「職場に関するアンケート2」を行った。第二回の調査の調査期間は2017年11月1日から8日，調査方法は，上記モニター登録者のうち「組織に属して働いている」という設問にYesと答えた回答のみを集計し，1,736件の回答を得た。ただしデータを精査し，それぞれの項目ですべて3など，同じ回答をしているサンプル等を除去したところ，有効回答は1,565件となった。

設問の内容は，性別，職制，職種，といった回答者属性，業種や従業員規模といった企業属性，職場ならびに回答者個人のダイバーシティのインクルージョンに関する状況，その職場における組織文化，コンプライアンスに関する状況と，ダイバーシティおよびコンプライアンスに関する具体的な施策，結果変数としてのイノベーション等について5段階のSD法で質問した。なお質問の意味がマイナスなものについては小さいほどよい状態になるように数値を反転して処理している。第一回目の調査の結果を受けて，職場，および個人のインクルージョンについては，主成分の上位であった6つの状況について聞いている。組織文化等についても同様に，第一回調査の結果を利用してより簡便的な調査項目を設定した。

回答者の主な属性は，男性が67.4％で平均年齢は50.6歳となり20代以下の回答者は1.9％とやはり少なかった。配偶者はいる（63.6％）が同居の子供なし（53.5％）が多く，一般社員（47.5％）や管理職（18.9％）だけではなくやはり契約社員も24.5％と多かった。回答者の所属する企業の属性としては，業種ではメーカー・製造業が20.9％で，従業員規模は50名未満とする回答が30.5％と最も多かったが，3,000人以上も20.5％であった。

以上のような回答者属性から，第一回調査とほぼ同様のサンプルであることが確認でき，今回も大企業の正社員だけを対象としたサンプルではなく，中小企業，あるいは契約社員の方の職場も含まれている点に留意して分析する必要

があろう。

(2) 要因ごとの得点の計算

はじめに属性以外の設問について探索的因子分析を行い，変数のまとまりを確認した。最尤法，プロマックス回転を行い，ほぼ仮説通りの要因が抽出された。そこでこの結果と仮説をもとに，それぞれの要因を構成する変数について単純平均を用いて合成得点を計算し，クロンバッハのαを求めた（表14-4）。

表14-4　各要因を構成する変数とα

要因	質問項目（因子負荷量の大きい順）	α
Y1 職場のインクルージョン	Q1-3 若手，Q1-5 異部門，Q1-4 勤続年数が短い，Q1-2 生え抜き中途，Q1-1 性別，Q1-6 LGBT	0.900
Y2 個人のインクルージョン	Q2-3 若手，Q2-4 勤続年数が短い，Q2-2 生え抜き中途，Q2-5 異部門，Q2-1 性別，Q2-6 LGBT	0.939
C1 集団性	Q3-3 研修・トレーニング，Q3-8 スキルや能力の発揮	0.718
C2 女性性	Q3-2 協調，Q3-6 雇用が安定	0.706
Y6 組織のコンプライアンス違反	Q5-6 ハラスメント，Q5-2 違反を隠蔽，Q5-7 サービス残業	0.699
C5 社内論理の優先	Q5-4 上司が対応しない，Q5-5 社外規範より社内論理	0.773
C6 ブラック環境	Q5-8 接待や社内の飲み会，Q5-11 えこひいきする管理職，Q6-3 プレッシャーを感じる	0.651
C7 コミュニケーション活性化と職場風土づくり	Q5-13 上下のコミュニケーション，Q5-14 多様性に関して意見できる場，Q5-12 会議で活発な意見交換，Q6-22 職場間の情報交換，Q5-3 相談できる雰囲気	0.881
C9 人事制度・人材登用	Q6-19 多様性の数値目標，Q6-18 女性の管理職	0.800
C10 勤務環境・体制整備	Q6-12 育児休暇制度，Q6-8 フレックスタイム等，Q6-13 多様性のための職場環境，Q6-9 在宅勤務	0.792
C11 社員の意識改革・能力開発	Q6-11 ボランティア休暇制度，Q6-10 留学や自己啓発の支援，Q6-21 多様性に関する研修	0.859
C12 積極採用・抜擢	Q6-17 外国人の採用，Q6-16 中途を積極的に採用，Q6-20 若手社員の抜擢，Q6-15 出向者や派遣社員の受け入れ	0.698

出所：筆者作成。

αの値はどれも0.65を超えており，探索的な研究としてはおよそ分析可能な水準にあると考える。

⑶　相関分析

仮説4を実証するために，各要因の得点を用いて，すべての要因および変数間のピアソンの相関係数を算出し，相関分析を行った。なお以下ではカッコ内の数値はピアソンの相関係数で，すべて5%水準で有意であった項目のみを分析している。

まず全体として，「文化」と「具体的な施策」，そして「結果変数」との間に相関関係が見られた。分析結果を俯瞰してみると，まず大きくは，1）文化：Q42信頼から，施策：C7コミュニケーション活性化と職場風土づくり（0.670），結果：Y1職場のインクルージョン（0.683），そしてY2個人のインクルージョン（0.429）へという流れがある。もう1つは，2）文化：Q44不確実性から，施策：Q64利益至上主義（0.434），C6ブラック環境（0.559），そして結果：Y6組織のコンプライアンス違反（0.709），という流れがあり，これら2つが大きな流れである。この1）の流れから，まずY2個人のインクルージョンを高めるには，Y1職場のインクルージョンを高めることが必要だということが分かる。さらにQ51個人のコンプライアンス違反（行動規範）を防ぐにはQ61コンプライアンス施策（制度）（0.522）が，Q65個人のコンプライアンス違反（公正な取引）のためにはQ66コンプライアンス施策（経費精算）（0.421）が重要であることも確認できた。

一方組織文化は，第一回調査と同じようにC1集団性とC2女性性（0.716），Q41経営理念とQ42信頼（0.611），Q43権力格差とQ44不確実性（0.475）という3つのグループに分かれた。ただし，組織文化のQ41経営理念とQ44不確実性との間には負の相関（−0.325）が見られ，経営理念・信頼と権力格差・不確実性が逆の動きをすることになる。したがってQ42信頼から始まる1）の流れとQ44不確実性から始まる2）の流れは別の動きをしており，全体的に負の相関関係にある。そのため2）の流れの結果変数であるC62個人のコンプライアンス違反（SNS）とY6組織のコンプライアンス違反も，1）の流れの結果変数である他の個人のコンプライアンスと逆の動きをするので，1）の流れの施策であるC11意識改革・能力開発（Q62と-0.337）を行うことが，2）の流れのコンプライアンス違反を誘発する可能性が指摘できる。

こうした分析を通して組織文化と具体的な施策，結果としてのインクルージョン，コンプライアンスとの間には相関関係があるという仮説4が実証された。

第3節　探索的分析2

1．文化による分類

相関分析で2つの大きな流れのスタートとなっていた組織文化の項目に関連して，本論における内部統合機能についての2つの次元である，集団志向として5段階のSD法で聞いたQ42信頼と，権力格差としてQ43権力格差の2つの設問を選び，これらへの回答のされ方から，サンプル数がなるべく均等になるように回答を5つに分類し，それぞれ佐藤（2009）などをもとに，ネーミングを行った。① ファミリーは集団志向（カテゴリ1，2）で権力格差あり（4，5)。② ネットワークは集団志向（1，2）で権力格差なし（1，2，3)。③ アベレージは集団志向中程度（3）で権力格差中程度（3)。④ ピラミッドは個人志向（3, 4, 5）で権力格差あり（4, 5)。⑤ マーケットは個人志向（3, 4, 5)，権力格差なし（1, 2, 3）で，③ アベレージ以外のグループである。それぞれの構成率は次の表14-5のようになる。

仮説5を実証するために，文化の5分類ごとに各要因の平均に差があるかどうか，分散分析と一対比較による平均の差の検定を行った（表14-6，14-7)。表にあるものはすべて5%水準で統計的に有意であった要因である。まず分散分析が有意であった要因についてそれぞれLeven検定を行ったところ，すべての項目で等分散が仮定できたため，表の中ではTukeyのHSD検定による一対比較の結果を，◎は平均より高い，○はやや高い，－は平均並み，△はやや低い，×は低いという記号を用いて表している。またカテゴリ変数である属性については，χ二乗検定を行って有意であった変数について，相対的に頻度

表 14-5　組織文化による分類の構成率（n=1,565）

		集団志向－個人志向				
		1	2	3	4	5
		① ファミリー 17.6%		④ ピラミッド 14.3%		
垂直的－水平的	5	3.1%	1.2%	0.9%	1.9%	2.1%
	4	0.9%	12.4%	5.2%	3.6%	0.6%
		② ネットワーク 20.6%		③ アベレージ	⑤ マーケット 19.9%	
	3	0.8%	8.6%	27.6%	3.6%	0.6%
	2	1.2%	6.8%	6.3%	4.2%	0.5%
	1	1.5%	1.8%	0.9%	0.8%	3.1%

出所：筆者作成。同じ分類に属するところを同じ色で塗り分けている。

の高いカテゴリを表示している。

同様に各文化の分類ごとに全体と同じような相関分析を行い，これと前述の平均の差を合わせて各分類の主な特徴を見たところ，次のようになった。カッコ内は，それぞれのカテゴリの平均値，あるいは5%水準で有意となった相関係数の値である。

①　ファミリー：垂直的集団志向文化

サンプル数275で，全体の17.6%を占めている。Q42信頼がある（○ 1.8）がQ43権力格差の高い（△ 4.2）グループである。回答者は年齢が少し高い（51.0歳）新卒入社の管理職が多く，企業としてみるとその社長は40代の創業者が多い。典型的な日本的経営の組織のイメージであろうか。

Q42信頼があるので，Y1職場（◎ 2.3）もY2個人（◎ 1.9）もインクルージョンが良く，Q51個人のコンプライアンス違反（行動規範）（○ 2.0），Q65（公正な取引）（○ 2.4）はやや少ない。一方，Q43権力格差があるので，Y6組織（△ 3.0），Q62個人のコンプライアンス違反（SNS）（×2.8）の水準が悪い。また相関係数で見ると，Q67成果主義とC6ブラック環境（-0.479），C10勤務環境・体制整備とQ62個人のコンプライアンス違反（SNS）（-0.505）に負の相関があるので，多様性に関する制度を進めすぎるとコンプライアンスの問題を誘発する可能性を持っている。

表 14-6　集団志向に関連の強い要因

	ファミリー	ネットワーク	アベレージ	ピラミッド	マーケット	全体
サンプル数	275	322	432	224	312	1565
Q42 信頼	○ 1.8	○ 1.8	−3.0	△ 3.8	△ 3.9	2.8
Q41 経営理念	◎ 2.0	○ 2.6	−3.0	△ 3.5	×3.7	2.9
C1 集団性	◎ 2.0	○ 2.3	△ 2.8	△ 3.0	△ 2.9	2.6
C2 女性性	○ 1.9	○ 2.0	△ 2.6	△ 2.6	△ 2.6	2.3
Y1 職場インクルージョン	◎ 2.3	○ 2.5	−3.1	×3.5	×3.5	3.0
Y2 個人インクルージョン	◎ 1.9	◎ 2.0	△ 2.5	○ 2.2	△ 2.5	2.3
Q51 行動規範	○ 2.0	○ 2.0	△ 2.6	△ 2.8	×2.8	2.4
Q65 公正な取引	○ 2.4	○ 2.4	△ 2.9	△ 2.9	△ 3.0	2.8
C7 活性化と風土づくり	◎ 2.4	○ 2.6	−3.0	×3.6	△ 3.5	3.0
Q510 実力主義	○ 2.4	○ 2.6	−3.0	△ 3.4	△ 3.3	3.0
Q61 コンプ制度	○ 2.3	○ 2.5	−2.9	△ 3.3	△ 3.2	2.8
Q66 経費精算	○ 2.3	○ 2.3	△ 2.8	△ 2.7	△ 2.9	2.6
Q614 転勤異動	○ 2.9	−3.3	−3.1	−3.1	△ 3.5	3.2
Q623 経営トップ	◎ 2.7	○ 3.1	○ 3.2	△ 3.8	△ 3.7	3.3
C9 人事制度・人材登用	◎ 2.9	−3.2	−3.2	△ 3.8	△ 3.7	3.3
C10 勤務環境・体制整備	◎ 2.9	○ 3.2	○ 3.3	△ 3.8	△ 3.7	3.4
Q67 成果主義	○ 2.8	−3.2	−3.1	△ 3.5	△ 3.6	3.2
C11 意識改革・能力開発	○ 2.9	−3.4	−3.3	△ 4.0	△ 3.9	3.4
C12 積極採用・抜擢	◎ 2.7	○ 2.9	−3.1	△ 3.4	△ 3.3	3.1
Q7 革新性	○ 3.5	○ 3.7	−4.1	△ 4.7	△ 4.5	4.1
Q8 イノベーション	◎ 3.3	○ 3.5	−3.9	△ 4.6	△ 4.4	3.9
Q9 成長性	○ 3.0	○ 3.2	△ 3.6	△ 3.6	△ 3.7	3.4
Q10 やる気	○ 2.6	○ 2.6	△ 3.1	×3.5	×3.5	3.0
Q11 定着率	○ 2.4	○ 2.2	△ 2.8	△ 3.0	△ 2.9	2.7

注：有意な差のあるグループを異なった色で塗り分けている。表 14-7 も同様。
出所：筆者作成。

②　ネットワーク：水平的集団志向文化

サンプル数 322 で，全体の 20.6％を占めている。Q42 信頼があり（○ 1.8），Q43 権力格差もない（○ 2.3）グループである。回答者は年齢が少し高く（51.9

表 14-7　権力格差に関連の強い要因と属性項目

	ファミリー	ネットワーク	アベレージ	ピラミッド	マーケット	全体
Q43 権力格差	△ 4.2	○ 2.3	−3.0	△ 4.3	◎ 2.0	3.1
Q44 不確実性	△ 3.7	○ 2.3	−2.8	−2.8	○ 2.2	2.8
Y6 組織コンプ違反	△ 3.0	○ 2.2	−2.8	×3.2	−2.7	2.7
Q62 個人コンプ違反 SNS	×2.8	○ 2.0	△ 2.6	−2.5	−2.3	2.4
C5 社内論理の優先	△ 3.2	○ 2.5	−3.0	×3.5	−2.9	3.0
C6 ブラック環境	△ 3.0	○ 2.4	−2.9	×3.3	−2.7	2.8
Q59 人手不足	−3.4	−3.3	−3.2	△ 3.9	−3.4	3.4
Q64 利益至上主義	△ 2.9	◎ 2.2	△ 2.8	△ 2.8	○ 2.4	2.6
F2 年齢（歳）	51.0	51.9	49.8	51.6	49.1	50.6
F7 新卒中途	新卒			やや中途	中途	
F8 職制	管理	やや管理		一般	一般契約	
F11 従業員数		小		中	中小	
F12 社長の属性	創業者	外部		一族	一族	
F13 社長の年齢	40 代	60 代	70 以上		4,50 代	

出所：筆者作成。

歳），管理職がやや多く，従業員規模が小さく，社長は 60 代の外部からが多い。文献ではよくイノベーション型とネーミングされることが多いが，この分析では Q8 イノベーション（○ 3.5）が一番高いわけではない。Q8 イノベーションの平均が最も高い分類は ① ファミリー（◎ 3.3）である。

Q42 信頼があるので，Y1 職場（○ 2.5）も Y2 個人（◎ 2.0）もインクルージョンが良く，Q51 個人のコンプライアンス違反（行動規範）（○ 2.0），Q65（公正な取引）（○ 2.4）はやや少ない。一方 Q43 権力格差がないので，Y6 組織（○ 2.2），Q62 個人のコンプライアンス違反（SNS）（○ 2.0）の水準がややよい。相関係数で見ると Q614 転勤異動と C6 ブラック環境に負の相関（-0.400）があるので，多様性に関する制度を進めすぎるとコンプライアンスの問題を誘発する可能性を持っている。ただし前述のように Q51 個人のコンプライアンス違反（行動規範）と Y6 組織のコンプライアンス違反の水準はどちらもやや良く，正の相関（0.400）がある。

インクルージョンもコンプライアンスもうまくいっている，ある種，理想的な組織であるが，組織文化そのものは短期的には動かせないので，他の分類の企業はまずはそれぞれの組織文化の下で，施策を打って結果を改善していくことが重要である。

③　アベレージ：平均的文化

サンプル数432で，全体の27.6%を占めている。Q42信頼（3.0）もQ43権力格差（3.0）も中程度で，特徴がない。会社としては社長に70歳以上がやや多い。

組織の特徴がはっきりしないか，回答者が組織文化についてよく分からなかったため，多くの項目に3を付けてしまったカテゴリである可能性があるため，あまり積極的にこの分類から意味を抽出する必要はないかもしれない。全体として文化も，施策も，結果も，それぞれ中程度かやや悪い状態である。また全体の分析と同じように1），2）の流れのグループ間での負の相関が見られる。

④　ピラミッド：垂直的個人志向文化

サンプル数224で，全体の14.3%を占めている。Q42信頼がなく（△3.8），Q43権力格差がある（△4.3）グループである。回答者は年齢が少し高く（51.6歳），一般社員が多く，従業員規模は中程度，社長は創業者一族が多い。いわゆるお役所的な組織であろうか。

Q42信頼がないので，Y1職場のインクルージョンが悪く（×3.5），Q51個人のコンプライアンス違反（行動規範）（△2.8），Q52（公正な取引）（△2.9）はやや多い。またQ43権力格差があるので，Y6組織のコンプライアンス違反の水準も悪い（×3.2）。ただし，Y2個人のインクルージョンが平均よりややよい水準（○2.2）にあるのが特徴である。相関係数で見ると，Q41経営理念とQ43権力格差に正の相関（0.226）があり，1），2）の流れのどちらも相対的に水準が低いので，全体に正の関係となっている。同様にC5社内論理の優先とQ51個人のコンプライアンス違反（行動規範）に正の相関（0.464）がある。

⑤　マーケット：水平的個人志向文化

サンプル数312で，全体の19.9％を占めている。Q42信頼がない（△3.9）が，Q43権力格差もない（◎2.0）グループである。回答者は年齢がやや若く（49.1歳），一般社員あるいは契約社員が多く，従業員規模は中小，社長は4,50代の創業者一族が多い。フリーランスがバラバラにそれぞれ活躍しているようなイメージの組織である。

Q42信頼がないので，Y1職場（×3.5），Y2個人のインクルージョン（△2.5）が悪く，Q51個人のコンプライアンス違反（行動規範）（×2.8），Q65（公正な取引）（△3.0）はやや多い。ただしQ43権力格差がないため，Y6組織（－2.7），Q62個人のコンプライアンス違反（SNS）（－2.3）の水準は平均的である。相関係数で見ると全体の分析と同じように経営理念とQ43権力格差に負の相関（-0.323）があり，C9人事制度・人材登用とQ62個人のコンプライアンス違反（SNS）にも負の相関（-0.338）があるので，多様性の施策を進めすぎると個人のコンプライアンス違反を誘発する可能性がある。

以上の分析を通じて，組織文化の次元で分類すると，具体的な施策やコンプライアンスの程度が異なるという仮説5の実証としたい。

2．結論に代えて

第一回調査においては，組織文化と多様性インクルージョン，イノベーションとの関係を明らかにした。そこでは職場のインクルージョンとイノベーションの相関が高いこと，またイノベーションと理念浸透，信頼の相関が高いことが分かった。そして第二回調査では組織文化との関係を通して，さらに多様性，イノベーション，コンプライアンスのための具体的な施策についての分析を行った。

本研究の実務的なインプリケーションとして，まずイノベーションと多様性そして組織文化に関しては，多様性のインクルージョンはイノベーションに寄与し，企業の成長をもたらすことが分かった。そして信頼と理念浸透が，コミュニケーション活性化と職場風土を通して，職場の多様性インクルージョンを高めることが分かった。従業員間の信頼の醸成が多様性インクルージョンの基礎となっているといえよう。さらにコミュニケーションの活性化と職場風土作りが有効なのであり，経営トップによるリーダーシップが必要である一方，成果主義を伴う働き方改革も関連している。

こうしてみると，多様性を高める対応策として，まずは従業員間の信頼を高める工夫をするべきであろう。信頼は経営理念の浸透と正の相関があるため，理念浸透策が間接的に有効となる可能性もある。そしてトップのリーダーシップ，コミットメントが成功の鍵であり，強く明確なメッセージを出していく必要がある。特にコミュニケーションの活性化・相談できる風土作りが対策の中心として重要である。ときには突飛な意見も出るかもしれないが，多様な意見の腰を折らないように，トップや管理職は気をつけるべきであり，またあえて部外者を会議に招聘する等によって，会議を活発化させるべきであろう。さらにフレックスタイム，在宅勤務等，働き方改革とも歩調を合わせるのがよいと思われる。その際，従来型の年功序列型ではうまく機能しないのではないだろうか。

コンプライアンスと多様性そして組織文化に関しては，組織のコンプライアンス違反には，利益至上主義，社内論理の優先，ブラックな職場環境等の影響が大きく，また組織文化としては権力格差の大きさが基礎的な要因となっていた。そして多様性施策によって違反が増える可能性がある点は，要注意であろう。組織のコンプライアンスに対して，権力格差が影響を与えており，利益至上主義，社内論理の優先，ブラックな環境が組織の不正トライアングルを作っているのである。そこでコンプライアンス対応策について考えると，まず組織文化である権力格差を短期間で変えるのは難しいし，会社によっては変えないという選択肢もありうる。そのため組織の不正トライアングルの悪循環を断ち切ることが重要であり，組織の不正トライアングルの強さを定期的にモニタリングすることも必要となろう。

組織文化による企業の分類に関しては，内部統合機能を表す次元である集団志向と権力格差の大きさで分類すると，組織の性格が明確になることが分かった。例えばファミリー：垂直的集団志向文化（集団志向で，権力格差が大きい），ネットワーク：水平的集団志向文化（集団志向で，権力格差が小さい），ピラミッド：垂直的個人志向文化（個人志向で，権力格差が大きい），マーケット：水平的個人志向文化（個人志向で，権力格差が小さい）に分類することで，それぞれの型に，長所と短所が存在するのである。すなわち集団志向と権力格差の二軸によって，自社の組織文化がどのようなものであるか認識することがスタートとなる。そして短期的に文化を変えることは困難であるため，まずは現状の文化を所与として，どのような長所・短所があるのかを理解する必要がある。

組織文化と施策について考えると，まずは自社の文化を分析してその長所・短所を認識し，その上で戦略との関連から，多様性，イノベーション，コンプライアンスに関わる方針を決め，その方針に沿って実効性のある施策を策定し，実施していくことが重要となる。また組織文化に関する中長期的なビジョンを持つ必要もあろう。すなわちリーダーの交代，戦略やビジネスモデルの変化，世代交代等により，中長期的には文化が変わることはありうるため，マネジメントは常に方向性を示し，その方向に組織文化を変革していくべきなのである。このように多様性，イノベーション，コンプライアンスに対して，自社の戦略との関連で，どの部分をどこまで強化するか方針を決めることが大切なのであり，まずは定期的に社員サーベイ等を通じてモニタリングを行っていく必要があるのではないだろうか。

学術的にみると本研究は従来別々に議論されてきた組織文化と多様性，イノベーション，コンプライアンスに関して，これらを総合的に捉えようと試みた点が大きな貢献となろう。もちろんまだまだ探索的な研究であり，個別の尺度や厳密なモデルの作成等，残された課題は多い。また個人レベルのミクロなアンケートでどこまで組織の特性である組織文化について語れるのかという点は，こうした研究の１つの限界であろう。しかし，まずは組織文化によって経営管理のあり方が異なってくる，という事実が大変重要なことであると私は考えている。今後のさらなる理論研究ならびに実証研究を通じて，残された課題を１つずつ解決していきたいと思う。

おわりに

本章では，組織文化とダイバーシティ経営およびコンプライアンスとの関係を考えるために，レビューならびに探索的な実証分析を行った。第一回の調査においては，組織文化と多様性インクルージョン，イノベーションとの関係を明らかにした。そこでは職場のインクルージョンとイノベーションの相関が高いこと，またイノベーションと理念浸透，信頼の相関が高いことが分かった。そして第二回調査では組織文化との関係を通して，さらに多様性，イノベーション，コンプライアンスのための具体的な施策についての分析を行った。そして組織文化の内部統合機能で分類すると，集団志向はインクルージョンを高め，権力格差はコンプライアンス違反を導いていることが分かった。ダイバーシティ経営やコンプライアンスを進めていくには，まず自らの組織文化がどういった特性を持っているのかを，理解することから始めなければならないのである。

第Ⅴ部　企業文化：「水平的集団志向」のまとめ

日本におけるファミリービジネス研究について文献調査を行うと，持ち株比率は低いものの大企業においてもファミリービジネスが多く存在し，中小の長寿企業もおそらくファミリービジネスであろう。こうしたファミリービジネスが経営者の世代を越えて長期に維持発展していくには，事業継承が大きな課題となる。日本の企業組織の特徴は強い企業文化であり，これを支えているのが集団志向である。今日垂直的ではなく，水平的な集団志向に社会が変化するとともに，ヒエラルキーやピラミッド型の組織ではなく，経営者の価値観を皆が共有する水平的な経営スタイルが求められてきている。さらに日本は信頼社会であり，血縁としての家族より，組織や事業が存続していくことが求められ，早くから所有と経営の分離が進み，ファミリービジネスもまた，持ち株比率が低くとも実質的に家族が経営に影響を及ぼすという形になっている。こうした中で家族が示すべきなのは，企業文化として組織によって受け継がれていくべき価値観である。そして創業者は企業の価値観を作る原動力であるが，後に続く世代がこれを上手に引き継いでいかなくてはならないのである。

次に，組織文化とダイバーシティ経営およびコンプライアンスとの関係を考えるために，レビューならびに探索的な実証分析を行った。第一回の調査においては，組織文化と多様性インクルージョン，イノベーションとの関係を明らかにした。そこでは職場のインクルージョンとイノベーションの相関が高いこと，またイノベーションと理念浸透，信頼の相関が高いことが分かった。そして第二回調査では組織文化との関係を通して，さらに多様性，イノベーション，コンプライアンスのための具体的な施策についての分析を行った。そして組織文化の内部統合機能で分類すると，集団志向はインクルージョンを高め，権力格差はコンプライアンス違反を導いていることが分かった。ダイバーシティ経営やコンプライアンスを進めていくには，まず自らの組織文化がどういった特性を持っているのかを，理解することから始めなければならないのである。

すなわち日本企業の組織文化は，従来の日本「的」な垂直的集団主義から，新しい日本「型」経営，すなわち「新・日本的経営」における水平的集団志向に変化しつつある。例えばファミリービジネスにおいては経営者によって引き継がれる価値観が重要となり，また集団志向がインクルージョンを高め，権力格差がコンプライアンス上の問題を引き起こす可能性が示された。集団主義から集団志向へと弱まったとはいえ，依然として日本企業には強い組織文化が存在しているが，垂直的から水平的に変化するにつれ，従来の権力格差の高い文化で有効であった官僚的な組織運営から，価値観を共有する経営へと変化していく必要性に迫られているのである。

あとがき

私が専門としている領域を表す「計量経営学」という言葉は，恩師の清水龍瑩先生の造語ではないかと思っている。清水先生は通産省の委員会などを通じて，アンケートの結果にQAQFという手法を用いて，企業の成長性，収益性，モラールを統計的に分析するというスタイルを確立された。私としては，まだ確立されていない，計量しにくい要因に挑戦してみたくて，組織文化という領域を選択したような気がしている。一方，経営学の中では，戦略論の領域からは能力論として組織の方向への接近があり，またミクロな個人のレベルから分析を行う組織行動論からは，よりマクロな組織レベルへのアプローチが盛んである。私としては，両方の間にあるのが組織論だと考えており，これらを何とか結び付けることを試みたいと思っていた。

そして組織のレベルの理論である組織文化論の研究があまり日本で盛んでないように感じられるのは，おそらく文化というものの抽象度が高いせいではないだろうかと考え，組織文化の中身，すなわち評価軸を導出できないかどうか，ということを長く研究対象としてきた。そしてそのためには，文化の中身についての研究の蓄積である社会学や宗教学に，素人ながら首を突っ込んでいかなければならなかったのである。

社会学や宗教学を，組織文化論と並ぶ私の研究のもう1つの柱にしようと思ったきっかけは，福沢基金で2年間行かせていただいた，カリフォルニア大学バークレー校，東アジア研究所の日本研究センターでの2年間での経験である。もともと日本型経営が欧米からどのように見られているかを感じたいと思っていたが，留学に訪れた1999年時点で，すでに日本研究熱は冷めており，同研究所内にある中国や韓国の研究センターに研究者が溢れていた。私の目から見れば日本研究はある意味ステレオタイプなレベルで止まっており，自ら社会学や宗教学をしっかり勉強しなおし，日本的経営の位置づけと日本型経営への変化を説明していかなければならないと実感したのである。そうした意味でも本書は，経営学と社会学のハイブリッドの領域を扱っているのかもしれない。

さて，この本の上梓にこぎつけることができたのは，これまで私を支え，ご指導，ご鞭撻いただいた多くの皆様とのご縁のおかげである。すべての方のお名前を挙げることはとてもできないが，ここに厚く御礼を申し上げるとともに，深く感謝したい。

私は大学の付属校である中学からから高校，慶應義塾大学の商学部に進学し，大学時代の今しかできないことをやろうと思って，1年のときからコンピューターのプログラムを学ぶ授業を履修した。そこで中学時代の先輩と再会し，一緒に授業を受けるようになったが，その後ゼミを選ぶときに，うちのゼミはいいよ，とその先輩に推薦されたのが，恩師である清水龍瑩先生のゼミである。清水先生には統計学を用いた計量経営学の面白さや，研究することの難しさを教えていただき，私を研究者の道へと導いていただいた。

4年生の秋に行われる大学院入試を受けることも考えていたが，当時は夏が就活の山であったので，その前に就職活動もしておこうと思い，いくつかの企業を受けていた。清水ゼミの夏合宿の帰りに先生のお荷物をお届けすることになり，先生のご自宅に上げていただいた。そこで就職活動の話になり，今，シンクタンクも考えています，と申し上げたら，清水ゼミの先輩でシンクタンクに勤めている人もいるよ，とおっしゃり，その場でその先輩にお電話してくださって，先生からのご推薦を頂き，面接に進むこととなった。そうして私は三菱総合研究所に就職することになる。

三菱総研で経営コンサルティングの仕事を5年間させていただき，こんなによい戦略を考えているのに，なぜうまく実行できないのだろう，という疑問を持つようになって，組織文化について研究する必要性を感じることになる。また因子分析からクラスター分析という分析のスタイルは，後に同志社大学に進まれる高井紳二先生に教えていただいたものである。当時から三菱総研の経済・経営部門は，多くの大学教授を輩出していたが，今にしてみれば，同僚から上司，部長，役員の方まで，一緒に仕事をさせていただいた多くの方が，その後，大学での研究・教育の道に進んでおり，そうした環境から大変多くの事を学ばせていただいたのではと思う。

その後，清水先生が退任される前に，やはり修士課程は出ておこうと思い，国内留学制度を利用して慶應義塾大学の商学研究科で２年間学ぶことにした。富士総合研究所に転職された元上司で，その後，甲南大学に進まれた倉科敏材先生との共同研究のデータを用いて修士論文を書かせていただき，それを提出してテニア付きの助手に採用され，結局三菱総研を退社することになる。

それ以来，清水龍瑩門下の先生方には大変お世話になり，特に同じ商学部の岡本大輔先生，関西学院大学の古川靖洋先生，専修大学の馬場杉夫先生とは，研究，教育の両面において様々な交流をさせていただいている。本書の実証で用いている個人データは古川先生と共同で行ったプロジェクトの成果であり，企業データは岡本先生，古川先生と参加させていただいたプロジェクトの成果である。またこの４人での『深化する日本の経営』の共同執筆を通じて，清水先生の経営学に対する私の理解を，さらに深いものとすることができたと考えている。また商学部にいらした植竹晃久先生，十川廣國先生，渡部直樹先生，榊原研互先生，菊澤研宗先生をはじめとする多くの大先生の教えを受け，またその後，井口知栄先生，王 英燕先生といった同僚の先生方からも大いに刺激を受けている。

大学に戻ってから博士課程の途中で清水先生が退任され，藤森三男先生に指導教授になっていただいた。藤森先生は当時国際センターの所長をされており，研究室には韓国や中国本土，台湾ばかりではなく，フランスやオーストラリア，トルコ，スリランカといった世界各地からの留学生が訪れていた。そして『ハイブリッド・キャピタリズム』のプロジェクトにも参加させていただき，ミネソタ大学や上海，台湾，香港，韓国の先生方と，当時はまだ開発が始まったばかりの上海の浦東や広州の深圳，台湾の新竹，香港，韓国ソウルに赴き，社長インタビューやアンケート調査を行った。

日本語の文献ばかり読み，英語もろくに喋れない私が，東アジアに興味を持ち，韓国語や中国語をかじり，韓国や台湾の方たちと毎年学生交流を行うようになるとは，それまでは思いもしなかった。特に大学院時代を共に過ごし，後に韓国の明知大学にいらした許 棟翰先生，関西学院大学の安 熙錫先生の両先生とは，韓国の大学との学生交流を通じて大変お世話になっている。また商学部の横田絵理先生，学習院大学の米山茂美先生とは台湾の大学との交流を通じて大変お世話になっており，本書の家父長型リーダーシップの研究ならびにデータは，両先生との共同研究の成果である。

心に残っている清水先生の言葉の１つに「ドクターストップ」がある。これは研究者が博士号（ドクター）をとると，研究がストップしてしまうことが多いので，そうならないように気をつけろ，という意味である。私は教授昇進のときに，前著の『日本型企業文化論』を執筆したが，その際にはこれを論文博士の審査に出してみようとは思わなかった。これは清水先生の言う通り，怠け者の私は博士をとってしまうと安心して，研究が止まってしまうのではないかと危惧したからである。

その後も何とか細く長く研究を続けてきたが，この本をまとめる契機となったのは，日本経営学会の統一論題での発表である。「日本型経営とその変化」という発表を行った後，文眞堂の前野隆社長が会場の前まで来てくださり，この内容で是非本を出してほしい，という話を頂いたのである。発表の機会を頂いた日本経営学会の皆様，そして前野隆社長に改めて御礼を申し上げたい。さらに本書の刊行に当たっては，慶應義塾大学商学会の研究出版補助を受けている。こうした様々なご縁が無ければ，この本が世に出ることはなかったであろう。

この本の執筆を通じて，ようやく１つの流れとして自分の研究を説明できたのではと思っているが，これで研究がストップしてしまうことのないように，これからも計量経営学，そして組織文化論を用いて，新たな問題領域に挑戦していきたいと思っている。

最後になるが，家庭を省みず研究に没頭することを日頃から容認してくれている，私の家族に感謝の言葉を述べることをお許しいただきたい。

2023年５月吉日

三田山上にて

佐藤　和

参考文献

Abegglen, C. (1958), *The Japanese Factory,* Free Press.（山岡洋一訳『日本の経営〔新訳版〕』日本経済新聞社，2004。）

Abegglen, C. (2004), *21st Century Japanese Management,* Palgrave Macmillan.（山岡洋一訳『新・日本の経営』日本経済新聞社，2004。）

阿部美哉（1999），『世界の宗教』丸善。

Allaire, Y. & Firsirotu, M. E. (1984), "Theories of Organizational Culture," *Organization Studies,* Vol. 5, No. 3.

Allen, N. J. & Meyer, J. P. (1990), "The measurement and antecedents of affective, continuance and normative commitment to the organization," *Journal of Occupational Psychology,* 63, pp. 1-18.

Amabile, T. M. (1988), "A model of creativity and innovation in organizations," *Research in Organizational Behavior,* 10, pp. 123-167.

網野善彦（1997），『日本社会の歴史』岩波書店。

Ansari, M. A., Ahmad, Z. A. & Aafaqi, R. (2004), "Organizational leadership in the Malaysian context," in Tjosvold, D. & Leung, K. eds., *Leading in High Growth Asia: Managing Relationships for Teamwork and Change,* World Scientific Publishing Co. Pte. Ltd., pp. 109-138.

荒木博之（1973），『日本人の行動様式』講談社。

新睦人（1997），「『自然』からみた日本とヨーロッパ」新睦人編『比較文化の地平』世界思想社。

Argyris, C. (1992), *On Organizational Learning,* Blackwell.

Argyris, C. & Schön, D. A. (1978), *Organizational Learning,* Addison-Wesley.

有村貞則（2009），「日本企業とダイバーシティ・マネジメント」『国際ビジネス研究』第1巻第2号，1-17頁。

Aycan, Z. (2006), "Paternalism: Towards conceptual refinement and operationalization," in Yang, K. S., Hwang, K. K. & Kim, U. eds., *Scientific advances in indigenous psychologies: Empirical, philosophical, and cultural contributions,* Springer, pp. 445-466.

Aycan, Z., Kanungo, R. N. & Shinha, J. B. P. (1999), "Organizational culture and human resource management practices: The model of culture fit," *Journal of Cross-Cultural Psychology,* 30 (4), pp. 501-516.

Aycan, Z., Kanungo, R., Mendonca, M., Yu, K., Deller, J., Stahl, G. & Kurshid, A. (2000), "Impact of Culture on Human Resource Management Practices: A 10-Country Comparison," *Applied Psychology: An International Review,* 49 (1), pp. 192-221.

Aycan, Z., Schyns, B., Sun, J., Felfe, J. & Saher, N. (2013), "Convergence and divergence of paternalistic leadership: A cross-cultural investigation of prototypes," *Journal of International Business Studies,* 44, pp. 962-969.

Barnard, C. I. (1938), *The Functions of the Executive*, Harvard University Press.（山本安次郎・田杉競・飯野春樹訳『新訳 経営者の役割』ダイヤモンド社, 1968)。

Barney, J. B. (1986), "Organizational Culture," *Academy of Management Review*, Vol. 11, No. 3, pp. 656–665.

Barney, J. B. (1991), "Firm Resources and Sustained Competitive Advantage," *Journal of Management*, Vol. 17, No. 1, pp. 99–120.

Barrett, R. (1998), *Liberating the Corporate Soul*, Butterworth–Heinemann.（斎藤彰悟監訳, 駒沢康子訳『バリュー・マネジメント』春秋社, 2005。)

Bass, B. M. & Avolio, B. J. (1995), *MLQ Multifactor Leadership Questionnaire, 2nd ed.*, Mind Garden.

Bateman, T. S. & Organ, D. W. (1983), "Job satisfaction and the good soldier: The relationship between affect and employee citizenship," *Academy of Management Journal*, 26–4, pp. 587–595.

Bellah, R. N. (1975), *The Broken Covenant*, The Seabury Press.（松本滋・中川徹子訳『破られた契約』未來社, 1983。)

Bellah, R. N., Madsen, R., Sullivan, W. M., Swidler, A. & Tipton, S. M. (1985), *Habits of Heart*, University of California Press.（島薗進・中村圭志訳『心の習慣』みすず書房, 1991。)

Benedict, R. (1946), *The Chrysanthemum and the Sword*, Houghton Mifflin.（長谷川松治訳『菊と刀』世界思想社, 1948。)

Boulding, K. E. (1981), *Evolutionary Economics*, SAGE Pub.（猪木武徳・望月和彦・上山隆大訳『社会進化の経済学』HBJ 出版局, 1987。)

Brown, M. E., Treviño, L. K. & Harrison, D. A. (2005), "Ethical leadership: A social learning perspective for construct development and testing," *Organizational Behavior and Human Decision Process*, 97 (2), pp. 117–134.

Burns, T. & Stalker, G. M. (1961), *The Management of Innovation*, Tavistock Publications.

Cameron, K. S. & Quinn, R. E. (2006), *Diagnosing and Changing Organizational Culture*, John Wiley & Sons.（中島豊監訳『組織文化を変える「競合価値観フレームワーク」技法』ファーストプレス, 2009。)

Cameron, K. S. & Quinn, R. E. (2011), *Diagnosing and Changing Organizational Culture, 3rd ed.*, John Wiley & Sons.

Cameron, K. S., Quinn, R. E., DeGraff, J. & Thakor, A. V. (2014), *Competing Values Leadership, 2nd ed.*, Edward Elgar.

Campbell, J. P. (1999), "The definition and measurement of performance in the new age," in Ilgen, D. R. & Pulakos, E. D. eds., *The changing nature of performance*, Jossey–Bass, pp. 99–429.

Carlson, D. S., Kacmar, K. M. & Williams, L. J. (2000), "Construction and initial validation of a multidimensional measure of work–family conflict," *Journal of Vocational Behavior*, 56, pp. 249–276.

Chen, B., Boer, D., Chou, L., Huang, M., Yoneyama, S., Shim, D., Sun, J., Lin, T., Chou, W. &

Tsai, C. (2014), "Affective Trust in Chinese Leaders: Linking Paternalistic Leadership to Employee Performance," *Journal of Management,* 40 (3), pp. 796-819.

Cheng, B. S., Chou, L. F. & Farh, J. L. (2000), "A triad model of paternalistic leadership: The constructs and measurement," *Indigenous Psychological Research in Chinese Societies,* 14, pp. 3-64. (in Chinese)

Cheng, B. S., Jiang, D. Y. & Reily, J. (2003), "Organizational commitment, supervisory commitment, and employee outcomes in the Chinese context: Proximal hypothesis or global hypothesis," *Journal of Organizational Behavior,* 24, pp. 1-24.

Cheng, B. S., Chou, L., Wu, T., Huang, M. & Farh, J. (2013), "Paternalistic leadership and subordinate responses: Establishing a leadership model in Chinese organizations," *Asian Journal of Social Psychology,* 7 (1), pp. 89-117.

Cheng, B. S., Boer, D., Chou, L., Huang, M., Yoneyama, S., Shim, D., Lin, T., Chou, W. & Tsai, C. (2014), "Paternalistic Leadership in Four East Asian Societies: Generalizability and Cultural Differences of the Triad Model," *Journal of Cross-Cultural Psychology,* 45 (1), pp. 82-90.

CIA フォーラム研究会（2017),「ダイバーシティ経営への内部監査による貢献の勧め」『月刊監査研究』第525号，26-42頁。

Claessens, S., Djankov, S. & Lang, L. H. (1990), "Who Controls East Asian Corporations?" *World Bank Policy Research Working Paper,* No. 2054, February.

Cole, M. & Scribner, S. (1974), *Culture & Thought,* John Wiley & Sons.（若井邦夫訳『文化と思考』サイエンス社，1982。）

Collins, J. C. & Porras, J. I. (1994), *Built to Last,* HarperCollins.（山岡洋一訳『ビジョナリー・カンパニー』日経BP出版センター，1995。）

Collis, D. J. & Montgomery, C. A. (1998), *Corporate Strategy: A Resource-based Approach,* McGraw-Hill.（根来龍之・蛭田啓・久保亮一訳『資源ベースの経営戦略論』東洋経済新報社，2004。）

Cornelius, R. R. (1996), *The Science of Emotion,* Prentice-Hall.（齊藤勇監訳『感情の科学』誠信書房，1999。）

Crainer, S. (1999), *Key Management Ideas, 3rd ed.,* Pearson Education.（梶川達也訳『マネジャーのための経営思想ハンドブック』ピアソン・エデュケーション，2002。）

Crainer, S. (2000), *The Management Century,* Booz Allen & Hamilton.（嶋口充輝・岸本義之・黒岩健一郎訳『マネジメントの世紀 1901～2000』東洋経済新報社，2000。）

Daft, R. L. (2001), *Essentials of Organizational Theory & Design, 2nd ed.,* South Western College.（髙木晴夫訳『組織の経営学』ダイヤモンド社，2002。）

Daft, R. L. (2013), *Organizational Theory & Design 12th ed.,* Cengage Learning.

Davis, S. M. (1984), *Managing Corporate Culture,* Harper & Row.（河野豊弘・浜田幸雄訳『企業文化の変革』ダイヤモンド社，1985。）

Deal, T. E. & Kennedy, A. A. (1982), *Corporate Cultures,* Addison-Wesley.（城山三郎訳『シンボリック・マネジャー』新潮社，1983。）

Deal, T. E. & Kennedy, A. A. (1999), *The New Corporate Cultures,* Perseus Books.

Dertouzos, M. L., Lester, R. K. & Solow, R. M. (1989), *Made in America: Regaining the Productive Edge*, MIT Press.（依田直也訳『Made in America アメリカ再生のための米日欧産業比較』草思社，1990。）

Dorfman, P. W. & Howell, J. P. (1988), "Dimensions of National Culture and Effective Leadership Patterns: Hofstede Revisited," *Advances in International Comparative Management,* 3, pp. 127-150.

Dvir, T., Eden, D., Avolio, B. J. & Shamir, B. (2002), "Impact of Transformational Leadership on Follower Development and Performance: A Field Experiment," *Academy of Management Journal,* Vol. 5, No. 4, pp. 735-744.

Dyer, J., Gregersen, H. & Christensen, C. M. (2011), *The Innovator's DNA: Mastering the Five Skills of Disruptive Innovators,* Harvard Business Review Press.（櫻井祐子訳『イノベーションのDNA』翔泳社，2012。）

Edmondson, A. C. (2019), *The Fearless Organization,* John Wiley & Sons.（野津智子訳『恐れのない組織』英治出版，2021。）

江上波夫（1999），『東アジア文明の源流』山川出版社。

Ettlie, J. E. & O'keefe, R. D. (1982), "Innovative attitudes, values and intentions in organizations," *Journal of Management Studies,* 19, pp. 163-182.

Faccio, M. & Lang, L. (1990), "Separation of Ownership and Control: An Analysis of Ultimate Ownership in France, Italy Spain and U. K.," *Working Paper,* Chinese University of Hong Kong.

Farh, J. L., Dobbins, G. H. & Cheng, B. S. (1991), "Cultural relativity in action: A comparison of self-ratings made by Chinese and U. S. workers," *Personnel Psychology,* 44, pp. 129-147.

Farh, J. L., Earley, P. C. & Lin, S. C. (1997), "Impetus for action: A cultural analysis of justice and organizational citizenship behavior in Chinese society," *Administrative Science Quarterly,* 42, pp. 421-444.

Farh, J. L. & Cheng, B. S. (2000), "Management and organizations in the Chinese organizations," in Li, J. T., Tsui, A. S. & Welden, E. eds., *Management and Organizations in the Chinese Context,* Palgrave Macmillan, pp. 84-126.

Farmer, S. M., Tierney, P. & Kung-McIntyre, K. (2003), "Employee Creativity in Taiwan: An Application of Role Identity Theory," *Academy of Management Journal,* 46 (5), pp. 618-630.

Ferraro, G. P. (1990), *The Cultural Dimension of International Business,* Prentice Hall.（江夏健一・太田正孝監訳『異文化マネジメント』同文館出版，1992。）

Fields, G. (1994),『「和魂」異変あり』生産性出版。

Friedman, T. L. (2006), *The World is Flat,* Farrar Straus & Giroux.（伏見威蕃訳『フラット化する社会』日本経済新聞社，2006。）

藤森三男・榊原貞雄・佐藤和（1997），『ハイブリッド・キャピタリズム』慶應義塾大学出版会。

藤田和生（1998），『比較認知科学への招待』ナカニシヤ出版。

藤田誠（1991），「組織風土・文化と組織コミットメント」『組織科学』第25巻第1号，pp. 78-92。

Fukuyama, F.（1995）, *Trust,* Free Press.（加藤寛訳『「信」無くば立たず』三笠書房，1996。）

Fukuyama, F.（1999）, *The Great Disruption,* Free Press.（鈴木主税訳『「大崩壊」の時代』早川書房，2000。）

古川靖洋（2006），『情報社会の生産性向上要因』千倉書房。

古川靖洋（2014），「テレワークとオフィスワーカーの動機づけ」『日本テレワーク学会誌』第12巻第1号，pp. 14–27。

古川靖洋（2015），『テレワーク導入による生産性向上戦略』千倉書房。

古川靖洋・佐藤和（2004），「ホワイトカラーの生産性に関する基礎調査」『三田商学研究』第47巻第4号。

古川靖洋・佐藤和（2005），「ホワイトカラーの生産性に関する基礎調査2004」『三田商学研究』第48巻第4号。

古川靖洋・佐藤和（2006），「ホワイトカラーの生産性に関する基礎調査2005」『三田商学研究』第49巻第5号。

二神枝保・村木厚子編著（2017），『キャリア・マネジメントの未来図』八千代出版。

二村敏子（2004），『現代ミクロ組織論』有斐閣。

Geertz, C.（1973）, *The interpretation of cultures,* Basic Bools.（吉田禎吾他訳『文化の解釈学』岩波書店，1987。）

Gerloff, E. A.（1985）, *Organizational Theory and Design,* McGraw–Hill.（車戸寛監訳『経営組織の理論とデザイン』マグロウヒル出版，1989。）

Gersick, K. E., Davis, J. A., Hampton, M. M. & Lansberg, I.（1997）, *Generation to Generation,* Harvard Business School Press.

Gerth, H. H. & Mills, C. W.（1948）, *From Max Weber,* Routledge and Kegan Paul.

後藤俊夫（2009），『三代，100年潰れない会社のルール』プレジデント社。

後藤俊夫他（2012），『ファミリービジネス』白桃書房。

Gutman, A. ed.（1994）, *Multiculturalism,* Princeton UP.（佐々木毅・辻康夫・向山恭一訳『マルチカルチュラリズム』岩波書店，1996。）

Hall, E. T.（1976）, *Beyond Culture,* Anchor Press.（岩田慶治・谷泰訳『文化を越えて』TBSブリタニカ，1979。）

濱口惠俊（1989），「人柄はどのように形づくられるか」大橋正夫・佐々木薫編『社会心理学を学ぶ（新版）』有斐閣，77–95頁。

濱口恵俊（1996a），「国際化のなかの日本文化」井上俊他編『日本文化の社会学』岩波書店。

濱口恵俊（1996b），『日本型信頼社会の復権』東洋経済新報社。

浜本満（1996），「差異のとらえかた」青木保他編『岩波講座 文化人類学12 思想化される周辺社会』岩波書店，69–96頁。

Hamel, G. & Prahalad, C. K.（1994）, *Competing for the Future,* Harvard Business School Press.（一条和生訳『コア・コンピタンス経営』日本経済新聞社，1995。）

原田曜平（2010），『近頃の若者はなぜダメなのか 携帯世代と「新村社会」』光文社新書。

原田曜平（2020），『Z世代 若者はなぜインスタ・TikTokにハマるのか？』光文社新書。

長谷川啓之（1994），『アジアの経済発展と日本型モデル』文眞堂。

橋本倫明（2018），「ダイナミック・ケイパビリティ論と取引コスト理論」菊澤研宗編著『ダイナミック・ケイパビリティの戦略経営論』中央経済社，第3章。
Hatch, M. J. (1993), "The Dynamics of Organizational Culture," *Academy of Management Review,* Vol. 18, No. 4, pp. 657-693.
Hatch, M. J. (2000), "The Cultural Dynamics of Organizing and Change," in Ashkanasy, N., Wilderom, C. & Peterson, M. eds., *Handbook of Organizational Culture and Climate,* Thousand Oaks, SAGE, pp. 245-260.
Hatch, M. J. & Cunliffe, A. L. (2014), *Organizational Theory Modern, Symbolic, and Postmodern Perspectives, 3rd ed.,* Oxford University Press. (大月博司・日野健太・山口善昭訳『Hatch 組織論―3つのパースペクティブ―』同文舘出版，2017。)
Hatch, M. J. (2018), *Organizational Theory Modern, Symbolic, and Postmodern Perspectives, 4th edition,* Oxford University Press.
林吉郎（1985），『異文化インターフェイス管理』有斐閣。
林吉郎（1994），『異文化インターフェイス経営』日本経済新聞社。
林正樹（2001），「日本的経営論の変遷と日本経営学の展望」日本経営学会編『経営学の新世紀―経営学100年の回顧と展望―』千倉書房。
林知己夫（1988），『日本人の心をはかる』朝日新聞社。
間宏（1971），『日本的経営』日本経済新聞社。
辺見佳奈子（2017），「米国におけるダイバーシティ・マネジメントの台頭と理論的展開」『経営研究』第68巻第2号，73-96頁。
Hickman, C. R. & Silva, M. A. (1984), *Creating Excellence,* George Allen & Unwin. (上野明監修『エクセレント・カンパニーを創る』講談社，1985。)
日置弘一郎（1994），『文明の装置としての企業』有斐閣。
ヒルシュマイヤー，J.・由井常彦（1977），『日本の経営発展』東洋経済新報社。
Hofstede, G. (1980), *Culture's Consequences,* SAGE. (萬成博・安藤文四郎監訳『経営文化の国際比較』産業能率大学出版部，1984。)
Hofstede, G. (1991), *Culture and Organizations,* McGraw-Hill. (岩井紀子・岩井八郎訳『多文化世界』有斐閣，1995。)
Hofstede, G., Hofsted, G. J. & Minkov, M. (2010), *Culture and Organizations Software of the Mind, 3rd ed.,* McGraw-Hill. (岩井八郎・岩井紀子訳『多文化世界〔原書第3版〕』有斐閣，2013。)
星野英紀（1996），「宗教学の歩み」井上順孝編『宗教学を学ぶ』有斐閣。
星野命（1993），「バイカルチュラリゼーションの可能性と問題点」濱口恵俊編『日本型モデルとは何か』新曜社。
星野妙子他（2004），『ファミリービジネスの経営と革新』アジア経済研究所。
細谷昌志（1999），「宗教哲学の地平」細谷他編『宗教学』昭和堂。
Hsu, F. (1975), *Iemoto,* Schenkman Publishing.
井門富二夫（1991），『比較文化序説』玉川大学出版部。
池田謙一（2002），「2000年衆議院選挙における社会関係資本とコミュニケーション」『選挙研究』17号。
池田秀三（1998），『自然宗教の力』岩波書店。

池上良正（1996），「宗教現象のフィールドワーク」井上他編『宗教学を学ぶ』有斐閣。
池内秀己（2018），「『家』としての日本企業」三戸浩・池内秀己・勝部信夫『企業論（第4版）』有斐閣。
稲盛和夫（2006），『アメーバ経営』日本経済新聞社。
井上詔三（2015），「ダイバーシティ＆インクルージョン推進と経営成果」『立教ビジネスレビュー』第8号，32-40頁。
井上俊（1996），「日本文化の社会学」井上他編『日本文化の社会学』岩波書店。
石田一良（1999），「日本文化の特徴」中野毅編『比較文化とは何か』第三文明社。
石田英夫（1979），『国際経営の人間問題』慶應通信。
石田英夫（1994），「日本企業のグローバル化と国際人事の基本問題」石田英夫編著『国際人事』中央経済社，1-20頁。
石田光男（2003），『仕事の社会科学』ミネルヴァ書房。
石井耕（2013），『企業行動論 第3版』八千代出版。
石井敏・久米昭元・遠山淳・平井一弘・松本茂・御堂岡潔編（1997），『異文化コミュニケーション・ハンドブック』有斐閣。
石井米雄（1991），『タイ仏教入門』めこん。
石川淳（2009），「変革型リーダーシップが研究開発チームの業績に及ぼす影響―変革型リーダーシップの正の側面と負の側面―」『組織科学』第43巻第2号，97-112頁。
石坂泰彦（1999），「個人の国際化の3つの視点」鈴木治雄編『現代「文明」の研究』朝日ソノラマ。
伊丹敬之（1996），「安全保障不況の日本」『中央公論』7月号。
伊丹敬之（2022），『中二階の原理』日本経済新聞出版社。
伊丹敬之・加護野忠男（1993），『ゼミナール経営学入門 第2版』日本経済新聞社。
市川彰（1987），「企業の価値観調査にみるわが国企業文化の特性」『ダイヤモンド・ハーバード・ビジネス』Feb.-Mar.，65-74頁。
伊藤雅俊・網野善彦・斎藤善之（2000），『「商い」から見た日本史』PHP研究所。
岩井紀子・佐藤博樹編（2002），『日本人の姿―JGSSにみる意識と行動―』有斐閣。
岩尾俊兵（2021），『日本“式”経営の逆襲』日本経済新聞出版社。
岩田龍子（1977），『日本的経営の編成原理』文眞堂。
岩田龍子（1984），『「日本的」経営論争』日本経済新聞社。
岩田龍子（1993），「日本的経営とグローバリゼーション」濱口惠俊編著『日本型モデルとはなにか』新曜社，369-383頁。）
Joseph, M. (1989), *Sociology for Business*, Polity Press.（松野弘訳『入門 企業社会学』ミネルヴァ書房，2015。）
門脇佳吉（1997），『日本の宗教とキリストの道』岩波書店。
加護野忠男（1982），「パラダイム共有と組織文化」『組織科学』第16巻第1号，66-80頁。
加護野忠男（1988），『組織認識論』千倉書房。
加護野忠男（1997），『日本的経営の復権』PHP研究所。
加護野忠男・野中郁次郎・榊原清則・奥村昭博（1983），『日米企業の経営比較』日本経済新聞社。

笠井昌昭（1997），『日本の文化』ぺりかん社。
柏岡富英（1993），「『日本型』モデルのメタモデル」濱口恵俊編著『日本型モデルとは何か』新曜社，433-446 頁。
柏木恵子（1997），「行動と感情の自己制御機能の発達」柏木恵子・北山忍・東洋編他編『文化心理学』東京大学出版会。
狩俣正雄（1989），「組織文化とコミュニケーション」『大阪学院大学商学論集』第 15 巻第 3 号，83-99 頁。
金児暁嗣（1993），「日本人の宗教性の特質とその現世利益志向の問題」濱口恵俊編『日本型モデルとは何か』新曜社。
加藤秀俊（1977），「比較文化の方法」伊藤俊太郎他編『講座比較文化 8 比較文化への展望』研究社，31-67 頁。
加藤典洋（2000），『日本人の自画像』岩波書店。
河合隼雄（1982），『中空構造日本の深層』中央公論社。
河合隼雄（2000），『日本文化のゆくえ』岩波書店。
慶應戦略経営研究グループ（2002），『「組織力」の経営』中央経済社。
経済産業省編（2016），『ダイバーシティ経営戦略 4』経済産業調査会。
Kenyon-Rouvinez, D. & Ward, J. L. (2005), *Family Business,* Macmillan.（富樫直記監訳『ファミリービジネス・永続の戦略』ダイヤモンド社，2007。）
菊澤研宗（2011），『なぜ「改革」は合理的に失敗するのか―改革の不条理―』朝日新聞出版。
菊澤研宗編（2018），『ダイナミック・ケイパビリティの戦略経営論』中央経済社。
木村友里（2009），「タイ―多様性社会と日系企業―」中川涼司・高久保豊編『東アジアの企業経営』ミネルヴァ書房。
岸田民樹・田中政光（2009），『経営学説史』有斐閣。
岸眞理子（2014），『メディア・リッチネス理論の再構想』中央経済社。
北原淳（1994），「『東アジア経済圏』の工業化と政治変動」北原淳他編『社会学―理論・比較・文化―』晃洋書房，175-197 頁。
北居明（2014），『学習を促す組織文化』有斐閣。
小林学（2016），「企業コンプライアンスと法」『桐蔭論叢』第 35 号，57-63 頁。
小林達雄（1999），『縄文人の文化力』新書館。
小林啓孝（1987），「認知図式（スキーマ）と意思決定」『明治学院論叢』第 80 号，91-115 頁。
國分直一（1996），「日本文化の形成」諏訪晴雄・川村湊編『日本人の出現』雄山閣。
河野啓（2008），「現代日本の世代―その析出と特質―」NHK 放送文化研究所編『現代社会とメディア・家族・世代』新曜社。
河野豊弘（1985），『現代の経営戦略』ダイヤモンド社。
河野豊弘・クレグ，S. R.（1999），『経営戦略と企業文化』講談社。
Kotter, J. P. (1996), *Leading Change,* Harvard Business School Press.（梅津祐良訳『企業変革力』日経 BP 社，2002。）
Kotter, J. P. & Heskett, J. L. (1992), *Corporate Culture and Performance,* The Free Press.（梅津祐良訳『企業文化が高業績を生む』ダイヤモンド社，1994。）
Kouzes, J. & Posner, B. (1993), *Credibility,* Jossey-Bass Inc. Pub.（岩下貢訳『信頼のリーダー

シップ』生産性出版，1995。）

小山健太（2017），「ダイバーシティ・マネジメントにおけるリーダーシップ行動」『組織学会大会論文集』第 6 巻第 1 号，150-155 頁。

久保田章市（2010），『百年企業，生き残るヒント』角川 SSC 新書。

工藤力・Matsumoto, D.（1996），『日本人の感情世界』誠信書房。

Kummerow, E. & Kieby, N.（2014）, *Organizational Culture Concept, Context, and Measurement,* World Scientific.

倉科敏材（2003），『ファミリー企業の経営学』東洋経済新報社。

倉科敏材他編著（2008），『オーナー企業の経営』中央経済社。

Laloux, F.（2014）, *Reinventing Organization,* Nelson Parker.（鈴木立哉訳『ティール組織』英治出版，2018。）

Lewin, K.（1951）, *Field Theory in Social Science: Selected Theoretical Papers*（Dorwin Cartwright ed.）, Oxford Harpers.

Lewin, K.（1958）, "Group Decision and Social Change," in Maccoby, E. E., Newcomb, T. M. & Hartley, E. L. eds., *Readings in Social Psychology,* Holt, Rinehart and Winston, pp. 197-211.

馬越恵美子（2011），『ダイバーシティ・マネジメントと異文化経営』新評論。

Martínez, P. G.（2003）, "Paternalism as a Positive Form of Leader - Subordinate Exchange: Evidence from Mexico," *Management Research: Journal of the Iberoamerican Academy of Management,* 1（3）, pp. 227-242.

Martínez, P. G.（2005）, "Paternalism as a positive form of leadership in the Latin American context: Leader benevolence, decision-making control and human resource management practices." in Elvira, M. & Davila, A., *Managing human resources in Latin America: An agenda for international leaders,* Routledge, pp. 75-93.

丸山真男（1961），『日本の思想』岩波書店。

正木郁太郎・村本由紀子（2017），「多様化する職場におけるダイバーシティ風土の機能ならびに風土と組織制度との関係」『実験社会心理学研究』第 57 巻第 1 号，12-28 頁。

松井吉康（1999），「宗教的世界観」細谷他編『宗教学』昭和堂

松永俊男（1988），『近代進化論の成り立ち』創元社。

Mayr, E.（1991）, *One Long Argument,* Harvard UP.（養老孟司訳『ダーウィン進化論の現在』岩波書店，1994。）

マズロー，A. H. 著，金井寿宏監訳，大川修二訳（2001），『完全なる経営』日本経済新聞出版社。

McGregor, D. M.（1960）, *The Human Side of Enterprise,* McGraw-Hill.（高橋達男訳『新版 企業の人間的側面』産能大出版部，1970。）

McLaren, R. I.（1982）, *Organizational Dilemmas,* John Wiley & Sons.

Meyer, E.（2014）, *The Culture Map,* Public Affairs.（田岡恵監訳『異文化理解力』英治出版，2015。）

Meyer, J. P., Allen, N. J. & Smith, C. A.（1993）, "Commitment to organizations and occupations extension and test of a three-component conceptualization," *Journal of Applied Psychology,* 78-4, pp. 538-551.

Miles, R. E. & Snow, C. C. (1978), *Organizational Strategy,* Structure and Process, McGraw-Hill.（土屋守章・内野崇・中村工訳『戦略型経営』ダイヤモンド社，1983。）

Mintzberg, H. (1973), "Strategy Making in Three Modes," *California Management Review,* Vol. 16, No. 2, pp. 44-45.

Mintzberg, H. (1989), *Mintzberg on Management,* Free Press（北野利信訳『人間感覚のマネジメント』ダイヤモンド社，1991。）

Mintzberg, H. (2003), *Henry Mintzberg on Management,* Harvard Business School Press.（DIAMOND ハーバード・ビジネス・レビュー編集部 編訳『H. ミンツバーグ経営論』ダイヤモンド社，2007。）

Mintzberg, H., Ahlstrand, B. & Lampel, J. (2009), *Strategy Safari, 2nd ed.,* Pearson Education.（齋藤嘉則監訳『戦略サファリ 第2版』東洋経済新報社，2013。）

見田宗介（2018），『現代社会はどこに向かうか―高原の見晴らしを切り開くこと―』岩波書店。

三戸浩・池内秀己・勝部伸夫（2018），『企業論 第4版』有斐閣。

三戸公（1982），『財産の終焉』文眞堂。

三戸公（1991），『家の論理 1, 2』文眞堂。

三浦展（2005a），『「かまやつ女」の時代』牧野出版。

三浦展（2005b），『団塊世代を総括する』牧野出版。

三浦展（2005c），『下流社会』光文社新書。

宮田登（1999），『日本人と宗教』岩波書店。

溝口雄三（1995），『中国の公と私』研文出版。

百瀬恵夫（1996），「新企業者・後継者／人材育成と新起業支援」巽他編『新中小企業論を学ぶ〔新版〕』第19章，有斐閣。

森川英正（1996），『トップマネジメントの経営史』有斐閣。

森孝一（1996），『宗教から読む「アメリカ」』講談社。

森本三男（1998），『現代経営組織論』学文社。

Mowday, R. T., Steers, R. M. & Porter, L. W. (1979), "The measurement of organizational commitment," *Journal of Vocational Behavior,* 14-2, pp. 224-247.

向山雅夫（2022），「中小商業経営と商人性―その行動的側面」『21世紀中小企業論〔第4版〕多様性と可能性を探る』有斐閣，第9章。

仲原孝（1999），「宗教と倫理と科学」細谷他編『宗教学』昭和堂。

中村豊（2017），「ダイバーシティ＆インクルージョンの基本概念・歴史的変遷および意義」『高千穂論叢』第52巻第1号，53-84頁。

Nakane, C. (1967), *Kinship and Economic Organization in Rural Japan,* Athlone Press.

中山治（1999），『日本人はなぜ多重人格なのか』洋泉社。

NHK放送文化研究所（2004），『現代日本人の意識構造 第6版』日本放送出版協会。

NHK放送文化研究所（2015），『現代日本人の意識構造 第8版』日本放送出版協会。

NHK放送文化研究所（2020），『現代日本人の意識構造 第9版』日本放送出版協会。

日本経済新聞社編（2005），『ジェネレーション Y』日本経済新聞社。

日経ビジネス（1989），『会社の寿命』新潮社。

野渕蜀江（1980），『西洋文明と日本文化の文化接触の理論』同人。

野村総合研究所（1991），「企業風土が問われる時代」『NOMURA SEARCH』5月，2-9頁。
野村進（2006），『千年，働いてきました』角川書店。
野中郁次郎（1983），「迫られるコーポレート・カルチャーの形成」『ダイヤモンド・ハーバード・ビジネス』Apr.-May，70-80頁。
野中郁次郎・加護野忠男・小松陽一・奥村昭博・坂下昭宣（1978），『組織現象の理論と測定』千倉書房。
野中郁次郎・竹中弘高（1996），『知識創造企業』東洋経済新報社。
能美清子・小澤三枝子（2011），「都市部急性期病院に勤務する看護職員を対象とした日本語版情緒的組織コミットメント尺度の検討」『国立看護大学校研究紀要』10-1, 11-20頁。
小原久美子（2014），『経営学における組織文化論の位置づけとその理論的展開』白桃書房。
小田晋（2000a），『なぜ，人は宗教にすがりたくなるのか』三笠書房。
小田晋（2000b），『「日本人の依存」を精神分析する』大和書房。
小田淑子（1999a），「宗教学の方法論」細谷他編『宗教学』昭和堂。
小田淑子（1999b），「宗教と社会」村上他編『宗教―その原初とあらわれ―』ミネルヴァ書房。
小川正博（2022），「中小製造業の経営」渡辺他『21世紀中小企業論〔第4版〕多様性と可能性を探る』有斐閣，第7章。
岡原正幸（1997a），「感情社会学の成立と展開」岡原他『感情の社会学』世界思想社。
岡原正幸（1997b），「感情自然主義の加速と変質」岡原他『感情の社会学』世界思想社。
岡本大輔（1996），『企業評価の視点と手法』中央経済社。
岡本大輔（2014），「CSP-CFP関係再考―トップ・企業全体のCSR取り組み状況―」『三田商学研究』第56巻6号，65-79頁。
岡本大輔・古川靖洋・佐藤和・梅津光弘・山田敏之・大柳康司（2005a），「続・総合経営力指標：コーポレートガバナンス・マネジメント全般と企業業績2004―（1）」『三田商学研究』第47巻6号，99-120頁。
岡本大輔・古川靖洋・佐藤和・梅津光弘・山田敏之・大柳康司（2005b），「続・総合経営力指標：コーポレートガバナンス・マネジメント全般と企業業績2004―（2）」『三田商学研究』第48巻2号，157-175頁。
岡本大輔・古川靖洋・佐藤和・梅津光弘・安國煥・山田敏之・大柳康司（2006a），「続・総合経営力指標：コーポレートガバナンス・マネジメント全般と企業業績2005―（1）」『三田商学研究』第49巻1号，121-144頁。
岡本大輔・古川靖洋・佐藤和・梅津光弘・安國煥・山田敏之・大柳康司（2006b），「続・総合経営力指標：コーポレートガバナンス・マネジメント全般と企業業績2005―（2）」『三田商学研究』第49巻3号，99-114頁。
岡本大輔・古川靖洋・佐藤和・梅津光弘・安國煥・山田敏之・大柳康司（2008），「続・総合経営力指標：コーポレートガバナンス・マネジメント全般と企業業績2007」『三田商学研究』第51巻3号，91-121頁。
岡本大輔・古川靖洋・佐藤和・安國煥・山田敏之（2009），「続・総合経営力指標：コーポレートガバナンス・マネジメント全般と企業業績2008」『三田商学研究』第52巻4号，77-98頁。
岡本大輔・古川靖洋・佐藤和・梅津光弘・安國煥・山田敏之（2010），「続・総合経営力指標：

コーポレートガバナンス・マネジメント全般と企業業績 2009」『三田商学研究』第 53 巻 5 号，43-63 頁。
岡本大輔・古川靖洋・佐藤和・馬場杉夫（2012），『深化する日本の経営―社会・トップ・戦略・組織―』千倉書房。
岡本大輔・古川靖洋・佐藤和・梅津光弘・山田敏之・篠原欣貴（2012a），「続・総合経営力指標：コーポレートガバナンス・マネジメント全般と企業業績 2010」『三田商学研究』第 54 巻 6 号，87-113 頁
岡本大輔・古川靖洋・佐藤和・梅津光弘・山田敏之・篠原欣貴（2012b），「続・総合経営力指標：コーポレートガバナンス・マネジメント全般と企業業績 2011」『三田商学研究』第 55 巻 4 号，65-92 頁。
岡本大輔・古川靖洋・佐藤和・梅津光弘・山田敏之・篠原欣貴（2013），「続・総合経営力指標―コーポレートガバナンス・マネジメント全般と企業業績 2012」『三田商学研究』第 56 巻 4 号，57-90 頁。
岡本大輔・梅津光弘（2006），『企業評価＋企業倫理』慶應義塾大学出版会。
奥井めぐみ・大内章子・脇坂明（2016），「企業の男女均等施策や WLB 施策が業績に与える影響」『学習院大学経済論集』第 53 巻第 2 号，43-66 頁。
Oldenburg, R. (1989), *The Great Good Place,* Da Capo Press.（忠平美幸訳『サード・プレイス』みすず書房，2013。）
尾本恵市（1996），「日本人の誕生」諏訪晴雄・川村湊編『日本人の出現』雄山閣。
小野澤正喜（1997），「宗教とナショナリズム」青木保他編『宗教の現代』岩波書店。
Organ, D. W. (1988), *Organizational citizenship behavior: The good soldier syndrome,* Lexington.
大久保幸夫・皆月みゆき（2017），『働き方改革―個を活かすマネジメント―』日本経済新聞出版社。
大熊和雄（1998），『日本の文化をよみなおす』吉川弘文館。
大崎正留（2008），「日本・韓国・中国における『ウチ』と『ソト』」『人文自然科学論集』東京経済大学人文自然科学研究会，No. 125。
大島國雄（1990），「経営文化の国際比較」増地昭男編著『経営文化論』中央経済社，189-199 頁。
Ouchi, W. G. (1979), "A Conceptual Framework for the Design of Organizational Control Mechanisms," *Management Science,* Vol. 25, pp. 833-848.
Ouchi, W. G. (1980), "Markets, bureaucracies & Clans," *Administrative Science Quarterly,* Vol. 25, pp. 129-141.
Ouchi, W. G. (1981), *Theory Z,* Addison-Wesley.（徳山二郎訳『セオリー Z』ソニー・マガジンズ，1982。）
Ouchi, W. G. & McGuire, M. (1975), "Organizational Control: Two Function," *Administrative Science Quarterly,* Vol. 20, pp. 559-569.
王英燕（2017），『組織コミットメント再考―中日米における実証研究を手がかりに―』文眞堂。
王少鋒（2000），『日・韓・中三国の比較文化論』明石書店。
尾崎俊哉（2015），「ダイバーシティ・マネジメントの理論的考察」『立教ビジネスレビュー』第 8 巻，17-31 頁。

尾崎俊哉（2017），『ダイバーシティ・マネジメント入門』ナカニシヤ出版。

Paden, W. E. (1988), *Religious World,* Beacon Press.（阿部美哉訳『比較宗教学』東京大学出版会，1993。）

朴正基（2003），『アジアのリーダーシップ』文芸社。

ペイン，L. S. 著，梅津光弘・柴柳英二訳（1999），『ハーバードのケースで学ぶ企業倫理』慶應義塾大学出版会。

Pellegrini, E. K. & Scandura, T. A. (2008), "Paternalistic leadership: a review and agenda for future research," *Journal of Management,* 34 (3), pp. 566–593.

Peters, T. J. & Waterman, R. H. (1982), *In Search of Excellence,* Harper & Row.（大前研一訳『エクセレント・カンパニー』講談社，1983。）

Popenoe, D. (1986), *Sociology,* Prentice-Hall.

Porter, L. W., Steers, R. M., Mowday, R. T. & Boulian, P. V. (1974), "Organizational commitment, job satisfaction, and turnover among psychiatric technicians," *Journal of Applied Psychology,* 59 (5), pp. 603-609.

Putnam, R. D. (1995), "Bowling Alone: America's Declining Social Capital," *Journal of Democracy,* Vol. 6.

Redding, S. G., Norman, A. & Schlander, A. (1994), "The nature of individual attachment to the organization: A review of East Asian variations," in Triandis, H. C., Dunnette, M. D. & Hough, L. M. eds., *Handbook of industrial and organizational psychology,* Vol. 4, *2nd ed.*, Consulting Psychologists Press, pp. 647–688.

坂下昭宣（2002），『組織シンボリズム論―論点と方法―』白桃書房。

佐久間賢（1983），『日本的経営の国際性』有斐閣。

櫻井通晴（2011），『コーポレート・レピュテーションの測定と管理』同文舘出版。

佐々木高明（1997），『日本文化の多重構造』小学館。

佐藤博樹・武石恵美子編（2017），『ダイバーシティ経営と人材活用』東京大学出版会。

佐藤和（1993），「戦略的情報システム試論―組織文化に応じた情報システムの構築―」『三田商学研究』第 36 巻第 4 号。

佐藤和（1998），「文化移転における『ハイブリッド・モデル』―文化の受容と発展に関する諸学説への位置づけ―」『三田商学研究』第 40 巻第 6 号。

佐藤和（2002），「ハイブリッドとしての日本文化―『日本的経営』の将来を考えるために―」『三田商学研究』第 45 巻第 5 号。

佐藤和（2009），『日本型企業文化論―水平型集団主義の理論と実証―』慶應義塾大学出版会。

佐藤和（2014），「日本のファミリービジネス」『三田商学研究』第 56 巻第 6 号。

佐藤和（2015），「アジアにおける企業文化の比較研究に向けて」『三田商学研究』第 58 巻第 2 号。

佐藤和（2018），「ダイバーシティとコンプライアンス―組織文化の視点から―」『同志社商学』第 69 巻第 6 号。

佐藤和（2019），「日本型経営とその変化―企業文化の層から考える―」『経営学論集』第 89 巻。

佐藤和（2021），「『組織文化』再論」『三田商学研究』第 64 巻第 5 号。

佐藤和（2022），「日本型中小企業文化論」『商工金融』第 72 巻第 1 号。

佐藤和（2023a），「これからの日本人」『三田商学研究』第 66 巻第 3 号。
佐藤和（2023b），「文化の次元と組織運営」『三田商学研究』第 66 巻第 5 号。
佐藤和・妹尾剛好・横田絵理・米山茂美（2015），「家父長型リーダーシップと成果に関する実証分析」『三田商学研究』第 58 巻第 4 号。
佐藤芳雄編著（1996），『21 世紀，中小企業はどうなるか』慶應義塾大学出版会。
Schein, E. H. (1983), "Coming to a New Awareness of Organizational Culture," *Sloan Management Review,* Vol. 25, No. 2, pp. 3-16. (戦略経営協会編『コーポレート・カルチャー』HBJ 出版局，1986，1-32 頁。)
Schein, E. H. (1985), *Organizational Culture and Leadership,* Jossey-Bass. (清水紀彦・浜田幸雄訳『組織文化とリーダーシップ』ダイヤモンド社，1989。)
Schein, E. H. (1999), *The Corporate Culture Survival Guide,* Jossey-Bass. (金井壽宏訳『企業文化 生き残りの指針』白桃書房，2004。)
Schein, E. H. (2009), *The Corporate Culture Survival Guide, New and Revised ed.,* John Wiley & Sons. (金井壽宏訳『企業文化〔改訂版〕ダイバーシティと文化の仕組み』白桃書房，2016。)
Schein, E. H. (2010), *Organizational Culture and Leadership, 4th ed.,* John Wiley & Sons. (梅津祐良・横山哲夫訳『組織文化とリーダーシップ』白桃書房，2012。)
Schein, E. H. & Schein, P. (2017), *Organizational Culture and Leadership, 5th ed.,* John Wiley & Sons.
Schroeder, R. (1992), *Max Weber and the Sociology of Culture,* SAGE.
Segall, M. H., Dasen, P. R., Berry, J. W. & Poortinga, Y. H. (1990), *Human Behavior in Global Perspective,* Allyn & Bacon. (田中國夫・谷川賀苗訳『比較文化心理学 上巻』北大路書房，1995。)
関満博（2006），『二代目経営塾』日経 BP 社。
戦略経営協会編（1986），『コーポレート・カルチャー』HBJ 出版局。
Shaw, R. B. (1997), *Trust in the Balance,* Jossey-Bass. (上田惇生訳『信頼の経営』ダイヤモンド社，1998。)
Silin, R. (1976), *Leadership and Values: The Organization of Large-scale Taiwanese Enterprises,* Harvard East Asian Monogram, 62.
清水昭俊（1996），「植民地的状況と人類学」(青木保他編『岩波講座 文化人類学 12 思想化される周辺社会』岩波書店，1-29 頁。)
清水龍瑩（1975），『実証研究・日本の経営』中央経済社。
清水龍瑩（1979），『企業行動と成長要因の分析』有斐閣。
清水龍瑩（1981），『現代企業評価論』中央経済社。
清水龍瑩（1983），『経営者能力論』千倉書房。
清水龍瑩（1984），『企業成長論』中央経済社。
清水龍瑩（1986），『中堅・中小企業成長論』千倉書房。
清水龍瑩（1990），『大企業の活性化と経営者の役割』千倉書房。
清水龍瑩（1991），「『信頼』(Creditability) 取引の哲学」『三田商学研究』第 34 巻第 1 号。
清水龍瑩（1992），「信頼社会の勤勉さ―その原因と崩壊―」『三田商学研究』第 35 巻第 1 号。

清水龍瑩（1993a），「日本型経営『信頼取引』とそのグローバル化」『組織科学』第 27 巻第 2 号。
清水龍瑩（1993b），『日本企業の活性化・個性化』中央経済社。
清水龍瑩（1995），『能力開発のための人事評価』千倉書房。
清水龍瑩（1998），『日本型経営者と日本型経営―実証研究 30 年―』千倉書房。
清水龍瑩（1999），『社長のための経営学』千倉書房。
清水龍瑩（2000a），『社長のリーダーシップ』千倉書房。
清水龍瑩（2000b），「信頼関係をベースにした激動期のリーダーシップ」『東京国際大学論叢』第 62 巻，1-15 頁。
下出積與（1997），『日本古代の仏教と神祇』吉川弘文館。
下条信輔（2020），『〈意識〉とは何だろうか―脳の来歴，知覚の錯誤―』講談社。
Simon, H. A. (1997), *Administrative Behavior, 4th ed.*, Free Press.（二村敏子・桑田耕太郎・高尾義明・西脇暢子・高柳美香訳『経営行動』ダイヤモンド社, 2009。）
篠原欣貴（2017），「持続可能な発展を目指す企業行動への組織文化の影響」『経営学論集』第 87 巻。
塩原勉（1996），「変容する日本文化」井上俊他編『岩波講座 現代社会学 23 日本文化の社会学』岩波書店，215-233 頁。
白井泰四郎（1992），『現代日本の労務管理（第 2 版）』東洋経済新報社。
Smith, C. A., Organ D. W. & Near J. P. (1983), "Organizational citizenship behavior: Its nature and antecedents," *Journal of Applied Psychology,* 68 (4), pp. 653-663.
Smircich, L. (1983), "Concepts for Culture and Organizational Analysis," *Administrative Science Quarterly,* Vol. 28, Sep., pp. 339-358.（戦略経営協会編『コーポレート・カルチャー』HBJ 出版局, 1986, 33-77 頁。）
Solomon, R. C. & Flores, F. (2001), *Building Trust,* Oxford University Press.（上野正安訳『「信頼」の研究』シュプリンガー・フェアラーク東京, 2004。）
Spence, J. T. & Robbins, A. S. (1992), "Workaholism: Definition, measurement, and preliminary results," *Journal of Personality Assessment,* 58, pp. 160-178.
Suchman, M. C. (1995), "Managing Legitimacy: Strategic and Institutional Approaches," *Academy of Management Review,* Vol. 20, No. 3, pp. 571-610.
末廣昭（2006），『ファミリービジネス論』名古屋大学出版会。
杉本良太（1996），「日本文化という神話」井上俊他編『岩波講座 現代社会学 23 日本文化の社会学』岩波書店，7-37 頁。
諏訪晴雄・川村湊編（1996），『日本人の出現』雄山閣。
鈴木昌（2000），『「精神分析入門」を読む』日本放送出版協会。
鈴木竜太（2002），『組織と個人―キャリアの発達と組織コミットメントの変化―』白桃書房。
鈴木竜太・服部康宏（2019），『組織行動―組織の中の人間行動を探る―』有斐閣。
庄司興吉（1981），「発展段階論」（安田三郎他編『基礎社会学 5 社会変動』東洋経済新報社，104-124 頁。）
田嶋善郎（1985），「価値」三井宏隆編著『社会心理学』小林出版，158-177 頁。
高木晴夫監修，慶應義塾大学ビジネススクール編（2005），『組織マネジメント論』有斐閣。
髙巖（2010a），「経営理念はパフォーマンスに影響を及ぼすか」『麗澤経済研究』第 18 巻第 1 号，

57-66 頁。

高巖（2010b),『コンプライアンスの知識（第 2 版)』日本経済新聞出版社。

高橋伸夫（2007),『コア・テキスト 経営学入門』新世社。

高橋徹（2003),『日本人の価値観・世界ランキング』中央公論新社。

高久保豊（2009),「中国—重層構造から読み解くビジネスモデル—」中川涼司・高久保豊編『東アジアの企業経営』ミネルヴァ書房。

高尾義明（2019),『はじめての経営組織論』有斐閣。

高取正男（1995),『日本的思考の原型』平凡社。

武田晴人（1999),『日本人の経済観念』岩波書店。

武井一喜（2010),『同族経営はなぜ３代でつぶれるのか』クロスメディア・パブリッシング。

棚次正和（1999),「宗教における言葉と行為」細谷他編『宗教学』昭和堂。

谷口真美（2005),『ダイバシティ・マネジメント』白桃書房。

谷口真美（2016),「多様性とリーダーシップ」『組織科学』第 50 巻第 1 号，4-24 頁。

巽信晴・佐藤芳雄編（1996),『新中小企業論を学ぶ〔新版〕』有斐閣。

ティース，D. J. 著，菊澤研宗・橋本倫明・姜理恵訳（2019),『ダイナミック・ケイパビリティの企業理論』中央経済社。

帝国データバンク（2009),『百年続く企業の条件』朝日新書。

テンニエス，F. 著，杉之原寿一訳（1957),『ゲマインシャフトとゲゼルシャフト』岩波書店。

Tierney, P., Farmer, S. M. & Graen, G. B. (1999), “An examination of leadership and employee creativity: The relevance of traits and relationships,” *Personnel Psychology,* 52, pp. 591-620.

Thompson, J. D. (1967), *Organizations in Action,* McGraw-Hill.（大月博司・廣田俊郎訳『行為する組織』同文館出版，2012。)

Thurow, L. C. (1996), *The Future of Capitalism,* William Morrow.（山岡洋一・仁平和夫訳『資本主義の未来』TBS ブリタニカ，1996。)

戸田正直（1992),『感情』東京大学出版会。

Toffler, A. & Toffler, H. (2006), *Revolutionary Wealth,* Alfred a Knopf.（山岡洋一訳『富の未来』講談社，2006。)

常盤文克（2000),『質の経営学』ダイヤモンド社。

友枝敏雄（1981),「近代化論」(安田三郎他編『基礎社会学 5 社会変動』東洋経済新報社，154-179 頁。)

Triandis, H. C. (1995), *Individualism and Collectivism,* Westview Press.（神山貴弥・藤原武弘編訳『個人主義と集団主義』北大路書房，2002。)

Trompenaars, F. & Hampden-Turner, C. (1997), *Riding the Waves of Culture, 2nd ed.,* Nicholas Brealey Pub.（須貝栄訳『異文化の波』白桃書房，2001。)

坪井清足（1996),「考古学に見る日本人」諏訪晴雄・川村湊編『日本人の出現』雄山閣。

ツェ，D.・吉田茂美（2011),『グワンシ—中国人との関係のつくりかた—』ディスカヴァー・トゥエンティワン。

津田眞澂（1977),『日本的経営の論理』中央経済社。

津田眞澂（1994),『日本の経営文化』ミネルヴァ書房。

対木隆英（1990），「組織文化と管理活動」増地昭男編著『経営文化論』中央経済社，67-77 頁。
築島謙三（1977），『日本人を考える』大日本図書。
築島謙三（1984），『「日本人論」の中の日本人』大日本図書。
恒吉僚子（1992），『人間形成の日米比較』中央公論社。
津城寛文（1995），『日本の深層文化序説』玉川大学出版部。
上田泰（1991），「情報適合論に関する序論的考察」『明治大学論叢』第 73 巻第 3-4 号，223-244 頁。
上野千鶴子（2009），『家父長制と資本制』岩波書店。
上野千鶴子（2020），『近代家族の成立と終焉 新版』岩波書店。
Uhl-Bien, M., Tierney, P., Graen, G. & Wakabayashi, M. (1990), "Company paternalism and the hidden investment process: Identification of the 'right type' for line managers in leading Japanese organizations," *Group and Organization Studies,* 15, pp. 414-430.
梅澤正（1990），『企業文化の革新と創造』有斐閣。
海野素央（2006），『組織文化のイノベーション』同文舘出版。
宇野善康（1990），『普及学講義』有斐閣。
牛尾奈緒美・石川公彦・志村光太郎（2011），『ラーニング・リーダーシップ入門』日本経済新聞出版社。
牛尾奈緒美・志村光太郎（2014），『女性リーダーを組織で育てるしくみ』中央経済社。
綿貫譲治（1994），「『出生コーホート』と日本有権者」『レヴァイアサン』15，木鐸社。
和辻哲郎（1979），『風土』岩波書店。
ヴォーゲル，E. F.（1993），『アジア四小龍』中央公論社。
渡邊隆彦（2016），「企業コンプライアンス」『月刊監査研究』第 511 号，35-41 頁。
渡邊隆彦（2017），「企業コンプライアンスにおける PDCA サイクル」『専修大学商学研究所報』第 48 巻第 8 号，1-15 頁。
渡辺幸男（2022a），「中小企業で働くこと」渡辺他『21 世紀中小企業論〔第 4 版〕多様性と可能性を探る』有斐閣，第 1 章。
渡辺幸男（2022b），「中小企業とは何か―多様ななかの共通性―」渡辺他『21 世紀中小企業論〔第 4 版〕多様性と可能性を探る』有斐閣，第 3 章。
Weber, M. (1920), *Die protestantische Ethik unt der >Geist< des Kapitalismus.*（大塚久雄訳『プロテスタンティズムの倫理と資本主義の精神』岩波書店，1989。）
Weber, M. (1921), *Bürokratie,* Verlag von J. C. B. Mohr.（阿閉吉男・脇圭平訳『官僚制』恒星社厚生閣，1987。）
Weber, M. (1922), *Soziologie der Herrschaft.*（世良晃志郎訳『支配の社会学Ⅰ，Ⅱ』創文社，1960，1962。）
Weber, M. (1947), *The Theory of Social and Economic Organization,* transl. Hendarson, A. M. & Persons, T., Oxford University Press.
Weick, K. E. (1979), *The Social Psychology of Organizing, 2nd ed.*, McGraw-Hill.（遠田雄志訳『組織化の社会心理学』文眞堂，1997。）
Welch, J. (2005), *Winning,* Harper Business.（斎藤聖美訳『ウィニング―勝利の経営―』日本経済新聞出版社，2005。）

Westwood, R. & Chan, A. (1992), "Headship and leadership," in Westwood, R. ed., *Organizational behavior: Southeast Asian perspectives,* Longman, pp. 118-143.

Wilkins, A. L. & Ouchi, W. G. (1983), "Efficient Cultures," *Administrative Science Quarterly,* Vol. 28, Sept., pp. 468-481. (戦略経営協会編『コーポレート・カルチャー』HBJ 出版局, 1986, 79-109 頁。)

Williams, L. J. & Anderson, S. E. (1991), "Job satisfaction and organizational commitment as predictors of organizational citizenship and in-role behaviors," *Journal of Management,* 17 (3), pp. 601-617.

Williamson, O. (1975), *Markets and Hierarchies,* Free Press. (浅沼萬里・岩崎晃訳『市場と企業組織』日本評論社, 1980。)

八木誠一 (1998),『宗教とは何か』法藏館。

山田昌弘 (1997),「感情社会学の課題」岡原他『感情の社会学』世界思想社。

山岸俊男 (1998),『信頼の構造』東京大学出版会。

山岸俊男 (2002),『心でっかちな日本人』日本経済新聞社。

山本七平 (1997),『これからの日本人』文芸春秋。

山本安次郎 (1990),「経営文化の経営学的意味」増地昭男編著『経営文化論』中央経済社, 13-24 頁。

山崎正和 (1984),『柔らかい個人主義の誕生』中央公論社。

柳町功 (2009),「韓国—財閥の形成, 発展, 諸問題—」中川涼司・高久保豊編『東アジアの企業経営』ミネルヴァ書房。

八代充史 (2009),『人的資源管理論—理論と制度—』中央経済社。

八代充史・牛島利明・南雲智映・梅崎修・島西智輝 (2015),『「新時代の『日本的経営』」オーラルヒストリー』慶應義塾大学出版会。

安田喜憲 (1999),『東西文明の風土』朝倉書店。

Ybeme, S., Yanow, D. & Sabelis, I. eds. (2011), *Organizational Culture,* Edward Elgar.

横尾陽道 (2004),「企業文化と戦略経営の視点—『革新志向の企業文化』に関する考察—」『三田商学研究』第 47 巻第 4 号。

横田絵理 (1998),『フラット化組織の管理と心理』慶應義塾大学出版会。

横田絵理 (2022),『日本企業のマネジメント・コントロール—自律・信頼・イノベーション—』中央経済社。

横田絵理・佐藤和・米山茂美・妹尾剛好 (2012),「日本企業におけるリーダーシップ・スタイルに関する実態調査」『三田商学研究』第 54 巻第 6 号, 115-136 頁。

横澤利昌他 (2012),『老舗企業の研究 改訂新版』生産性出版。

吉見俊哉 (2009),『ポスト戦後社会』岩波新書。

吉村典久 (2007),『日本の企業統治』NTT 出版。

吉崎誠二 (2010),『創業者を超える二代目経営者の成長ルール』同文舘出版。

湯浅赳男 (2000),『コミュニティと文明』新評論。

弓山達也 (1996),「現代世界の宗教」井上順孝・月本昭男・星野英紀編『宗教学を学ぶ』有斐閣。

索　引

【カ行】

【サ行】

【タ行】

【ナ行】

【ハ行】

【マ行】

著者略歴

佐藤 和（さとう　やまと）

略歴
1963年　神奈川県に生まれる
1986年　慶應義塾大学商学部 卒業，株式会社三菱総合研究所 経済・経営部門
1993年　慶應義塾大学商学部 助手
1996年　慶應義塾大学大学院商学研究科 博士課程修了
1999年　カリフォルニア大学バークレー校 東アジア研究所 日本研究センター
　　　　客員研究員（～2001年）
2008年　慶應義塾大学商学部 教授

主要著書
『ハイブリッド・キャピタリズム―東アジアの「和魂洋才」型発展―』（共著）
　慶應義塾大学出版会，1997
『日本型企業文化論―水平的集団主義の理論と実証―』慶應義塾大学出版会，2009
『深化する日本の経営―社会・トップ・戦略・組織―』（共著）千倉書房，2012

文眞堂現代経営学選集
第Ⅲ期第1巻
新・日本的経営論
―社会の変化と企業の文化―

2024年1月16日　第1版第1刷発行　　　　　　　　　　検印省略

著　者　佐　藤　　和
発行者　前　野　　隆
　　　　東京都新宿区早稲田鶴巻町533
発行所　株式会社　文　眞　堂
　　　　電　話　03（3202）8480
　　　　FAX　03（3203）2638
　　　　https://www.bunshin-do.co.jp
　　　　郵便番号（162-0041）振替00120-2-96437

印刷・モリモト印刷／製本・高地製本所

定価はカバー裏に表示してあります
ISBN978-4-8309-5233-3 C3034